中國近北極民族研究

乙達題

近北极民族研究丛书

主编 曲枫

黑龙江沿岸
人文历史研究

刘晓春 著

上海三联书店

中国社会科学院创新工程重大科研规划项目

"铸牢中华民族共同体意识视角下各民族交往交流交融典型案例调查研究"

（项目编号：2020ZDGH017-MZ005）

中国社会科学院民族学与人类学研究所

铸牢中华民族共同体意识研究基地项目

近北极民族研究丛书总序

　　依据地理学理论,北极地区指北极圈(北纬 66°34′)以北至北极点之间的广大区域。然而,从文化上的一般性表述来说,北极概念又往往超出这一范围,这是因为它不单单是一个地缘概念,还具有包含生态性、历史性和文化性因素在内的文化地理意义。首先,北极并非是静止的地理板块,其苔原与针叶林的界线历史上随气温的变暖或变冷上下波动,北极人类历史上处于不断地流动与迁徙过程之中,其文化生态一直处于变化和非稳定状态。其次,北极人类与环境生态之间的互动有着上万年的时间深度,北极文化生态体现了人类对寒冷环境的高度适应性。其三,在对特殊环境的适应中,北极人类形成了独特的生计方式与民族文化。

　　据约翰·霍菲克尔的《北极史前史》,人类在 7000 年至 15000 年之间开始在北极地区定居、繁衍生息①,渐渐形成了今天的北极民族。当今北极民族包括北欧的萨米人(Saami),阿拉斯加、加拿大和格陵兰岛的因纽特 - 阿留申人(Inuit - Aleut),阿拉斯加与加拿大的印第安人以及俄罗斯西伯利亚的数十个原住民集团。引人注意的是,与俄罗斯、蒙古交界的中国北方少数民族与以上所述北极民族在生存环境、生态系统、生计方式、生存策略、艺术与物质文化、仪式信仰等诸多方面都有着

---

① 　约翰·霍菲克尔. 北极史前史. 北京:社会科学文献出版社,2020 年第 10 页. 本书是聊城大学北冰洋研究中心"北冰洋译丛"系列推出的第一本译作.

强烈的相似性，其中许多民族本身还属于跨境民族，与西伯利亚高纬度地区以及该区域民族有着密不可分的历史关系。由于国际社会对北极国家的认定仍然采用了地理学概念，中国政府则在 2018 年 1 月颁发的《中国的北极政策》白皮书中将我国定义为"近北极国家"。按照这一表述，我们有理由将有关的中国北方少数民族称为"中国近北极民族"。这一概念强调北极的文化概念，将中国近北极民族视为北极文化圈的重要组成部分。同时，这一概念的建立可以帮助我们将对上述中国境内民族文化的研究纳入到国际北极原住民研究的大框架中，从而构成中国在北极人文社会科学研究方面与世界对话的基础。

北极圈之内的陆地大体为苔原覆盖，而苔原与其南端泰加（taiga）针叶林的交界线基本在北纬 66 度线上下波动。环境意义上的北极既包括以苔原为特征的生态系统，也包括以泰加林为特征的次北极（subarctic）生态区域。北极与次北极生态系统以永久冻土（permafrost）、低温、冰川（glaciers）、特有的动物群（包括陆地和海洋动物）和植物群为特征。这些环境特征构成了北极民族生存的生态情境与地理景观。

北极民族的生计方式主要有三种。一是海猎，是俄罗斯楚克奇半岛、阿拉斯加、加拿大和格陵兰的爱斯基摩人（包括阿留申人）的传统生计方式。二是驯鹿放牧。驯鹿民族全部生存在欧亚大陆上，包括西伯利亚东北部的内地楚克奇人和内地科里亚克人，北欧斯堪的纳维亚半岛北部的萨米人，以及大陆中部的埃文人（Even）、埃文基人（Evenki）、涅涅茨人（Nenets）以及北方雅库特人（Yakut）等。三是人类历史上最古老的采集－渔猎经济。此外，一些北极民族如布里亚特人（Buryak）和雅库特人等还从事半定居的游牧业，放养的动物为牛、马、鹿等。引人注意的是，所有的北极民族都有着或轻或重的狩猎和捕鱼经济成份，这是他们适应北极环境的重要生计特征。

中国北方少数民族如达斡尔、鄂伦春、鄂温克、赫哲、满族、锡伯族、布里亚特等民族生存在属于次北极生态系统的泰加林以及森林边缘地带，不仅在生存环境上与北极民族类似，在生计策略上与上述北极民族也极为一致。如中国鄂温克人与俄罗斯境内埃文基人同族，传统上同萨米人、楚克奇人、埃文人、涅涅茨人一样以牧养驯鹿为文化特色。至今,敖鲁古雅的使鹿鄂温克人仍然饲养驯鹿,他们在大兴安岭地区的放牧历史已达 300 年之久。鄂伦春族在历史上也牧养驯鹿,17 世纪中叶迁至黑龙江南岸后因新的居住环境缺乏苔藓而放弃驯鹿,改以狩猎为主要生计。在鄂伦春语言中,"鄂伦春"一词即包含两种含义,一种为"山岭上的人们",另一种为"使用驯鹿的人"。

赫哲族与俄罗斯境内的那乃人同为一族,主要分布在黑龙江、松花江与乌苏里江的交汇之处,即三江平原,以及完达山余脉。传统经济依赖捕鱼与狩猎,饮食以鱼肉、兽肉及采集的野生植物为主。赫哲人喜穿鱼皮服饰,以桦皮船为夏季捕鱼用交通工具,冬季则使用狗拉雪橇旅行,其水猎生计方式、鱼皮文化与爱斯基摩文化有许多相似之处,体现了在高纬度寒冷环境中的适应性生存智慧。达斡尔族也是中、俄跨境民族,生存环境为森林边缘的林地草原地带,传统上依赖农牧渔猎多元混合经济,由于森林生态恶化,现以农业经济为主。其经济方式的变迁轨迹与西伯利亚的南部雅库特人有很多相似之处。居住于内蒙古呼伦贝尔的布里亚特人属于中、俄、蒙三国跨境民族,虽然其生计策略以畜牧经济为主,但同时有着鲜明的与北极民族一致的狩猎文化特点。

中国近北极民族的社会组织与北极民族一样,以氏族社会为特征。如史禄国在研究通古斯社会组织所阐述的那样:"氏族是一种社会形态,没有这种社会形态,保持通古斯自己复合的通古斯氏族单位就不能存在,因为它形成了整个通古斯社会组织的基础,并由自我繁衍和生物学要求而体现出来"。① 无庸置疑,氏族组织是北极民族与狩猎、游牧等生计方式与文化生态相适应的结果。此外,中国近北极民族与北极民族的传统信仰为萨满教,其神灵系统、仪式特征、萨满产生方式、萨满教社会功能等诸方面均有高度的一致性。中国近北极民族的萨满教信仰显然是西伯利亚 - 北极萨满文化圈中不可分割的一部分。

中国北方民族与北极民族在文化、社会组织与宗教艺术传统等方面的一致性已引起了有关中国学者的强烈关注。内蒙古社会科学院的

① 史禄国. 北方通古斯的社会组织. 呼和浩特:内蒙古人民出版社,1985 年,第 184 页.

白兰研究员在多次会议演讲中,极力主张将鄂伦春与鄂温克族称为"泛北极民族"。如她在 2019 年 12 月于黑龙江大学召开的"首届东北亚社会文化论坛"上发言所说:"我们在研究通古斯诸集团时,从接壤的地缘、类似的文化模式、相近的体质特质,可以互通的语言选择,就以学术的视野俯瞰和贯穿了中国置身北极地区的必然——我们以文化与北极相连。2008 年,中国敖鲁古雅使鹿鄂温克加入世界驯鹿养殖者协会(这是北极理事会中的三个非政府组织之一)。我们的文化优势是敬畏自然而遵从自然,这是泛北极地区诸族,包括中国的鄂伦春族、鄂温克族、赫哲族等共同的文化理念,在北极治理中有着与工业文明不一样的独特方式。"①黑龙江大学唐戈教授也在近期发表的论文中提到:"北极地区原住民文化包括渔猎、饲养驯鹿、生食动物(特别是内脏)、圆锥形帐篷、小集群(相比农业社会的村庄)和游动性、萨满教等多个基本特点。那么在中国,与这种文化最接近的民族就是鄂伦春族、赫哲族和一部分鄂温克族,其中鄂温克族又包括驯鹿鄂温克人和一部分索伦鄂温克人。"②

中国近北极民族历史上一直处于迁徙流动之中,与西伯利亚高纬度地区以及该区域民族有着密不可分的历史关系。因而,中国近北极民族的历史构成了西伯利亚北极民族历史不可分割的组成部分。鄂伦春、鄂温克、赫哲人与俄罗斯境内的埃文基人、那乃人同属北通古斯语族集团,主要居住在叶尼赛河、勒拿河和黑龙江三大流域。史禄国认为,尽管北通古斯人居住的地域辽阔且居住分散,但他们所有的方言都有着密切的联系,因而很可能有着共同的起源③。

综上所述,将中国近北极民族研究纳入到北极文化研究的大框架中是十分有必要的,这样可以使我们得以在国际视角中考察中国近北极文化。文化特殊性存在于世界的各个角落,但是没有独立于国际学

① 白兰.他者我者的鄂伦春一百年——围绕史禄国《北方通古斯的社会组织》而论.2019 年 12 月 21 日"首届东北亚社会文化论坛"发言稿.
② 唐戈.中国近北极民族北方通古斯人及其文化变迁.北冰洋研究集刊第一辑.北京:社会科学文献出版社,2019 年,第 122—123 页.
③ 史禄国.北方通古斯的社会组织.呼和浩特:内蒙古人民出版社,1985 年,第 221 页.

术领域之外的特色研究。无论是本土化的人类学还是民族学,它们都应该是世界性学术建构的组成部分。既然我们将中国近北极民族研究与国际上的北极民族研究连接,我们就必须意识到,中国的人文社会科学知识生产应该是国际知识体系中必不可少的部分。基于这一思考,聊城大学北冰洋研究中心计划与上海三联书店合作推出"中国近北极民族研究丛书"。

聊城大学北冰洋研究中心是目前国内唯一的以北极人文社会科学为研究对象的学术机构,于2018年3月在时任校长蔡先金先生的大力支持下成立。成立之后,中心很快建立起一支由国际、国内学者组成的研究团队,与国际上多家北极研究机构建立了学术合作关系。中心研究人员代表聊城大学多次参加国际上的各种学术活动,中心已成为国际北极研究领域的重要力量。2020年2月,中心代表聊城大学加入国际北极大学联盟。

中心于2019年始创办了《北冰洋研究》集刊,同时与社会科学文献出版社合作推出"北冰洋译丛"出版系列。以上成果与即将出版的"近北极民族研究"丛书一起必将为中国与国际社会在北极研究上的合作贡献力量。

感谢上海三联书店对这一出版计划的全力支持。感谢付出辛勤劳动的丛书编委会成员、各位作者、各位编辑。中国北极人文社会科学学术史将铭记他们的开拓性贡献和筚路蓝缕之功。

蔡先金先生虽已调离聊城大学至山东省政府重要岗位上任职,仍时时关心北冰洋研究中心的建设与发展。在得知"近北极民族研究"丛书出版事宜之后,先生应邀欣然为丛书题字。我们在此深致谢忱。

曲 枫

2020 年 6 月 26 日

于聊城大学北冰洋研究中心

自 序

一直以来,世界对东北亚及北极地区(国家)关注的焦点主要是"政治、经济和军事",而对那里的多元文化和诸多民族鲜有关注。特别是对北极原住民传统文化的研究未能真正开展起来,也未能将之有效地纳入国家的北极战略计划之中。

2019年11月中旬,第十届东北亚民族文化论坛国际学术研讨会在京举行,会议主题是"一带一路"背景下东北亚区域社会发展。在专题讨论会上,李红杰先生的发言题目是:《被遗忘的文化纽带:东北亚人口较少民族》。与会专家认为,这个议题非常好,值得深入研究。

首先,东北亚地区生活着众多的人口较少民族,他们的存在不仅为我们提供了一个人与自然和谐共生的典范,也为东北亚地区文化共同体的构建提供了新的机遇。与此同时,东北亚地区的人口较少民族多为跨界民族,比如鄂温克、鄂伦春、赫哲和俄罗斯族即是中俄边境跨界民族,其中鄂温克族为中、蒙、俄三国跨界民族,这些民族是东北亚各国不可忽略的文化纽带。

其次,北极原住民具有重要的研究价值,探索和认知北极历史与传统文化是北极研究中的重点领域之一。中国北方少数民族,如鄂温克、鄂伦春、达斡尔和赫哲等与北极原住民在传统生计方式、风俗、信仰上均具有很大的相似性,历史上又与西伯利亚、北极地区有着密切的关系。将上述中国近北极民族纳入国际北极民族研究的大框架中,对加强中国与北极原住民的理解、沟通与合作意义重大,也为中国参与北极研究提供了更为坚实的学术依据。因此,开展对中国近北极民族与北极民族的文化比较研究对北极地区人类命运共同体的构建也有着十分重要的意义。

再次,中国人口较少民族生产生活的巨变,是中国特色民族发展道路的有益探索和成功实践,为世界人口较少民族的发展提供了范式和借鉴。

最后,2019 年中俄两国元首签署了《中华人民共和国和俄罗斯联邦关于发展新时代全面战略协作伙伴关系的联合声明》,中俄关系的新定位把双边关系提升到了一个前所未有的新高度。加强两国各民族文化交流互鉴,有助于促进中俄两国的战略协作步入更高水平,向更广、更深的方向挺进。

本书关注黑龙江沿岸的历史、文化、生态与环境,以中俄两国跨界民族为议题,探讨黑龙江沿岸人文社会科学研究的重要性,为中国"一带一路"战略的实施及人类命运共同体的构建提供参考。

刘晓春　2020 年 7 月

目 录

十四 鄂伦春族的艺术体育医药

一 俄罗斯远东
土著民族与跨界民族

一 极北、西伯利亚和远东地区土著问题

各个地区与国家对土著和原住民的定义是不一样的,是不是土著:1.主观上他们自己要认同;2.客观上他们原来就生活在那里,划到了一个独立的国家或多个独立的国家。在亚洲是否存在土著,联合国宣言称他们没有土著人,但事实并非如此。"土著"的概念,是相对于外来殖民者而言。土著人是指在殖民者从其他地方来到之前,就住在他们土地上的人民。他们的祖先在不同文化或不同种族的人来的时候,就已居住在一个国家或一个地理区域。新来者后来通过征服、占领、殖民等手段,占有了统治地位。1993年6月18日,在维也纳召开世界人权大会,并举行"世界土著人国际年"大会,呼吁国际社会重视世界各国土著居民的存在,尊重其历史、文化和传统,并保障他们平等生存的权利。东北亚原住民是指东北亚区域内(如俄罗斯极北和远东、中国东北地区、朝鲜半岛、蒙古东部、日本诸岛等)较早定居的族群,如中国东北地区的原住民主要包括7个民族。当前对于土著或原住民议题的讨论多半应在民族国家所进行的殖民事业的脉络之下来理解。

在俄罗斯极北、西伯利亚和远东地区,生活着一些人数很少、语言文化、宗教信仰和经济活动都颇具特色的土著民族(或较早迁入该地域的民族)。他们是涅涅茨人、埃文基人、汉特人、曼西人、埃文人、那乃人、楚科奇人①、多尔甘人、科里亚克人、谢尔库普人、乌尔奇人、尼夫赫人、乌德盖人、爱斯基摩人、克特人、萨米人、伊捷尔缅人、恩加纳善人、

---

① 楚科奇人是西伯利亚最古老的土著民族之一,他们生活的陆地被白令海、楚科奇海和东西伯利亚海包围着。他们既驯养驯鹿,也捕猎海洋哺乳动物。楚科奇人不断地打败哥萨克的入侵,是西伯利亚土著民族中最晚一个屈服于沙俄统治的民族。

尤卡吉尔人、托法拉尔人、涅吉达尔人、奥罗奇人、奥罗克人、埃涅茨人和阿留申人等 25 个少数民族,目前共有将近 20 万人。[①] 其中住在叶尼塞河流域的克特人被认为是世界上最神秘的民族之一,他们是地球上最早消失的部族的后裔。他们的语言同语言学家们知道的任何一种语言都无相似之处。克特人的外貌极像北美洲的印第安人。因此,有人认为西伯利亚的克特人和北美洲的印第安人有着共同的祖先。曼西人[②]和汉特人至今还保持着崇拜熊的古老习俗,而且,这些人口较少民族几乎无一例外地信奉萨满教。而阿留申人原本住在阿留申群岛、Pribiloflslands、Shumaginlslands 和阿拉斯加半岛的西部,部分人于 19 世纪初移居到科曼多尔群岛。

十月革命前,这些小少数民族,生产力发展水平十分低下,经济状况异常落后。当时,他们在恶劣的气候条件下主要从事狩猎业、捕鱼业和养鹿业,其中有些民族也从事一些种植业和炼铁业。例如,汉特人、曼西人和克特人对炼铁、打铁都比较熟悉,尤卡吉尔人、楚科奇人、科里亚克人、伊捷尔缅人和爱斯基摩人也能用偶尔运到他们那里的少量生铁制造器具。除了炼铁之外,似乎就再无什么工业可谈了。那时,在这些经济实力弱小的民族中普遍存在的交换方式是物物交换。例如,定居的楚科奇人和爱斯基摩人用自己的海猎品从养鹿的楚科奇人那里换取鹿皮;汉特人用兽皮向涅涅茨人换鱼;乌德盖人用毛皮、人参、鹿茸向中俄边境地区的汉人换白酒和粮食。这些民族基本上没有文字,只有涅涅茨人情况稍好些,到 1914 年,识俄文者已占居民总数的 2%。当时这些民族没有报纸杂志,没有书面文字作品,比较流行的是各种体裁的民间口头创作,如故事、神话、传说、谜语等。最初他们普遍信奉的是原始宗教——萨满教,后来一些民族受俄罗斯的影响改信东正教。在中国信仰萨满教的民族主要有鄂伦春族、鄂温克族、赫哲族、蒙古族等。在中俄边境地区,少部分鄂温克族信奉东正教。

十月革命后,为了开发自然资源,加强苏联远东边境防护,大批移

① 《俄罗斯联邦法令汇编》俄文版,1995 年第 24 期,第 4311 页。
② 曼西人是西元第一千纪中期从南乌拉尔草原迁入该区的民族后裔。

民被迫迁居西伯利亚和远东。尽管俄罗斯欧洲移民对土著民族有很大影响,但他们仍然保留着古老的生产方式和大量的氏族制度残余。"苏维埃政权给了北方各族人类历史上前所未有的跃进机会,他们在最短时间内转入了社会主义经济形态,铲除了自己政治、经济和文化上的落后状态。"①

1925 年,全俄中央执行委员会和人民委员会根据极北、西伯利亚和远东地区的土著民族特点将涅涅茨人、埃文基人等 20 多个民族划入"北方小民族"之列。后来,苏联人民委员会设立了北方海运总局,由它具体落实政府旨在发展北方小民族经济、文化的专门措施。在北方委员会的帮助下,多尔甘、汉特、曼西、涅涅茨、埃文基②、楚科奇③和科里亚克等少数民族相继建立起来十几个民族专区,在哈巴罗夫斯克边疆区还建立了乌尔奇、那乃、阿留申、拉法尔和爱斯基摩等民族州。这样,北方小民族拥有了自己的自治区并享受到民族自治权。同时,依照苏联宪法,这些小民族全部拥有同其他民族一样的平等权利。1935—1938 年,北方海运总局负责组织安排苏联国内工业企业、运输、建筑机构及其他组织的员工对北方各民族人民给予支持和帮助。

在社会经济发展方面,政府在十月革命后的 20 多年间通过贷款、供应食品、免除税赋、开办储备粮商店,为这些民族提供物质和财政帮助。1918—1941 年,联盟中央对北方的经济投资达 18 亿卢布。

在社会文化领域,政府也给北方小民族以大力支持和帮助。1931—1932 年,先后为 13 个人口相对较多的民族(涅涅茨人、埃文基人、汉特人、曼西人、埃文人、科里亚克人、楚科奇人、爱斯基摩人、那乃

---

① [苏]玛尔果林:《苏联远东》,吉林人民出版社 1981 年版,第 89 页。
② 埃文基自治区于 1930 年 12 月 10 日成立,原隶属于克拉斯诺亚尔斯克边疆区,按照 1992 年联邦条约和 1993 年俄罗斯宪法规定,成为俄联邦的一个独立的行政单位,属东西伯利亚经济区。自治区的土地面积为 76.76 万平方公里,占全俄的 4.5%、克拉斯诺亚尔斯克边疆区的 33%。有拜基特、伊利姆佩亚和通古斯卡—丘尼亚 3 个行政区、图拉镇(0.58 万人)和 20 个村。自治区中心为图拉镇,距莫斯科 5738 公里,距克拉斯诺亚尔斯克市 1630 公里。2003 年该自治区人口为 15900 人。
③ 楚科奇人与俄罗斯人的接触始于 17 世纪 40 年代,经过长期反抗,最后于 18 世纪归顺俄国。1930 年 12 月 10 日成立楚科奇民族专区,1977 年改为自治专区,属俄罗斯联邦马加丹州。

人、乌德盖人、尼夫赫人、克特人和谢尔库普人）制定并创建了文字。以这些民族的语言为基础，民族文学开始发展和壮大起来，同时也为培养民族知识分子创造了有利条件。1930 年在列宁格勒创办的北方民族学院和 1941 年在该校基础上建立的赫尔岑师范学院北方民族系，为北方少数民族培养出很多教师、苏维埃工作者、经济工作者和党务工作者，甚至培养出不少学者、诗人和作家等高级人才。楚科奇族作家尤里·雷特海乌、那乃族作家格里高利·霍扎尔、尼夫赫族作家费拉基米尔·桑吉、乌德盖族作家占西·吉蒙科等人的作品为全苏联读者所熟知。少数民族知识分子的队伍里有了第一批候补博士：人种志学家、语言学家和其他科学家，以及俄罗斯联邦功勋画家和功勋艺术家等。

在远东，消除地方人种差异和语言差异的过程，表现得比国内其他地区强烈。数十年来，单个民族孤僻闭塞的情况很快消除，经济活动加快了昔日不相往来的状况，并对他们的民族发展有很好的影响。不同民族通婚，过去是极少的，现在在阿穆尔河两岸和冻土带的楚科奇人、科里亚克人、埃文基人等民族间则经常发生。俄语成了远东各民族的交际工具，小地区的方言和民族语言在逐渐消失。但是，伴随着经济的发展，负面影响日益凸显，少数民族语言濒危的状况反而越来越成为俄罗斯政府最为担忧的问题。

北方民族的日常生活习惯、食物、衣着都发生了变化。"所有这些都变得更加合理，更适合于现代的生活条件和工作条件。这些民族现已习惯的一些食物，过去他们根本没有见过。现在他们对传统的、但价值不高的食品，逐渐丧失了兴趣。十月革命前，北方各民族的食品只限于自然经济产品：肉和鱼，而现在已增加了各种米饭、面包、乳制品、蔬菜和水果。"[①]

饮食结构发生变化以后，北方民族的体型也逐渐欧化。

到 20 世纪 50 年代末，极北、西伯利亚和远东地区，经济、文化状况已发生巨大变化。这里已建立了由现代技术装备的采矿工业、渔业工业，内河运输和空中运输都得到了发展。在科米自治共和国、亚马

---

① ［苏］玛尔果林：《苏联远东》，吉林人民出版社 1981 年版，第 109 页。

尔——涅涅茨民族专区和泰梅尔民族专区筑起了铁路。极北地区各民族在政府的帮助下，基本上由游牧过渡到定居生活，保证了经济发展，培养出一批人数可观的民族知识分子，拥有了学校、医疗机构和文化教育机构网，并在许多地方建起了设施完善的城镇和乡村。

1957年3月16日，苏共中央和苏联部长会议通过《关于进一步发展北方各民族经济和文化》的决议。该决议在肯定国家扶持帮助北方少数民族发展经济、文化方面取得成绩的同时，也指出了存在的"严重缺点"。例如，作为当地基本经济部门的狩猎业、养鹿业、渔业在许多集体农庄没有得到应有的重视，有关政府部门没有保障当地居民，特别是冻土带地区的居民必要的医疗服务，容忍对小民族文化和生活服务业放任不管的现象等。

为此，苏联政府作出了进一步发展北方民族经济、文化的决定。例如，要求极北地区、西伯利亚的党政领导和苏联有关部、委"保证北方地区各民族的全面发展，最细致地照顾他们的民族特点"，并从根本上改进对北方地区经济、文化建设的领导；保证最充分地利用自然经济条件以及地方潜力来进一步提高北方民族的物质、文化水平。其中，在经济方面，要求当地集体农庄和国营农场注意发展传统经济——养鹿业、狩猎业；国家向极北地区提供充足的汽车、汽艇、农机、渔猎工具以及其他生产所需物资和设备；免除当地集体农庄及其农户、工人、职员向国家义务提供农产品，改义务提供为国家收购；授权俄罗斯联邦部长会议免除极北地区集体农庄的所得税和渔捐，并免除集体农庄庄员、工人、职员的农业税。在文教方面，要求苏联高等和中等专业教育部等国家有关部门保证在苏联高等和中等专业学校内从来自北方民族的学生中为北方地区经济、文化各部门培养专家，在必要时可为他们建立预备班，降低入学要求；授权俄罗斯部长会议和苏联高教部在1957—1960年间增加高等和中等专业学校中北方民族享受国家助学金学生的名额，从2960名增至4000名[①]；俄罗斯政府采取补充措施，扫除北方民族居民

---

① 刘庚岑：《关于苏联、俄罗斯联邦扶持其北方小民族的问题》，《俄罗斯研究》1997年第1期。

中的文盲,扩大北方民族少年儿童的中学和寄宿学校网,在学校中实施技术教学以适应地方经济发展的需要。

到了 20 世纪 60 年代,为了更好地发展北方各少数民族的经济和文化,苏联部长会议于 1967 年 4 月 21 日通过了《关于进一步发展北方少数民族的经济和文化的措施》的决议。决议中制定了很多新的措施,比如,由苏联国家银行向正在转为定居和业已定居的集体农庄庄员、狩猎业的生产单位、无住房和居住在各种游牧帐篷和其他临时性住房中的北方少数民族的工作人员发放建设住房贷款;从 1967—1968 学年起,将每年录入高等和中等专业学校的北方少数民族的学生增加 100 名,学生的各种费用全部由国家承担;在极北地区马加丹州组建民族歌舞团,建设一座拥有 120 个床位的民族专区医院等。20 世纪 80 年代以后,俄罗斯政府又接连通过了一系列决议,比如《关于进一步发展北方少数民族地区经济和社会的措施》《关于改进北方少数民族居住地区的文化生活服务和进一步发展这些少数民族的文化、艺术的补充措施》《关于为北方少数民族组织文化生活综合服务》和《关于改进北方少数民族老年公民物质保障》等。这些措施有力地保障和促进了北方少数民族经济、文化的发展及居民生活水平的提高。经过苏联中央、地方政府几十年的扶持和帮助,俄罗斯北方民族的物质、文化生活水平有了明显提高。克拉斯诺亚尔斯克边疆区的埃文基自治区已成为苏联国内主要毛皮出产区,貂皮产量占全苏采购量的 15％,羊皮产量占克拉斯诺亚尔斯克边区采购总量的 25％。

汉特—曼西自治区,建起了石油、天然气开采重要工业部门,著名的秋明油田就在该自治区。木材、渔业以及毛皮、狩猎业都很发达。1975 年该自治区有 17 个国营农场和 12 个集体农庄。十月革命后,汉特、曼西族有了自己的文字,并用民族语文出版书籍、报刊。1975—1976 年,汉特—曼西自治区拥有 238 所各类普通学校、两所职业技术学校和一所中等专业学校。在楚科奇民族专区建立了 2672 所学校、880 所幼儿园;在亚巴尔—涅涅茨民族专区有 72 个图书馆、72 个文化宫、15 个文化宣传队、16 所儿童音乐学校;埃文基民族专区已普及中等教育,有 600 多名男女青年被派往高等学校和中等技术学校深造。①

经济、文化的发展,卫生医疗条件的改善和居民生活水平的提高,北方少数民族的死亡率,特别是儿童的死亡率显著降低。居民的平均寿命几乎增长了一倍,人口也在不断增加。据苏联官方统计资料计算,埃文基、涅涅茨、汉特、曼西、楚科奇、埃文、那乃、科里亚克、多尔甘、谢尔库普、尼夫赫、乌尔奇、萨米、乌德盖、爱斯基摩、伊捷尔缅、克特、奥罗奇、恩加纳善、尤卡吉尔、涅吉达尔和托法拉尔这 22 个民族,在 1959 年、1970 年、1979 年和 1989 年的总人口分别是 13.1 万、15.3 万、15.7 万和 18.2 万人。其中只有个别民族人口略呈负增长趋势,如奥罗奇人,据 1979 年统计人口为 1200 人,1990 年统计人口为 883 人。②

苏联政府在扶持、帮助北方少数民族发展经济、文化方面取得一定成绩的同时,也有值得反思的教训。例如,社会经济方面,在北方一些地区,由于 20 世纪 30 年代强制和加速推行农业集体化,引起一些少数民族的不满和反对,严重地挫伤了他们的政治热情和生产积极性;由于极北、西伯利亚和远东一些地区的开发和工业发展,造成生态失衡,使当地的传统经济遭受损失。20 世纪 60～80 年代,整个北方地区的鹿场面积减少 2000 万公顷,致使 10 万头鹿失去了草场。草场的被占用和污染情况在石油工业发展起来的亚巴尔—涅涅茨、汉特—曼西自治区尤为严重。北方的家鹿数量从 20 世纪 30 年代到 80 年代已由 220 万头减至 180 万头(减少了 18.2%),③一些地方养鹿业已消失殆尽。此外,文教工作方面也出现过很多失误。在对社会进行改造的过程中,对北方各民族信奉的萨满教进行粗暴干涉,特别是无神论教育使萨满教失去了传播的机会。同时,为那些没有文字的民族创造文字的工作也没有做到善始善终,有些民族语言濒危,甚至消失。

苏联解体后,俄政府仍然不断采取措施,帮助北方民族克服困难,发展经济。首先,采取坚决措施,保证及时向极北地区供应物质,以解燃眉之急。其次,积极采取措施,既发展现代工业,又注意保护当地少

---

① [苏联]《历史问题》1990 年第 1 期。
② 张嘉宾:《奥罗奇人》(上),《黑龙江民族丛刊》2002 年第 1 期。
③ [苏联]《历史问题》1990 年第 1 期。

图 1-1　埃文基人饲养的驯鹿　图片提供：[俄]Н.Я.布拉托娃

数民族的权益以及他们的传统经济部门，划定专门的养鹿、捕鱼、狩猎等传统的自然资源利用地区，并规定只有经过国家生态学家的认真论证才能在这些地区从事工业生产活动。最后，俄罗斯政府有意向极北、西伯利亚和远东大量引进外国技术、资金，以加快这些地区的经济发展。

随着整个西伯利亚和远东地区经济的逐步恢复和发展，进入 21 世纪以来，针对远东小民族的经济文化发展现状，俄罗斯政府又颁布了一些新的扶持政策，北方小民族的经济、文化、教育也得到了较为快速的发展。以俄罗斯远东阿穆尔州腾达自治区五一村（埃文基民族村）五一中等普通教育学校为例，其教育模式具有典范意义与现实意义。

俄罗斯远东阿穆尔州滕达自治区五一村（埃文基民族村），有一所特别的学校——五一中等普通教育学校，其教学模式独具特色，多有创新。

五一中等普通教育学校是一所现代创新教育机构。到 2014 年 9 月，该校已有 81 年的历史。自 1997 年始，其正式成为孩子们劳动教育新模式研究的一个试验基地。为探索素质教育的有效途径，学校的老师也积极投入到完善教育机制的创新实践中。

学校坐落在远东原住民——埃文基人居住的村落里。校内共有135名学生,其中68人是埃文基人,60人为住宿生。埃文基族学生来自五一村和乌尔基玛村。对家住在离学校较远的学龄前儿童,学校组织校车接送。

学校教学设施和宿舍,都是标准的两层建筑。其中包括13间普通教室、10间教学与生产厂房(民族装饰应用艺术和民间手工艺教室),以及体育馆、礼堂、演出厅、图书馆、地方志博物馆、两个食堂、两个医疗室等。还有供寄宿生和学校员工使用的浴室,以及为实施"养鹿人——猎人"计划准备的职业训练生产实践区(包括猎人营地、旅游基地、浴室、家兔繁衍场、滑雪场、休息室等),还有由两间 100 m² 组成的副业、暖房和中央供暖的射击靶场、菜园。此外,学校旁边有一个 0.5 公顷的公园,可以进行体育锻炼和军事游戏。

所有的教学场地都有相应的配套设施。学校可以上网,配有11台新款电脑,3间多媒体教室。2010—2011年,学校添置了300多万卢布的新设备(机床、乐器、移动电脑设备、硬件和软件器材、直观教学工具)。2011年,为了给学校发展创造社会环境,组织学生开展生产实践和参与"埃文基民族村"建设,阿穆尔州州长下令给学校购置了46头鹿和一辆"卡玛斯"牌高级越野车,以用于养鹿和打猎方面的技能培训。

学校拥有一支高素质的师资队伍。35名教师中,9人拥有高级技术职称,17人拥有初级技术职称。负责技能培训的工艺师中,1人拥有高级职称,1人拥有初级职称。学校校长系教育学副博士,俄罗斯联邦功勋教师,布拉戈维申斯克国立师范大学副教授。副校长 E. M. 肖洛霍娃和 T. B. 索罗莫诺娃为高级职称教师。6名男教师,29名女教师。35名教师中,有14位是本校毕业,并且来自人口较少的原住民族。学校的学生经常参加自治区级、州级和国家级的表演、展览、竞赛、汇演、旅游和地理知识比赛等活动,并多次获奖。

为实现学校基本目标,教师团队主要任务之一便是培养学生的个性,帮助毕业生选择职业和就业,以及未来发展道路。比如,2006年至2010年间,50名毕业生中有26人在高校学习(或已毕业),18人在中等职业学校学习,6人工作。目前,已有2人考入布拉戈维申斯克国立师范大学,3人考入阿穆尔州国立大学,4人考入圣彼得堡赫尔岑国立师范大学,5人考入远东国立交通大学,1人考入新西伯利亚军事学院,1人考入阿穆尔医学院,1人考入圣彼得堡工艺美术和民间艺术大学,7人考入远东国立农业大学。有才能的孩子们还被送到莫斯科、圣彼得堡、哈巴罗夫斯克、布拉戈维申斯克、雅库茨克和乌兰乌德参加表演和竞赛。在自治区、滕达市地方志博物馆和阿穆尔州地方志博物馆里每年都会专门展出学生和工艺师的原创作品。阿穆尔州闻名的创作集体——学校埃文基儿童舞蹈团"ХЭГЛЭН"(乳白色的路)就是由高级教师Т.С.萨夫罗诺娃主持创办的。

学校的教师团队认真贯彻《民族学校改革和发展纲要》,注重对新一代进行埃文基民族传统和民族道德价值教育,在现代社会优越的经济条件下,培养他们的生存能力和健康的体魄。

该校最突出的特点是设有独一无二的教学与生产技术综合体。学校拥有统一管理的7个教学厂房,利用厂房设备可以对孩子进行下列职业培训:木质艺术品制作师、木雕和骨雕师、细木工、女梳妆师、毛皮艺术品制作师、裁缝、养鹿师、毛皮纪念品制作师和鞋匠。其中有一个厂房是由学校毕业生Г.С.马克西莫娃负责,她是圣彼得堡工艺美术和民间艺术大学毕业的。近年来,30多名毕业生掌握了木雕和骨雕艺术、毛皮工艺品制作技术等基础知识。每年有95%的学生接受基础教育和补充专业教育。

学校严格执行《原住居民儿童教学计划和劳动教育新模式研究规划国家方案》,在阿穆尔州劳动教育新模式研究试验基地范围内,成功制订了发展模式和计划,在组织少年儿童共同劳动、贯彻国家——地方方案以及保护埃文基民族传统生产和传统文化的基础上,为孩子的个性发展创造条件。

2012年,学校电脑教室可安排一年级到十一年级的孩子上电脑课。最近三年,11个班的34名毕业生中,有28人学会了计算机操作技术。学校经常开设教师电脑系统培训课程。学校心理咨询办公室、教学与生产技术综合体、图书馆、高年级学生宿舍自习室和接待室里都配备了电脑。

图 1-2 埃文基民间艺术团 图片提供：[俄]Н.Я.布拉托娃

该校举办过多项活动：阿穆尔州北方学校教师与市级、自治区级教育主管部门领导研讨会（2002年）；西伯利亚、远东教育工作者与北方学学者科学实践大会（2003年）；"世界观、经济和社会历史问题"国际科学实践大会（分别在2004年、2005年和2011年举行）；还举办了自治区和其他类型的研讨会。2000—2011年间，学校教师在科技刊物和论文集上发表文章30多篇。校长 А.Ф.戈洛温，根据自己的工作经验，2008年出版了专著：《用劳动教育的方法使北极地区人口较少原住民族孩子适应现代社会经济生活》。2008年，学校在纪念 А.С.马卡连柯诞辰120周年《科学院学校》比赛中获奖；2011年，学校荣获"二十一世纪俄罗斯学校"奖状。学校因积极实施教育创新计划，被阿穆尔州教育部和科技部授予多项荣誉，并被收入《俄罗斯主要教育机构》国家名录。学校设有州级和联邦级教育试验基地，其活动和经验经常被莫斯科、新西伯利亚、布拉戈维申斯克、哈巴罗夫斯克、圣彼得堡和雅库茨克市的一些科教杂志、论文集、专著等报道和转载。

阿穆尔州州长 Ю.Г.利亚什科、А.Н.别洛诺果夫、Н.А.科列索夫、О.Н.科热米亚柯，州教育部长 О.И.拉皮茨基、А.Г.巴玛列依柯、

图 1-3　埃文基语教材插图　摄影：刘晓春

М. Г. 谢柳奇，自治区区长 М. Б. 舒利茨、В. А. 克拉夫措夫、Е. И. 博伊金、Г. Е. 谢德毕娜，联邦教育和科学部民族教育问题研究所所长 М. Н. 库兹明，著名埃文基诗人、作家 А. Н. 内姆图什金，俄罗斯联邦北极、西伯利亚和远东地区人口较少原住民族联合会主席团成员 Ф. М. 列哈诺娃、Д. В. 别列日科夫、Р. В. 苏良德季加，来自莫斯科、圣彼得堡、雅库茨克、哈巴罗夫斯克、乌兰乌德、布拉戈维申斯克的北方学学者，还有很多外国代表团曾到学校参观，高度评价了学校开创的孩子生活教育模式，以及把国家——地方教育政策贯彻到教学计划中去的有效实践。①

---

① 刘晓春翻译整理。

如是,俄罗斯阿穆尔州滕达自治区五一中等普通教育学校的"原住民族创新教学模式",及其多年实践所取得的成功经验,值得借鉴,值得学习。

二　俄罗斯跨界民族的形成与发展

跨界民族是指由于长期的历史发展而形成的,分别在两个或多个现代国家中居住的同一民族。[①] 所谓"界"是指国界,即国家疆界,通过疆界区分,划分了各国的主权范围,因而也使跨界民族与一般的民族概念有所区别。跨界民族除了文化的、群体的意义之外,也包括所在国的主权和该民族对于所有国的国家归属认同。

俄罗斯极北、西伯利亚和远东地区跨界而居的民族主要有俄罗斯人、朝鲜人、那乃(赫哲)、奥罗奇人(鄂伦春)、埃文基人(鄂温克)、满族人、蒙古人、汉人、达斡尔人、爱斯基摩人等。俄罗斯境内的这些跨界民族与境外同族有世代亲缘关系,渊源上具有必然联系性。中国史书上记载:"黑龙江以北,精奇里江以南为虞人鄂伦春地。"[②]"鄂伦春、索伦、达乎尔类也,黑龙江以北,精奇里江以南,皆其射猎之地,其众来精奇里以居"。[③]"黑龙江左崦 40 余屯,旗户数百,有索伦人,有鄂伦春人,有打虎儿人。"[④]已故的黑龙江省呼玛县鄂伦春老人葛英尼彦听其长辈讲过,很久以前鄂伦春人都居住在结雅河一带,后来因为俄国兵的入侵,才不得不渡江南来,当时还有一部分人没有过来,留在了结雅河一带。自从沙皇俄国侵犯黑龙江流域之后,黑龙江沿岸的满族、汉族、达斡尔族、鄂伦春族为了谋生多次迁徙、往返于黑龙江两岸。

1858 年,《瑷珲条约》改变了黑龙江的归属,黑龙江成为中俄界河。条约签订的这一年,海兰泡定为城市建制,叫作布拉戈维申斯克市。当

---

① 金春子、王建民:《中国跨界民族》,民族出版社 1994 年版,第 11 页。
② 《黑龙江志稿》卷 11,3 页。
③ 何秋涛:《朔方备乘》卷 2,6 页,清光绪七年石印本。
④ 《黑龙江述略》卷 6,从录篇。

时拥有 4 万人口的海兰泡,华人就达 1 万多人,他们经营着 500 多家店铺,服装、房屋、习俗都是典型的中国化,同时也深刻影响着俄罗斯人。当时广东人开的华昌泰,山东掖县人开的永利与永和客栈赫赫有名。俄国著名作家契诃夫一百多年前来到这里感叹道:"这里的生活,在欧洲是人们的概念所没有的。"

1911 年沙俄政府对远东土著居民的调查表明,土著居民至少有 1 万余人,1925 年苏联远东地区召开了土著民族代表大会,出席代表大会的主要民族代表有 29 人,其中有 5 名鄂伦春族代表,鄂温克族 7 人,还有若干名赫哲族和达斡尔族代表。[①]

那乃人是跨俄罗斯和中国两国的跨界民族。1990 年统计,俄罗斯境内有那乃人 10,500 人,主要分布在乌苏里江口附近阿穆尔河(黑龙江)两岸,即哈巴罗夫斯克边区的那乃区、共青城和维亚泽姆区等地。那乃人的祖先,自古以来就在黑龙江、乌苏里江流域繁衍生息。但到目前为止,俄罗斯境内的那乃人多数人已经不再使用那乃语,基本上通用俄语。中国境内的那乃人(赫哲人)主要分布在黑龙江省的抚运、饶河等地,2000 年统计,人口为 4640 人。

朝鲜人是跨俄罗斯、中国、朝鲜、韩国、蒙古等国居住的跨界民族。俄罗斯境内有朝鲜族约为 155,000 人,主要分布在沿海边疆区一带。俄罗斯境内的朝鲜族先民是从 19 世纪中叶开始,由朝鲜半岛移居到黑龙江以北、乌苏里江以东的广大地区的,主要以开荒种稻为生。1905年《日韩乙巳条约》签订,特别是 1910 年《日韩合并》后,大批朝鲜族移入沿海州一带,然后逐步扩散到哈巴罗夫斯克、库页岛以及更北部的堪察加半岛等地。据不完全统计:1914 年苏联远东地区有朝鲜族 8 万余人,到了 1923 年猛增加到 25 万多人。1937 年,中国抗日战争爆发,9月,斯大林密令,把沿海州朝鲜族全部迁移到中央亚细亚。由 10 月开始至 12 月,20 万沿海州朝鲜族全部迁移到中央亚细亚。1939 年,日本为建军事工程以及海上捕鱼满足战争需要,在朝鲜招集大批民工移入南萨哈林岛。1952 年,在南萨哈林的日本人全部回国后,大约有 4 万

① [苏联]伊·卡巴诺夫著:《黑龙江问题》,黑龙江人民出版社 1983 年版,第 310 页。

多朝鲜族留在了那里。目前,在俄罗斯远东地区有近 10 万朝鲜族,大部分人从事种植业生产。

埃文基人是跨俄罗斯、蒙古和中国而居的跨界民族。俄罗斯境内的埃文基人主要居住在叶尼塞河流域。他们传统上是游牧民族,以捕鱼、采集野果和养鹿为生。13 世纪,蒙古后裔布里亚特人也来到贝加尔湖地区。无论是突厥人还是布里亚特人都没能改变埃文基人的生活方式。在西伯利亚和远东,有埃文基人 30000 人(1989 年统计),但仅有 1/5 的人能讲本民族语言。经济活动北部以渔猎、驯鹿、毛皮和养殖为主,并有石墨、煤炭等采矿业;南部有加工业和制造业。中国的埃文基(鄂温克族)2000 年统计有 30505 人,主要分布在内蒙古呼伦贝尔市和黑龙江省讷河市等地,一部分从事驯鹿业,一部分从事农业,一部分从事畜牧业。

图 1 - 4 节日里的埃文基人 摄影:刘晓春

蒙古族是跨俄罗斯、蒙古、中国等国居住的跨界民族。俄罗斯境内的蒙古族,主要分布在布里亚特自治共和国与蒙古国相邻的地区。2000年,中国蒙古族有 5813947 人,主要分布在内蒙古自治区,以及辽宁、新疆、甘肃、青海、吉林、黑龙江等地。蒙古国的蒙古族人有 1900000 人,占全国总人口的 88%,多数是与中国蒙古族同源的喀尔喀蒙古人。

跨界民族的语言文字相同、风俗习惯相似,加之千百年来有着密切的血缘、心理、姻亲关系结成同族的深厚情谊,在生产上相互帮助,生活上互通有无,文化上广泛联系,这种自古以来久盛不衰的社会经济文化关系,成为双边贸易的人文基础,便于利用广泛社会联系,在商品交易的基础上,开辟经济技术合作渠道,促进双边经济的发展。如20世纪90年代,中俄边贸开展以来,俄罗斯远东地区的边境城市立即成为世界各国关注的热点地区。

中国内蒙古额尔古纳市,西部与西北部沿额尔古纳河与俄罗斯隔河相望,边境线长667公里。全市有汉、蒙、俄罗斯、回、满、达斡尔、鄂温克等10个民族,7万人当中就有华俄后裔8000余人。据1998年统计,额尔古纳市恩和俄罗斯民族乡共有人口2275人,其中俄罗斯族为1065人,有不少人在境外有亲属。①

从以上跨界民族的状况可以看出,形成跨界民族的原因大致有四:一是原先居住在俄罗斯境内,在近几百年来以后迁徙出境,流入附近国家;二是由国外迁入,成为俄罗斯的少数民族,如朝鲜族等;三是由于沙皇的入侵,通过不平等条约吞并中国土地和人口而形成的跨界民族,如远东的埃文克人、那乃人、奥罗奇人、乌德盖人、达斡尔人等;四是历史上繁衍生息在一片地域内,形成了有共同族源的不同民族,或者是同一民族的不同支系。

众所周知,直到公元17世纪,俄罗斯同远东地区还没有国家关系。远东地区形成通古斯语系对远东地区历史影响很大。沙俄侵略黑龙江流域以后,开始向西伯利亚和远东地区移民,到了19世纪50年代,沙皇为了巩固和扩大军事侵略,继续向黑龙江流域移民,但是,当时所有移民仅占俄国人的1/3,而且这些移民大多住在一两个大的居民点之中,其中相当一部分是教养犯和士兵的受罚者,女性人数极少。沙皇为了扩大侵略,攫取经济利益,迫切需要劳动力以解决人口问题。但大多数俄国劳动者不愿到边远异乡,军队和流放犯又极其有限。虽然沙皇政府极力从欧洲国土那里移民,可是人口发展仍然是极其困难和缓慢的,因而沙皇殖民者由最初的屠杀土著居民转而利用边境条件,剥削中

① 刘晓春著:《俄罗斯民族经济与改革》,远方出版社1999年版,第84页。

国人,吞并边境土著居民及其土地财产,以促进对西伯利亚和远东的开发。鄂伦春人、达斡尔人、鄂温克人、赫哲人熟知金矿、煤矿产地,对远东地理了如指掌,识别深山野路,擅长狩猎,熟悉森林、了解水产资源情况,而且体力上极其适应这里的自然环境特点,在同自然界打交道时,在遇到自然灾害时,他们拥有非常丰富的经验和智慧。因而沙皇对鄂伦春、达斡尔、赫哲族等实行吞并政策,强行游猎的土著居民加入俄籍。当时俄外交部曾指示:"对愿意留在我领土的中国臣民,完全应与对待阿穆尔土著居民一样,这样做是非常有益的。"①由此可知,中国跨界民族的存在与发展的根本前提是远东经济开发的客观需要,当时俄国人无论是进行地理探察还是进行商品交换都需借助当地土著居民的帮助。如1643年雅库茨克督军彼得·波雅尔科夫率132人远征达斡尔地区。队伍从雅库茨克登程,航行勒拿河——阿尔丹河——乌丘尔河——戈纳姆河,在封冻前到达纽约姆卡河河口,留下米宁等一部分人在此越冬。波雅尔科夫率90人乘雪橇翻越斯塔诺夫山脉(外兴安岭)进入结雅河(精奇里江)上游地区,在乌姆列坎河河口附近驻营越冬。当地有达斡尔人,达斡尔人为俄国探险队提供了越冬食品,并帮助他们找到了通往鞑靼海峡入鄂霍次克海的最短线路。波雅尔科夫是自精奇里江河口沿黑龙江下航至海的第一个俄国人,他带回了大量有关库页岛、黑龙江流域各民族的情报。这些情报对远东后来的开发无疑是有益的,土著居民起到了重要的作用。此外,土著居民常常用自己的知识和经验帮助阿穆尔的第一批俄国移民。俄国人学会了乘坐鹿爬犁和狗爬犁,仿造基里雅克人的桦皮船,这种船很轻,能载相当多的东西。最初,光靠种地不能保证自己有足够粮食吃的俄国人也开始从事渔猎。但他们在这方面比起当地居民来要差得多,虽然他们有优良的生产工具。鄂温克人使用驯化了的鹿,基里亚克人或果尔特人使驯炼出来的狗,走高山穿峡谷,在原始森林中来往自如,而靠俄国人的交通工具是无法穿越原始森林的。鄂温克人是在阿穆尔和乌苏里地区森林中穿行的最好向导。俄国旅行家 B. K. 阿尔谢尼耶夫在著作中写道:"土著居

① [苏联]伊·卡巴诺夫著:《黑龙江问题》,黑龙江人民出版社1983版,第302页。

019

民在运送俄考察队的贵重物品时比俄国人的效率要高得多,但这并不是说土著居民力气大,而是有技巧和耐力,他们对方向和距离有天生的敏感。由于他们总是站在高处观察下面的地形,他们很快学会了查看和使用地图。"[1]而且,土著居民使用的日常生活用品和工具,就当地条件而言,比俄国人使用的还要完备。俄国人仿当地雪橇的样子改造了自己的雪橇,以免在走原始森林中的羊肠小道时刮上树桩和树枝。索利亚尔斯基为此阐述了关于如何对待阿穆尔土著居民的观点,他说:"国家当局对土著居民逐渐消失这一严重的社会事实采取消极态度,这不仅有损国家的尊严,而且违背国家的根本利益。假如土著人绝迹的话,那么北方的辽阔土地将成为无法接近的荒原,珍贵的森林资源、冻土地带和地下宝藏就不能为人所用,异族人创造的适应北方严峻自然环境的文化就要灭绝。"[2]

由此可见,俄学术界在很早就开始关注原住民族的生存发展问题,感受到了原住民族的价值和意义,并通过他们的研究成果向当局反映真实的土著民族的生活。

图 1-5　那乃、鄂伦春、埃文基、涅涅茨人相聚莫斯科　摄影:刘晓春

① [俄]阿尔谢尼耶夫、季托夫:《远东地区各民族的生活和特点》,哈巴罗夫斯克1928年版,第44页。
② [俄]索利亚尔斯基:《阿穆尔沿岸异族人当前的法律和经济文化地位》,哈巴罗夫斯克1916年版,第173页。

三 俄罗斯的鄂伦春人

（一）俄罗斯远东鄂伦春人的历史与现状①

俄罗斯学者 Н. Я. 布拉托娃女士认为，在俄罗斯学界，"鄂伦春"一词，是其他民族给通古斯人取的名字，早在 17 世纪的时候，就已经广为人知。一些学者认为，该词来源于"鄂伦"（орон），译作"鹿"；还有一些学者则认为该词来自阿尔巴津（雅克萨）地区的"鄂罗"（Оро），属于地名。目前，对这个问题的分歧尚未达成一致意见。北方通古斯人被满族人、汉族人、蒙古人、俄罗斯人统称为"鄂伦春人"，他们自己也这样称呼自己。

19 世纪，鄂伦春人占据了沿阿穆尔河（中国称"黑龙江"）上游左右两岸的广阔地域。北至斯塔诺夫山脉（中国称"外兴安岭"），西至阿马扎尔河上游，东至阿穆尔河左边支流奥尔多伊河。在阿穆尔河右岸，鄂伦春人占据了从石勒喀河与额尔古纳河汇合处到阿尔巴济哈河（奥穆里河）的广大地域。史料显示，19 世纪五六十年代在通吉尔河和奥列克玛河沿岸也有鄂伦春人居住。沙俄在与中国签订《瑷珲条约》（1858年）和《北京条约》（1860 年）之前，居住在阿穆尔河流域的鄂伦春人都是俄国的臣民，被列为"漂泊的异族人"，缴纳毛皮贡税。

С. К. 帕特卡诺夫写道：阿穆尔州西部、外贝加尔州和雅库茨克州与阿穆尔州交界地区的"真正的通古斯人"，被称为鄂伦春人。② 据1897 年人口普查统计，阿穆尔州有 677 名鄂伦春人，外贝加尔州有 952名鄂伦春人。阿穆尔州和外贝加尔州的鄂伦春人总数为 1629 人。其

---

① 2014 年 6 月 17 日，以"文化·生态·人类可持续发展"为主题的中俄通古斯民族文化交流座谈会，在内蒙古鄂伦春自治旗召开。俄罗斯科学院语言学研究所主任研究员、语言文学副博士 Н. Я. 布拉托娃女士，在大会上作了主题发言。该部分内容，主要根据 Н. Я. 布拉托娃女士的会议发言整理。
② С. К. 帕特卡诺夫：《西伯利亚居民部落成分统计数据，异族人的语言和部族（根据 1897 年专门研究数据）》第三卷，圣彼得堡 1913 年版，第 88 页。

中 6.1％已定居,其余则从事打猎、养鹿和捕鱼。当时,92.9％的鄂伦春人讲母语①。遗憾的是,现在在俄罗斯看到的却完全是另外一种景象。目前,只有老年人才熟知母语,中年人只能听懂母语,但不会说,而大部分孩子则几乎完全不通晓自己的母语。

至于游牧于外兴安岭以北勒拿河畔的鄂伦春人与生活在阿穆尔河沿岸地区的鄂伦春人之间,著名远东民族学研究者 Л. B. 什连科在1833 年认为,他们在语言和风俗上,已没有什么本质区别。②

在鄂伦春人的生产活动中,先行的旅行者认为带猎狗狩猎是其生存的必需条件,猎狗给他们提供食物,满足其他生活需要。旅行者们还谈到了一种家畜——鹿,可供他们骑行,帮助他们运送货物。同时他们强调,俄罗斯外兴安岭的通古斯人把鹿作为骑行和运送货物的工具;而中国的毕拉尔人和玛涅格人,则用马狩猎。第一类是使鹿通古斯,第二类是使马通古斯。

因此,19 世纪鄂伦春人就已经划分为使鹿通古斯和使马通古斯。而在阿穆尔河两岸林木茂密的河岸山坡和额尔古纳河,以及农尼河的上游谷地,猎人们骑着小马在兴安坡地上来回行走,过着迁徙生活,其中有一些人跟达斡尔人一样,从事贸易、耕作和畜牧业,过着定居生活。

19 世纪 80 年代,官方对生活在阿穆尔地区的鄂伦春人进行了人口普查。普查发现鄂伦春人主要有以下部族:坎德吉部,我认为这里指的是金德吉部,他的后裔至今仍居住在阿穆尔州,还有尼卡吉部(或肖洛贡部)、布尔多特部、尼纳干部、波牙吉部,总人口 946 人(男 474人,女 472 人)。③

---

① C. K. 帕特卡诺夫:《西伯利亚通古斯部落统计和地理经验(根据 1897 年人口普查数据和其他来源)》,第一部分(通古斯专辑);其他通古斯部落//俄罗斯帝国地理学会民族志分部学术论文集,第三十一卷,圣彼得堡 1906 年版,第 13 页。
② C. K. 帕特卡诺夫:《西伯利亚通古斯部落统计和地理经验(根据 1897 年人口普查数据和其他来源)》,第一部分(通古斯专辑);其他通古斯部落//俄罗斯帝国地理学会民族志分部学术论文集,第三十一卷,圣彼得堡 1906 年版,第 49 页。
③ 阿穆尔州阿穆尔河上游过着游牧生活的使鹿通古斯(鄂伦春)资料//东西伯利亚治理主要官方文件选集,第一卷,第一册,伊尔库茨克 1883 年版,第 79 页。

1900 年,阿穆尔州的鄂伦春人口总数为 460 人(男 218 人,女 242 人)。[①]

从 1930 年开始,居住在阿穆尔州、外贝加尔边疆区和布里亚特地区的鄂伦春族群,被官方划归埃文基族,但把他们同化为埃文基人的过程比较困难,至今尚未完成。尽管有政府命令,但在 20 世纪中叶以前,很多埃文基人的身份证上"民族"一栏仍然写着"鄂伦春"。现在,根据 2002 年人口普查数据显示,外贝加尔边疆区只有 5 名鄂伦春人:布里亚特 3 人,阿穆尔州 3 人。[②]

因此,中俄两国边界发生变化之后,俄罗斯的鄂伦春人成为埃文基人的一部分,开始被称作"埃文基人";而在中国他们被划为"鄂伦春"这样一个单独的民族。俄罗斯的埃文基(鄂伦春人)继续以养鹿和狩猎为生,而中国的鄂伦春人则主要从事农业和畜牧业。据此,这里应当强调的是,就整体而论,鄂伦春民族的发展历史,具有非常重要的科学价值和研究价值。所以,俄方学者建议,与会人员能够启动专门的历史、民族学研究。H. Я. 布拉托娃女士认为,这属于埃文基人的族源历史。尽管最近几十年里,俄罗斯学术界有一些研究这方面问题的著作问世,但是研究成果分歧很大,有些观点还需要进一步审视。一些学者还发表了关于养鹿业方面的研究成果,涉及的问题非常有趣。著名埃文基学者 Г. М. 瓦西里耶维奇认为,正是鄂伦春人首先驯服了鹿,随后埃文基人才效仿他们。因此他认为阿穆尔河沿岸地区是埃文基养鹿业的兴起之地,同时也是通古斯驯鹿文化兴起之地。

说到鄂伦春人,不能不说说这些通古斯部落:玛涅格人和毕拉尔人。他们与鄂伦春人居住在相同的地方,阿穆尔河及其支流上下游地区,与鄂伦春人和埃文基人都有直接的关系,是阿穆尔河地区通古斯居民的基础成分。

---

① 《阿穆尔州国家档案》,全宗号 15,目录号 1,辑号 173,页号 75。
② C. B 索科洛夫斯基:《俄罗斯联邦民族政策构想的发展前景》,莫斯科 2004 年版,第 221 页。

17 世纪中期,俄罗斯人第一次认识了通古斯部落玛涅格人,与阿穆尔河地区的鄂伦春人不同,他们认为自己是中国的臣民。П. П. 希姆克维奇提到 6 种生活在俄罗斯的玛涅格人:玛尼亚吉人、莫拉呼尔人、古拉吉尔人、莫科吉人、杜宁吉人和奥伊拉吉人,他们的总人数约 1500 人。他们以养马、狩猎和捕鱼为生。他们与俄罗斯人的关系是复杂的。中国—满洲对玛涅格人的影响,使得 19 世纪前大部分玛涅格人接受了中国国籍。但不是所有玛涅格人都跨过了国界,小部分玛涅格人仍然留在了俄罗斯的土地上。Н. Я. 布拉托娃女士说:"在科学考察过程中,我和 Г. И. 瓦尔拉莫娃在阿穆尔州结雅河地区找到了 2 个玛涅格人,М. Д. 葛尔玛根诺娃和她成年的儿子,他们与埃文基人一起居住在原始森林里,由于害怕遭到镇压,几乎不走出森林。在他们的老式身份证上还写着'玛涅格'。之后我们在奥夫相卡村跟她的妹妹聊了一会儿,她还懂得一些自己的母语,她的身份证上已经写成了'埃文基'"。

17 世纪,毕拉尔人居住在阿穆尔河上游沿岸地区和布列亚河、谢列姆贾河和谢弗里河流域,他们从这里逐渐往南迁移。他们有两个部族:莫科吉人和魏拉吉人,总人数为 1200 人。定居的毕拉尔人以农耕和畜牧业(养马)为生。1887 年俄罗斯人口普查时却没有提到他们。

Н. Я. 布拉托娃女士认为,尽管民族过程复杂,但俄罗斯的鄂伦春族与中国的鄂伦春族有很多共同的地方。Н. Я. 布拉托娃女士在演讲结束时,表达自己的意愿:"首先,希望我们(中俄通古斯民族)之间能够建立经常的联系。其次,建议开展俄罗斯埃文基—鄂伦春人与中国鄂伦春语言方面的比较研究。语言是民族性的特征之一,因此,如果我们想作为一个民族而生存下来,就应该尽一切可能,把母语传授给我们的子孙。除了研究,还可以发表相关的文章,介绍口头民间创作成果,比如我们的伊玛堪、摩苏昆和'乌尔古'(用鄂伦春语说故事);第三,组织实用装饰艺术方面的作品展览交流活动。第四,组织出版关于传统文化方面的纪念册。"

图 1-6　学者白兰(左)、画家白英(右)与俄罗斯学者交流　摄影：刘晓春

(二)俄罗斯堪察加边区贝斯特拉亚区的鄂伦春人[①]

　　俄罗斯堪察加边区的鄂伦春族聚居地为贝斯特拉亚区,位于堪察加半岛的中部。区政府所在地为埃索镇,坐落于一个小盆地,四周山高林密,是典型的偏远山区小镇。全区总人口为 1928 人,主要有鄂伦春族、俄罗斯族及少数楚克奇人。其中,鄂伦春族人口最多,有 981 人。区下辖两个鄂伦春族村,即埃索镇和阿纳夫嘎依村:埃索镇人口为 928人,其中鄂伦春族 614 人;阿纳夫嘎依村 492 人,其中鄂伦春族 367 人。居民中除少数政府官员和事业部门职工外,其余均为渔民、猎民、牧民,两个村镇相距 25 公里,均坐落在堪察加河上游的一支流河畔。村镇建设属分散型,村里看不到笔直的街道和整齐的楼房,多数房舍随意建在河边、山脚或丛林中。其房舍均为木质结构,多数是木刻楞房,虽新旧不一,但各具特色,院落很大,几乎家家有车库和饲养马匹的圈舍。堪

---

① 韩有峰、孟淑贤:《关于对俄罗斯堪察加半岛原住民生活状况的考察报告》,《鄂伦春研究》2015 年第 1 期。

察加半岛具有"四多一少"的特点，即火山多，约有100多座，其中活火山29座；温泉多，全岛约有1400多处温泉，当地居民基本用地下水（温泉水）洗浴、地热取暖；鱼多，鱼类有500多种，其中尤以大马哈鱼为最多，是当地居民的主要经济来源；野生动物多，约有4000多种动物，其中棕熊最多，全岛约有17万余只。由于与人争食，也经常发生伤人事件，2014年1月至9月，埃索镇就有9人被熊伤害，因而熊成为当地鄂伦春人猎取的主要对象；一少，即人口少，整个堪察加半岛人口不足32万，除在彼得罗巴甫洛夫斯克市人口比较集中外，其他地区基本上是人烟稀少的旷野。

贝斯特拉亚区民俗博物馆在堪察加半岛非常有名。馆内展出文物和图片，主要是关于贝斯特拉亚区鄂伦春族的经济社会发展历史、文化以及风俗习惯、宗教信仰等方面的内容，文物异常丰富。多数文物，尤其是打猎、捕鱼所用的弓箭、枪支弹药、马具、网具等，还有诸多的生活物品和服饰、铺盖等，以及文化宗教活动用品，如单面鼓、萨满服饰等，与中国鄂伦春族相同或相近，而且其鄂伦春语的名称也基本相同。在馆外的广场上，还建有许多鄂伦春人曾居住过的房舍、棚架等，如原始住房"仙仁柱"、高架仓房"奥伦"、越冬住的半地下的地窖子，以及动物和人物的各种木雕、图腾柱等。

据当地七八十岁的老人讲，150年前，埃索镇的鄂伦春人从黑龙江流域东迁至堪察加半岛，在迁徙过程中，曾与当地土著人楚克奇等民族发生了一场战争。一位年近80岁的老人说："现在叫我们埃文基族，那是1955年政府给我们改的族称，但是我们至今仍然自称为鄂伦春族，鄂伦春！"

鄂伦春族是区内人口最多的民族，主要从事捕鱼、狩猎和饲养驯鹿、马匹等畜牧业。近几十年，鄂伦春人不仅从事原始的渔猎和畜牧业生产，也开始从事技术、文化等方面的工作，有的还是区政府的公务员。鄂伦春族能歌善舞，把自己优秀的传统文化艺术保护得很好。区内有三个艺术团，经常外出演出。两个村的艺术团很有名，已经成立42年了。阿纳夫嘎依村的少年艺术团非常有名，经常外出参加观摩、比赛和演出。俄罗斯政府对北方小民族制定了统一政策，如医疗、教育免费等。村、镇长的任用是民主公决,没有规定必须是哪个民族的人选。他们有个节日,每年8月份举行,是他们于1851年到此定居的纪念日。他们还有个节日,每年的6月21日(夏至)举行,他们说是过新年,实际上是捕鱼季节的开始日。鄂伦春族语言及宗教信仰方面的成就令人羡慕,从小学开始,开设鄂伦春语课,学不学是自愿的,教材是自编的。当地的鄂伦春人,大部分信仰萨满教,个别的也有信仰东正教和其他宗教的。鄂伦春人认为熊是自己的朋友,所以对熊很崇敬,但这种观念在年轻人当中,开始逐渐淡化。

中国鄂伦春族知名学者韩有峰先生指出,俄罗斯堪察加边疆区对鄂伦春族传统文化保护得如此之好,由此不免联想到中国对鄂伦春族文化的保护问题。如中国黑龙江省黑河市,是鄂伦春族相对集中的地方,人口有1300余人,有3个民族乡,以人口及自然村数量来说,我们优于堪察加。同时,我们也有丰富的文化遗产,有许多能歌善舞、能写善讲的民间艺人。应该说我们的鄂伦春人比他们毫不逊色,但是实事求是地讲,我们还有差距。尽管近年来做了大量的工作,如新生乡和逊克县,建了两个民族博物馆,3个乡也建了文化活动广场,到年节也能演出一些节目,但是无法与埃索镇的博物馆和艺术团相比。我们的博物馆没有懂行的专职人员,馆内空空荡荡,可以说没有几个像样的、有价值的文物。文艺活动问题更多,乡文化站徒有其名,既没有懂得鄂伦春族文化的管理人员及编导人员,也没有相对稳定的演出队伍,每到节庆活动,都是现抓现排。演出所用的服饰、乐器、道具等也是如此,基本都是现用现借,如此状况,演出效果可想而知,既谈不到精彩,也拿不出一台较成熟、有特色的文艺节目,更谈不上文化遗产的传承和保护了。症结何在? 我认为,除了政府的重视和支持之外,主要还在于投入。①

综上所述,建议中国在俄罗斯远东地区建立鄂伦春族文化研究基地,占领学术制高点。比如,在俄罗斯极北、西伯利亚和远东地区,生活着众多人数很少、语言文化、宗教信仰和经济活动都颇具特色的少数民

---

① 韩有峰、孟淑贤:《关于对俄罗斯堪察加半岛原住民生活状况的考察报告》,《鄂伦春研究》2015年第1期。

族。他们是涅涅茨人、埃文基人(鄂伦春、鄂温克)、汉特人、曼西人、埃
文人、那乃人(赫哲)、楚科奇人、多尔甘人、科里亚克人、谢尔库普人、乌
尔奇人、尼夫赫人、乌德盖人、爱斯基摩人、克特人、萨米人、伊捷尔缅
人、恩加纳善人、尤卡吉尔人、托法拉尔人、涅吉达尔人、奥罗奇人、奥罗
克人、埃涅茨人和阿留申人等 25 个民族,其中,大部分是通古斯人。因
此,只有在俄罗斯满通古斯民族聚居地,建立研究基地,才能对东北亚
满通古斯诸族进行全面了解。如果现在不做长远规划,未来中国在东
北亚地区文化阵地上的话语权将大为缺失。

图 1-7　埃文基民间艺人　摄影:刘晓春

四　楚科奇人的萨满铃鼓

　　在地球的北极圈,生活着众多的人口较少民族,漫长酷寒的冬天,
短暂灿烂的夏天,构成了北极原住民独特的生命基因与信仰。
　　俄罗斯楚科奇民族自治区,于 1930 年 12 月 10 成立,位于亚洲大
陆的东北角,是世界的最东北端,有"地球东极"之称。面积 73.77 万平
方公里,大部分在北极圈内。主要产业为采矿,捕猎,捕鱼以及驯鹿养

殖等。自治区内生活着数十个民族,原住民包括楚科奇人、爱斯基摩人、科里亚克人、尤卡吉尔人和埃文人等。常住人口为50530人(2010年),其中楚科奇人12625人、爱斯基摩人1534人、埃文人1407人、楚瓦什95人、尤卡吉尔人185人、埃文基37人、科里亚克人55人。

据考古发现,大约在几千年前,从亚洲的中部或东部有人迁移至此,以捕猎为生。当时楚科奇半岛与阿拉斯加尚没有分开,这里是茂密的森林,生活着猛犸象、牦牛、野牛和驯鹿。17世纪,俄罗斯打通了通往中亚、外乌拉尔和西伯利亚的商路。17世纪中期,1641年至1642年,历史文献开始提及楚科奇人。

楚科奇人信仰萨满教,崇尚万物有灵。"因为懂得,所以慈悲。"他们认为,人类与大自然之间存在着广泛的联系,宇宙会给予他们无穷的力量。萨满是人与神沟通的使者,他的职责通常很多,比如,祈求神灵赐予万物平安和昌盛,保佑人类子孙兴旺、动物繁衍生息,狩猎成功、消灾免祸、亲人疾病治愈等。萨满还要为死去的人送别,以抚慰逝者的灵魂。萨满以超自然的法力,实施他们的智慧。萨满在精神助手的帮助下发挥作用,没有神灵的加持萨满是没有力量的。神灵赋予萨满特殊的能力,通过萨满,人们可以与超自然的事物交流,进行一场惊心动魄的灵魂之旅。

萨满服饰、萨满铃鼓和木槌等法器,在萨满教中具有特别的意义,是楚科奇民族宗教世界观的重要标志之一。人们认为,萨满要按照神灵的指示制作礼仪服装,这种服饰包含天体演化符号,上半身或右半身与上天相连,下半身或左半身与地狱相连。萨满铃鼓被楚科奇人视作"行走的神鹿",因为萨满铃鼓一般都是用上等的鹿皮制作,与此同时,提供鹿皮的鹿之灵魂也因此依附在铃鼓中。而在那些有着游牧传统的民族(雅库特人、图瓦人)看来,铃鼓是神马,而木槌是鞭子。"萨满树"的观念也与铃鼓密切联系。楚科奇人迷信这样一种说法:神灵会告诉萨满,在某个地方生长着一种树,长什么样子,只有这种树才可以制作铃鼓的轮缘和手柄。

萨满跳神作法就是与"自我"和神灵的对话,神灵会带着萨满到另一个世界探寻。萨满用各种夸张的动作、神秘的歌谣和言语向族人诉说，他要去什么地方游走，遇到了什么事情和鬼怪。跳神作法时间可以在白天举行，也可以在夜晚举行。地点可以在家中，也可以在户外。在楚科奇民间，普遍流行着一种观念：病痛是由偷走人类灵魂的恶魔带来的，萨满的责任就是要把灵魂找回来，将它还给人类。很多情况下，病人因为相信萨满的法力，肉体和精神会很快恢复到原来的状态。

楚科奇人认为，大自然是人类的导师，萨满是人与自然、人与社会、人与人、人与神之间和谐相处的代言人。对于当代而言，古老的萨满文化仍然有其存在的价值和意义。

二 俄罗斯埃文基人的宗教信仰

埃文基人是俄罗斯的少数民族之一，主要分布在俄罗斯西伯利亚和远东地区。萨满教不仅是埃文基人对超自然力量的一种信仰，也是他们理性看待人与自然、动物、世界和社会关系的一种特殊形式。埃文基萨满的主要任务是关怀族人的心灵和他们的平安，这也是萨满教仪式和跳神作法的主要内容。民间医生是萨满在埃文基社会扮演的主要角色和最有价值的角色之一。尽管在现代人眼里，尤其是在其他民族的眼里，萨满活动充满了很多神秘的色彩，但萨满所做的一切，都是在长期积累的民族智慧、民族传统，以及民族医学奥秘和精神文化价值的基础上开展的。埃文基人信奉万物有灵，其灵魂不灭和多神崇拜的观念流传至今。俄罗斯埃文基人和中国的鄂温克、鄂伦春族是文化同源民族，但两国的现代萨满教发展进程和特点却有很大差别。埃文基人（鄂温克、鄂伦春族）作为中俄跨界民族，是东北亚各国不可忽略的文化纽带。在全球化背景下，他们的价值和意义日益凸显。

一　俄罗斯埃文基人的族源与人口分布

俄罗斯的埃文基人与中国的鄂温克族在语言、文化、风俗习惯、宗教信仰等方面都有相同之处或相似之处，被称为跨界民族。所谓跨界民族，是指由于长期的历史发展而形成的，分别在两个或多个现代国家中居住的同一民族。[①] 关于埃文基人（鄂温克族）的民族起源问题，中外学者的说法既有分歧，也有相同之处。俄国著名民族学家、人类学家史禄国（C. M. 希罗科戈罗夫，1889—1939）认为，埃文基人（鄂温克族）

---

① 金春子、王建民：《中国跨界民族》，民族出版社 1994 年版，第 11 页。

发源于黄河流域,在公元前 3000 年,也可能更早些时候,河南、陕西的汉人迫使"原通古斯人"放弃他们的土地,往北和东北迁移。[①] 中国学者吕光天指出,公元 8 世纪,鄂温克族(埃文基人)的祖先,分布在今贝加尔湖东北和黑龙江中上游地区,被称为"鞠"和"北山室韦"。"鞠"部落后来成为元朝的"兀良哈",明朝的"北山野人",清代称之为使鹿的"索伦别部",而"北山室韦"的几个部落则成为"索伦部"。明末清初之际,这些民族被清朝统一。17 世纪中叶后,沙俄入侵贝加尔湖地区和黑龙江流域,1689 年,中俄《尼布楚条约》签订,鄂温克族(埃文基人)最终成为中俄跨界民族。[②] 此外,俄罗斯学者 Д. П. 鲍罗金的观点与中国学者乌云达赉的见解基本一致,认为鄂温克族(埃文基人)的祖先是鞑鞨人,他们从中国的松花江、乌苏里江、黑龙江以东的广大地区迁徙到西伯利亚。另外,大部分中国学者认为,俄罗斯的埃文基人与中国的鄂温克、鄂伦春族是同源民族。[③]

1931 年,苏联进行民族识别期间,生活在西伯利亚和远东地区的鄂温克族(包括鄂伦春族)被官方认定为埃文基人(эвенки)。作为俄罗斯的少数民族,埃文基人的语言文化、宗教信仰和经济生活颇具民族特色。

2010 年,俄罗斯的埃文基总人口为 37843。1926 年至 2010 年,埃文基人口增长缓慢,变动情况如表 1 所示,具体分布情况如表 2 所示。

表 1   1926 年至 2010 年埃文基人口变动情况   单位:人

年份	人口数	年份	人口数
1926 年	37547	1989 年	30233
1937 年	32913	2002 年	35527
1959 年	24710	2010 年	37843
1979 年	27294		

[①] [俄]史禄国著,吴有刚、赵复兴、孟克译:《北方通古斯的社会组织》,内蒙古人民出版社 1984 年版,第 224 页。
[②] 吕光天:《北方民族原始社会形态研究》,宁夏人民出版社 1981 年版,第 428 页。
[③] 乌力吉图:《鄂伦春族源考略》,《内蒙古社会科学》1984 年第 5 期。

表 2　2010 年埃文基人口主要分布情况　　　单位：人

分布	人口数	分布	人口数
萨哈(雅库特)共和国	18232	布里亚特共和国	2334
哈巴罗夫斯克边疆区	4533	后贝加尔边疆区	1492
阿穆尔州	1501	伊尔库茨克州	1431
萨哈林州	243	托木斯克州	103
滨海边疆区	103	圣彼得堡	140
犹太自治州	72	莫斯科	74
克拉斯诺亚尔斯克	4632		

　　埃文基人的经济活动具有地域特点：北部地区以渔猎、驯鹿、毛皮和养殖业为主，并有石墨、煤炭等采矿业，南部以加工业和制造业为主。埃文基自治区成立于 1930 年 12 月 10 日，隶属于克拉斯诺亚尔斯克边疆区，土地面积为 76.76 平方公里。自治区中心为图拉镇，距莫斯科 5738 公里。目前，3 万多埃文基人，仅有 1/5 的人能讲本民族语言。

　　从人口分布来看，萨哈(雅库特)共和国是埃文基人的主要聚居区之一，2010 年，埃文基人口为 18232 人，是埃文基传统文化保留较为完好的地区。在俄罗斯斯塔诺夫山脉(中国称外兴安岭)壮美的群山中，有一座非常富有诗意的山，被当地人称为"睡美人"。在这座山山脚下，坐落着一个不大的村落，它的名字叫"英格拉"。如今，英格拉小村已被萨哈共和国，乃至俄罗斯之外的很多人所熟知。英格拉是埃文基人的聚居地，在这个独特的小村里，人们可以探寻到在俄罗斯北部生活了数个世纪的埃文基民族的独特文化和语言。

　　此外，哈巴罗夫斯克边疆区和克拉斯诺亚尔斯克边疆区也是埃文基人分布的主要聚居区，两个区的埃文基人口总数均在 4000 以上。

图 2-1　俄罗斯埃文基少女　摄影：刘晓春

二　俄罗斯与中国学界有关埃文基萨满教研究情况

　　俄罗斯学界研究埃文基萨满教的时间，从文献记载来看，是从 17 世纪俄国人进入西伯利亚开始。在俄罗斯学界，尤其是民族学界，对萨满教的研究非常全面和深入，与萨满教有关的内容基本都会涉猎。

　　20 世纪初，对萨满教研究最为引人注目的学者是 C. M. 史禄国，他一生都在研究通古斯人。在中国期间，史禄国用英文先后发表了几部重要著作，《通古斯萨满教的基本理论》《满族的社会组织》《北方通古斯的社会组织》等。这些著作是他在 20 世纪初，对中国东北少数民族社会历史调查后的研究成果，具有重要的文献价值。据 1932 年的一份资料统计，当时俄国学者发表的有关萨满教的著作达 650 多种。①

　　到了 20 世纪中叶，萨满教研究进入了一个新的时期，有关西伯利

---

① 侯儒：《俄罗斯埃文基人萨满教研究——兼与中国鄂温克族萨满教比较》，中央民族大学硕士学位论文，2012 年，第 3 页。

亚萨满教的研究著作也陆续出版。其中,《西伯利亚突厥民族的早期宗教形式》《西伯利亚民族的萨满服饰》《阿尔泰和西伯利亚民族的民族学》《西伯利亚和北方诸民族宗教观念中的自然和人》《布里亚特萨满教术语书册》《萨满教史论》《十九至二十世纪初雅库特人的传统宗教信仰》《西伯利亚和北方诸民族的文化遗迹》等都是这一时期的主要著作。①

1969 年,Г. М. 瓦西列维奇(Василевич)出版了《埃文基人》一书,对埃文基人的生产、生活及宗教信仰进行了系统、全面、科学地描述和阐释,并重点探讨了萨满教的形式与功能。

1984 年,新西伯利亚科学出版社出版了由 А. И. 马津(Мазин)撰写的《埃文基人的传统宗教信仰和仪式(19 世纪末至 20 世纪初)》一书。这本书实地深入调研,全面介绍了埃文基人的各种宗教仪式及萨满教活动,详细描述了埃文基人关于周围世界、宇宙、灵魂、精灵、保护神、偶像、护身符等方面的认知和观念,包括对牲畜、人、疾病、生育等方面的态度。

1991 年,俄罗斯科学院莫斯科民族学与人类学研究所编著出版了《萨满:其人、功能、世界观》一书,该书系统研究了黑龙江下游各民族——乌尔奇人、尼夫赫人、奥罗奇人和涅吉达尔人的起源。作者概括出萨满的活动是古代渔猎民族信仰的独特反映,他们的巫术、法器、世界观特点有助于复原这些远古民族的精神世界。②

苏联解体以后,俄罗斯萨满教重新复活,在俄罗斯部分地区,萨满教得到了国家政府的认可,并且成为社会政治生活的重要组成部分。2003 年,В. А. 杜拉耶夫(Тураев)出版了《阿穆尔州埃文基人》一书,以民族志的形式展示了阿穆尔河流域埃文基人的生活与宗教,尤其是有关萨满教的描述非常详细。

2011 年,中央民族大学俄罗斯留学生 М. С. 马克思的硕士论文《中俄当代萨满教发展的比较研究——以中国内蒙古布里亚特蒙古族和俄

---

① 赵志忠:《萨满教研究评述》,《满族研究》2001 年第 3 期。
② 侯儒:《俄罗斯埃文基人萨满教研究——兼与中国鄂温克族萨满教比较》,中央民族大学硕士学位论文,2012 年,第 5 页。

罗斯的布里亚特蒙古人为例》,以翔实的第一手资料,阐释了萨满教产生的社会背景及其发展脉络,对萨满教的社会作用及学术价值进行了有益探索。

目前,就中国学界而言,有关萨满教研究的成果非常多,但有关俄罗斯埃文基人的宗教信仰研究比较缺乏。1995年,张嘉宾在《黑龙江民族丛刊》第2期发表了《埃文基人的亲属制度》;同年,他在《黑龙江民族丛刊》第4期发表了《埃文基人的民间知识》;1996年,他在《黑龙江民族丛刊》第1期发表了《埃文基人的"尼姆嘎堪"与赫哲人的"伊玛堪"》。这几篇论文,大大拓宽了中国学界研究埃文基人的视野,包括埃文基人的宗教文化。1998年,张嘉宾在《黑龙江民族丛刊》第3期发表了《赫哲人与埃文基人的原始宗教信仰》一文。作者通过对埃文基与赫哲人在原始宗教信仰方面的比较,发现二者在很多方面具有相同或相似之处。[1]

2010年,李红娟在《环球人文地理》第10期发表文章《俄罗斯埃文基人的生活状况》,简要概括了埃文基人的分布与生产生活方式。2012年,中央民族大学硕士研究生侯儒的硕士学位论文《俄罗斯埃文基人萨满教研究——兼与中国鄂温克族萨满教比较》,重点论述了俄罗斯埃文基人的传统宗教和现代萨满教,梳理了埃文基和鄂温克萨满教的发展过程,分析了埃文基人萨满教变迁的原因以及中俄当代萨满教的异同和特点。2013年,《满语研究》第2期,发表了谢春河、杨立华撰写的论文《俄罗斯埃文基人聚居区社会调查》,中国学者开始关注埃文基人的社区文化。2015年,黑龙江大学硕士研究生李娟的硕士论文《俄罗斯学者的埃文基研究》,进一步拓宽了中国学者的研究视野。2016年,中央民族大学王雪梅的硕士论文《俄罗斯埃文基民族文化及保护研究》、唐楠的《小民族大生态——俄罗斯远东埃文基村落文化振兴考察》等,对埃文基人的宗教信仰问题或多或少都有涉猎。

此外,对俄罗斯埃文基宗教信仰的研究,除了俄罗斯和中国的学者以外,欧美地区也不乏其人。如剑桥大学的尼古拉·索伦·柴科夫的

---

① 张嘉宾:《赫哲人与埃文基人的原始宗教信仰》,《黑龙江民族丛刊》1998年第3期。

论文：《当前苏联埃文基萨满教的实践和民族志》，非常具有代表性。作者通过揭示 20 世纪 20 年代至 90 年代埃文基猎人和牧民的宗教认同和习俗的转变，探讨了苏联时期宗教政策对西伯利亚土著民族的文化影响，重点探讨了埃文基人关于 buhadyl（"布哈迪"）即"神灵"的内涵与意义。20 世纪 20 年代至 30 年代，埃文基"神灵"主要栖息在诸如岩层、急流和"远处"的森林等外部空间，在 80 年代和 90 年代，它们主要居于"内部"位置，如帐篷、食物、亲属和墓地的内部范围。论文详细阐述了这一对比和变化。[①]

在这篇论文中，引用的文献资料主要来源于两个方面：一是 20 世纪 80 年代至 90 年代，作者在西伯利亚中部地区的实地调研成果；二是最新的苏联档案材料。

图 2-2　采摘野生蓝莓　图片提供：刘晓春

---

① Nikolai Ssorin-Chaikov, Evenki Shamanistic Practices in Soviet Present and Ethnographic Present Perfect, *Anthropology of Consciousness* 12(1)：1. 2001.

三 埃文基人的宗教信仰

（一）萨满

说到埃文基人的日常生活和世界观，就不得不提及他们的宗教——萨满教。千百年来，埃文基人在与大自然的相处过程中，形成了他们系统的行为规范，并制定了各种戒律和禁忌，他们认为，生活在原始森林中的每一个人，都应该遵守这些自然法则。

人与神之间的媒介是萨满教的核心，只有被称为"萨满"的人，才可以担当人与神之间沟通的使者。萨满教不仅是埃文基人对超自然力量的一种信仰，也是他们理性看待人与自然、动物、世界和社会的一种特殊形式。那么，什么样的人，才能配得上萨满的称谓呢？埃文基人认为，只有多才多艺、智慧超群，且具有远见卓识的人，才可以成为萨满。萨满不仅是他们精神文化的传人，也是古老风俗的行家，还是出色的歌手和民间故事的讲述者，是具有旺盛精力和特异功能的人，熟知祭祀仪式的隐藏秘密，掌握传统民族医学的奥秘和经验。

萨满是人与天上力量——诸神之间的使者。在古代埃文基人的观念中，世界上不存在等级制度，人类不是大自然的主宰，永远也不可能征服自然。大自然对埃文基人来说，不是无生命的"僵尸"，而是鲜活的"生命体"，当埃文基人接近大自然的时候，他们能够感受到大自然给予的微妙回应。

埃文基萨满的主要任务是关怀族人的心灵和他们的平安，这也是萨满教仪式和跳神作法的主要内容。萨满教仪式分为三种类型：第一种仪式是关于对族人的心灵关怀，倾听族人的疾苦和诉求。这个仪式反映的是，对从人体"分离"或者"脱离"的心灵进行寻找和安置，"捕获"孩子的魂魄，以及将逝者的灵魂送往另一个世界。第二种仪式反映的是，对氏族物质欲望的期盼，赋予猎人护身符"神"的力量，以及各种算卦和占卜仪式。第三种仪式则与萨满的成长、萨满教精神和萨满教法器的制作过程有关。[①]

民间医生是萨满在埃文基社会扮演的主要角色和最有价值的角色之一。埃文基萨满会用各种植物、矿物质、昆虫和小动物制作特殊的"民族药物",长达几个世纪的医学经验帮助他们研制出数百种草药,而且这些草药的成分从来都不重复。这些不寻常的医疗方法只有他们知道,从而使得他们与普通的巫师截然不同。

例如,在雅库特英格拉小村,有两位著名的萨满。马特廖娜·彼得罗夫娜·库里巴尔金诺娃,是纽儿玛干家族一位具有传奇色彩的女萨满。她出生在俄罗斯西伯利亚奥廖克明斯克兀鲁思村一个孩子众多的贫苦家庭。她在家中 14 个兄妹里排行老大,从小就帮助父母操持家务,教育自己的弟弟妹妹们,没有时间上学。后来她们全家搬到了英格拉小村。

马特廖娜·彼得罗夫娜知晓很多故事和神话传说,在漫长的夏夜里,孩子们聚集在她的周围,听她讲述关于人类、动物和小鸟儿的精彩故事。她在 50 周岁的时候,正式成为萨满。当她跳神作法、吟唱、治疗病人、占卜未来的时候,她会穿戴自己的萨满服,击打萨满鼓。马特廖娜·彼得罗夫娜深信,萨满的使命即治病救人,帮助人们减轻痛苦,并获得快乐。马特廖娜·彼得罗夫娜是药用植物方面的行家,她通常使用草药医治那些找她看病的人。她能够预知天气,预测狩猎人是否能打到猎物,救人于危难之中。当她跳神作法的时候,她会用有节奏的击鼓声,为自己的歌声伴奏,同时轻轻地跳跃和舞动,创造出一种与外部世界相连接的特别氛围。马特廖娜·彼得罗夫娜度过了漫长、艰难但同时也充满幸福的人生。她养育了 9 个孩子、7 个孙子、25 个重孙和 14 个玄孙,在其生命的第 112 年去世。[②] 这位伟大的女萨满不仅闻名于整个雅库特共和国,而且也为域外人士所熟知。

在英格拉小村,还有一位萨满——色明·斯杰潘纳维奇·瓦西里

---

① Вкраю оленьих-Эвенкийскому селу ИЕНГРА 80лет ТРОП, Хабаровск Издательский дом Приамурские ведомсти. 2007：26.

② Вкраю оленьих-Эвенкийскому селу ИЕНГРА 80лет ТРОП, Хабаровск Издательский дом Приамурские ведомсти. 2007：26.

耶夫。1936年1月10日,色明·斯杰潘纳维奇出生在纽克扎镇一个埃文基世袭萨满家族中,属于伊尼阿拉斯(伊内特)家族。这个家族的名称直译过来就是"夜间飞行的小猫头鹰"。色明·斯杰潘纳维奇是一位老兵,退役后从事养鹿、狩猎和赶雪橇。1973年,在巴塔卡氏族元老会上,通过了关于选举色明·斯杰潘纳维奇为萨满的决定。1975年春天,他在阿累拉克河边举行仪式,正式成为萨满,开始主持各种宗教活动,开展萨满医疗救治。许多患有肾病、软骨病、癫痫、心血管疾病和内分泌疾病的人,前来向他寻求帮助。①

尽管在现代人眼里,尤其是在其他民族的眼里,萨满活动充满了很多神秘的色彩,但萨满所做的一切,都是在长期积累的民族智慧、民族传统,以及民族医学奥秘和精神文化价值的基础上开展的。

英格拉小村的埃文基人,大部分信仰萨满教,受俄罗斯人的影响,个别的也有信仰东正教和其他宗教的,但相对来说,本土宗教保留的比较好,这与中国有所不同。"在各种外来宗教先后传入之前,萨满教在我国北方各民族的信仰世界中占据非常重要的地位。满族、蒙古族、锡伯族、赫哲族、鄂伦春族、鄂温克族、达斡尔族、柯尔克孜族、朝鲜族等民族的民俗生活中,至今还在不同程度上存在着萨满教信仰活动。改革开放以后,各地萨满活动和祭祀仪式明显增多。萨满文化对当代人了解少数民族的传统文化和表现中华各民族文化的多样性,对于少数民族文化在传统基础上的继续发展,对于发展民族文化事业和旅游经济,都具有重要的开发价值。"②但在中俄边境城市——黑河市,萨满教的衰落比较突出。在新生鄂伦春族乡和坤河达斡尔族乡,已无本民族萨满。在黑河市,信仰萨满教的鄂伦春族人数,仅占本地本民族人口的30%。满族、达斡尔族、朝鲜族信仰萨满教的人数尚未统计。③

① Вкраю оленьих-Эвенкийскому селу ИЕНГРА 80лет ТРОП,Хабаровск Издательский дом Приамурские ведомсти. 2007: 25.
② 色音:《中国萨满教现状与发展态势》,《西部民族研究》2015年第1期。
③ 刘晓春:《中俄边境城市宗教问题发展态势——以黑河市为个案》,《世界宗教文化》2017年第3期。

图2-3　萨满：色明·斯杰潘纳维奇·瓦西里耶夫
图片提供：［俄］Н.Я.布拉托娃

（二）动物崇拜：埃文基人生活中的熊

埃文基人历来十分崇拜大森林的主人，包括一切动植物。每一代人都崇拜，过去崇拜，现在也崇拜。由于他们长期在森林里生活，所以，很多野生动物便成为他们图腾崇拜的对象。埃文基人把熊尊为最早的人类，对熊的图腾崇拜尤为明显。正如中国鄂伦春族女作家金吉玛所描写的那样："匍匐在大地的怀里，祈福神灵的保佑，是鄂伦春人生活中不可或缺的一部分。尤其是对熊的崇拜和诉说，仿佛无法用世间的语言来表达心中的敬畏、依赖、慈悲和相互的接纳。在鄂伦春人的心目中，他们与熊第一次目光交流的瞬间，人与熊的灵魂就已融为一体，无法分离。作为丛林霸主的森林熊，天赐神力，鄂伦春人尊称它为'阿玛哈'（鄂伦春语'大爷'之意）。在过去原始的狩猎过程中，鄂伦春猎人用古老的狩猎工具很难捕猎到它,不仅如此,熊可以像人一样直立行走,雄性拥有人类一样的生殖器。被剥皮后的雄性肢体,仿佛是一个沉睡的拳王,冥冥之中,那无畏一切的人型兽,以它不可动摇的威力牵引着森林人的心灵,仿佛另一个我,以另一个目光审视着这个世界的过去、现在和未来。"①总之,俄罗斯的埃文基人和中国的鄂温克、鄂伦春人,作为同源民族,他们对大自然的认知和理念是十分相似的。

在很久以前,埃文基人是不准猎熊的。随着狩猎工具的不断进步,以及人们宗教观念的变化,禁止猎熊的禁忌也逐渐淡漠。但是,埃文基人对熊依然充满敬畏,图腾崇拜的文化遗存延续至今。

埃文基人猎熊的方法与猎取其他偶蹄类动物没什么两样。一般来说,熊很少被逮住,除非是受伤或者不冬眠的熊。当熊追逐鹿群的时候,只要在被咬死的鹿旁边设伏,或者安放带有诱饵的捕兽器,就可以将熊捕获。出于本能,埃文基人不会放过任何猎取熊的机会。当熊被射杀后,所有的旁观者和参与狩猎的人都向它奔去,杀死熊的埃文基人对熊说:"杀你的人不是我,是某某人或者别的什么人"。所有在场的人都跟着杀死熊的猎人反复说着类似的话。然后,人们把熊的身体翻过来,背朝下,在地上铺上一些树条或者青苔,就开始剥皮。杀死熊的猎人第一个走过来,用刀在熊的肚子上划一道口子,然后,在场的人按照长幼顺序依次重复这个动作。任何一个参与狩猎的人都可以参与剥熊皮的过程,但必须从一个方向进行,因为在猎熊的时候不可以一开始就从两边围捕。在大家剥熊皮的时候,一些参与狩猎的猎人会用落叶松的树皮制作一些平面乌鸦塑像,在"乌鸦"嘴上蘸上熊的血液,再在上面放上一小块儿肉。然后他们把"乌鸦"挂在附近的树桩上,或者挂在守候野兽的台子上。埃文基人想以此证明:杀死熊的凶手不是人类,而是这些"乌鸦",铁证如山!除了熊掌,熊皮被完整地剥下来,然后,划开熊的胸腔,每一个参与狩猎的人都切下一小块儿熊心,生吞下肚。按照熊的骨节对熊肉进行分割,尽量不要把肉弄碎。分割过程中,每次遇到骨节的时候,猎人都要对熊说:"老爷爷,小心,这儿有根木头!"如果是

① 张林刚:《兴安猎神》,中央民族大学出版社 2013 年版,第 97 页。

母熊,他们则称熊为"奶奶"或"伯母"。待熊肉冷却后就分给大家,髋骨以下的肉,以及四只熊掌、内脏、腹内油脂、臀部油脂、熊头和熊皮归杀死熊的猎人,剩下的部分猎人们平均分配。[①]

在对猎获的熊进行分割的时候,不能折断熊的骨头,不能将骨头和毛发四处乱扔,不能辱骂熊,不能挖出熊的眼睛,不能炫耀自己杀死了熊,不能说自己喝了熊肉汤,也不能从被熊踩伤的人手里抢夺武器。埃文基人认为,被熊踩伤且活下来的人能够长命百岁。熊骨和熊头必须放置在树上守候野兽的台子上。埃文基人认为,熊不仅是人类的朋友,更是森林之王,所以对熊很崇敬。但这种观念在年轻人当中,开始逐渐淡化。

图 2-4　埃文基人的熊皮裤子　摄影：刘晓春

① Вкраю оленьих, -Эвенкийскому селу ИЕНГРА 80лет ТРОП, Хабаровск Издательский дом Приамурские ведомсти. 2007：35.

(三)"万物有灵"观念

埃文基人相信万物有灵,特别崇拜祖先神"玛鲁",同时崇拜其他各种神灵,比如"舍利神",他们深信,惹怒"舍利神"会使人生病。"阿隆神"是保护驯鹿的神,埃文基人对此充满敬畏。驯鹿是埃文基人不可或缺的交通工具和生产工具,具有半驯养和半野生特性,需要特别的照顾和保护。埃文基人认为,"阿隆神"是生长在白桦树上的一种细细的枝条,具有辟邪的作用。驯鹿突发疾病,就得把那种枝条挂在健康的驯鹿脖子上,避免疾病传染。由于这种枝条不易获得,所以只能挂在驮着氏族神灵"玛鲁神"的驯鹿脖子上,以保护整个鹿群。"乌麦神"是一种保护婴儿生命安全的神灵,埃文基人认为,孩子生病是因为灵魂离开了身体,所以要请萨满把他们的灵魂招回。埃文基人的信仰体现在方方面面,如占卜、梦兆、神话传说等。梦境、幻觉、预测等现象在埃文基人的生活中司空见惯。他们把做的梦分为吉凶两种,好梦三天之内不能告诉他人,凶梦必须尽快说出来,并用一些法器和咒语破解,以免灾难发生。梦到捕鱼和见到大鱼,预示能打到猎物;梦见太阳升起,预示有好事发生。梦到渡河,预示全家平安;梦见掉牙或剪头发,预示家人生病或驯鹿将要死亡。[1]

此外,埃文基人对"火"充满无限敬畏,祭火仪式,涵盖了埃文基人生活的所有领域。例如,埃文基人的"巴噶腾"节(欢庆节),是生活在阿穆尔河(中国称黑龙江)流域和雅库特地区的埃文基人的传统节日,每年夏季举行。这个节日的主要目的是,使生活在不同地区的埃文基人有机会经常交流,建立广泛联系,在节日期间,教育孩子学习传统文化,以活跃和复兴埃文基语言。通过传统技艺比赛,增强埃文基人的文化自信,不让埃文基的文明之火熄灭。在教育孩子熟悉自己家园的过程中,让他们爱上自己的文化。

节日庆典开始以后,首先进行祭火仪式,伴随着赞美歌声,参加庆典的人穿越"天门",驱邪净化,祈祷幸福平安。埃文基人在所有的

---

① 唐楠:《小民族大生态——俄罗斯远东埃文基村落文化振兴考察》,中央民族大学硕士学位论文,2016 年,第 17 页。

场合都要祭火,因为人类生活始终与火为伴。埃文基人认为,火神魔力巨大,可以祈求给予自己一切,可以祈求得到野兽,火神能够让你过上温饱的生活,可以保佑你的父母健康,保佑你和家人远离不幸和疾病。

节日当天,要举行各种娱乐活动,如服饰展演,埃文基礼仪比赛,歌舞比赛,传统体育竞技比赛,民族工艺品展示,学术研讨,等等。舞蹈:《埃文基人的土地》《冻土苏醒》《森林的色彩》《小鹿的生日》,歌曲:《雅库特姑娘》《鹿——你是我的朋友》《北方的夜》《春天来到驯鹿的故乡》等传统歌舞,自上演以来,经久不衰,影响深远。埃文基人在歌声中唱道:"我们是埃文基人,我们有皮袄,为了好好地活着,为了不挨饿,请热爱大自然,请亲吻我们脚下的土地! 大地孕育了一切,人类只是她的一粒尘埃。天神,请赐予我们食物,请赐予我们幸福! 火神,请赐予我们光明,请赐予我们温暖!"①

四 埃文基人与中国鄂温克族当代萨满教异同

(一)鄂温克族萨满文化现状

一般来说,鄂温克族萨满还是按照传统萨满教的规矩来办事。少数鄂温克人在感到心里不适或出现其他一些个人问题时,还会求助于萨满。但在鄂温克地区,萨满只是个体存在,没有形成一个职业或群体团队,他们与自己的族人生活在一起,为他们的利益服务,或做一些公益活动。但他们没有把这个义务变成生存的来源。萨满没有什么社会职能,也不会主动宣传自己的理念,不愿意抛头露面,也不想成为民族文化的标签。萨满一般不公开身份,也会参加一些祭祀活动,但大部分时间只是在亲属内部进行宗教活动。当今萨满,已经不再是民族核心的因素,也不过多参与政治生活和意识形态活动。萨满仅仅是一种文

① 刘晓春:《俄罗斯埃文基人的"巴噶腾"节》,http://iea.cssn.cn.2017-07-13。

化遗存,社会地位并不高,社会影响力也很有限。这不仅是因为他们没有足够的职权范围、组织资源和得到更多东西的目的,还因为社会并不需要他们的服务,也不想承认萨满是社会结构的一个组成部分,忽略并且隔绝萨满。① 中国鄂温克族的萨满教是秘密存在并且没有得到宣传,究其原因还是和国家的体制、文化的变迁有关。中国的社会制度有足够的能力独立解决大部分的社会问题,不需要萨满来解决。另外,萨满的状况取决于人们对待这些社会问题的态度。当人们遇到无法治愈的疾病时,人们很希望得到萨满的安慰和帮助。但在中国,人们却羞于承认这些问题。如果人们带着各种关于自己未来的问题来咨询萨满,这些都会被看成软弱和不自信的体现。在中国,人们大都不愿意让他人知道自己向萨满寻求过帮助。②

在鄂温克聚居区,平时能看到的萨满仪式也就是治病仪式,偶尔也有一些祈祷祭祀仪式,但形式与以往有所不同。以前治病主要是跳神,现在主要是默默祈祷。尽管如此,对萨满的信仰及崇拜依然留存于鄂温克人的思想观念中。

(二) 埃文基人与中国鄂温克族当代萨满教异同

俄罗斯的埃文基人与中国的鄂温克、鄂伦春族过去拥有共同的历史和文化,传统萨满教在他们的经济、政治、社会生活中都发挥着重要的作用。17世纪中期以后,埃文基(鄂温克、鄂伦春族)政治归属发生了重大变化,成为隶属于中俄两国的跨界民族。此后,俄罗斯的埃文基人与中国的鄂温克、鄂伦春族踏上了不同的民族发展之路,其所信奉的萨满教也开始呈现出差异。

在俄罗斯,当代萨满教是消费社会的产物。人们拜访萨满不会引起任何的不良反应,大家都认为这是一个很正常的事情。而在中国,鄂温克萨满一般都生活在农村或牧区,社会地位不高,"有组织的萨满教"这个理念无法在现有的社会环境中形成,更多的是传统萨满教的残存。

---

① M. C. 马克思:《中俄当代萨满教发展的比较研究——以中国内蒙古布里亚特蒙古族和俄罗斯的布里亚特人为例》,中央民族大学硕士学位论文,2011年,第13页。
② 侯儒:《俄罗斯埃文基人萨满教研究——兼与中国鄂温克族萨满教比较》,中央民族大学硕士学位论文,2012年,第55页。

鄂温克萨满没有形成一种规范的职业，他们不是为了氏族或者社会的利益而工作。他只专注于自己的事情，在私人范围内解决人们的个人问题，作为一个医生和心理专家来为人们消除积攒的问题。他们没有自己的组织和机构，人们拜访萨满被认为是一种"迷信"活动，是落后的象征。人们尽可能地减少萨满对他们生活的参与，不公开求助于萨满。因此，中国鄂温克萨满的活动十分分散，经常是内部的，他们的活动是私人的，也不完全合法。

俄罗斯埃文基萨满和中国鄂温克萨满在现代社会需要完成的任务也不相同。相同的是，两个不同国家的人还是会请求萨满治疗一些无法治愈的疾病。不同的是，俄罗斯的萨满可以运用自己的权威解决社会问题。他们可以促进民族文化传播的延续，组织传统集会并且从事教育和知识普及工作。因此，俄罗斯社会欢迎萨满，并且尊敬他们，承认他们的社会地位。而在中国情况则不一样，萨满的任务仅仅局限于解决一些私人问题。在中国，社会对萨满也持有忽视态度，将萨满放置于社会结构之外。萨满教在中国仅被看作文化遗存现象，学术界对萨满教的研究也仅限于"遗失"的传统文化之列，而萨满本身好像也接受了这种定位，不再为自己去争取什么。鄂温克萨满教现在处于一种私人的、秘密的状态，处于社会结构的隐秘角落。

此外，萨满教在俄罗斯埃文基人和中国鄂温克人生活中的作用也不同。在俄罗斯，萨满和埃文基人一起度过生活的周期。从出生开始，埃文基人就请求萨满保护自己的孩子，长大以后及结婚都要向其求助。人死以后，埃文基萨满还会送死去的人走向另一个世界。埃文基萨满始终保持与祖先的联系。而在中国，鄂温克人一般在生活出现问题时才会求助于萨满，向其倾诉所有内心的压力，化解焦虑，并祈祷避免挫折和疾病。萨满也只起到了医生和心理专家的作用。萨满在社会成员中，并没有起到真正重要的作用。①

---

① 侯儒：《俄罗斯埃文基人萨满教研究——兼与中国鄂温克族萨满教比较》，中央民族大学硕士学位论文，2012年，第56页。

图 2-5　埃文基萨满服饰　摄影：刘晓春

五　结论与启示

对俄罗斯埃文基人和中国鄂温克族当代萨满教的状态进行分析，可以得出以下结论：尽管俄罗斯埃文基人和中国鄂温克、鄂伦春族拥有共同的历史和文化，但是二者的现代萨满教发展进程和特点却有很大差别。而真正的差别不在于发展的速度和新萨满的数量，而是两种萨满教在特征、完成的使命、在人类生活和社会中的作用各自存在着差异，并且在社会结构中的地位也互不相同。①

在俄罗斯，萨满教作为社会制度的重要因素之一，就是其在埃文基人的社会生活中占据着重要的地位，调节着社会内部的关系。在俄罗斯，无论是从其社会制度的角度来讲，还是在其生活中占据的地位来看，萨满都受到尊重和认可，也能很好地融入社会，并且为社会的利益

---

① 侯儒：《俄罗斯埃文基人萨满教研究——兼与中国鄂温克族萨满教比较》，中央民族大学硕士学位论文，2012 年，第 56 页。

而工作。而中国萨满教目前处于社会结构之外,社会不需要萨满教,并且被边缘化,不只是政府,就连社会舆论也忽视它的存在。鄂温克、鄂伦春萨满没有社会功能,他们的活动主要局限在私人空间,处于社会结构的边缘。萨满教在此基础上,保持了所有边缘性特征的标志,并且处于无组织状态。[①] 萨满文化的价值在理论上不断被认可,但在现实中,其文化功能却依然停留在社会的边缘。如今,萨满跳神治病的时代已经过去,但历史的惯性、文化之永恒,决定着萨满文化的价值和精髓没有、也不可能终结。因此,对萨满文化进行深入探讨和适当扶持,不仅有助于人类非物质文化遗产的保护,也有助于推动社会的和谐与发展。

埃文基人的萨满文化传承和展示形式多样,比如家族传承,传承人传承,社会传承、博物馆展示等。特别值得学习的是,埃文基人的博物馆建设得非常完善,无论是展品还是活态传承,都达到了较高的水准,为中国树立了一面镜子。

一直以来,世界对东北亚关注的焦点主要是"政治、经济和军事",其实最应该关注的是那里的文化和那里的民族。东北亚地区生活着众多的人口较少民族,他们的存在不仅为我们提供了一个人与自然和谐共生的典范,也为东北亚地区文化共同体的构建提供了新的机遇。埃文基人(鄂温克、鄂伦春族)作为跨界民族,是东北亚各国不可忽略的文化纽带。在全球化背景下,他们的价值和意义不言而喻。如是,建议中国高校和研究机构,在俄罗斯远东建立埃文基文化研究基地,对东北亚满通古斯诸族进行全面了解,学习他们成功的经验,互通有无,互利共赢,关注东北亚地区的历史、文化、生态与环境,以中俄两国人口较少民族为议题,阐述东北亚人文社会科学研究的重要性,为中国"一带一路"战略的实施提供理论支撑和实证参考。

---

① 侯儒:《俄罗斯埃文基人萨满教研究——兼与中国鄂温克族萨满教比较》,中央民族大学硕士学位论文,2012 年,第 56 页。

图 2-6　埃文基人的工艺品　摄影：刘晓春

三 俄罗斯乌尔奇人的历史与民俗

乌尔奇人是俄罗斯远东地区人口较少民族之一,2010 年统计人口为 2765 人。语言属满通古斯语族南通古斯语支。17 世纪以来,俄罗斯学者对乌尔奇历史文化的认识和研究经历了曲折的过程,但最终取得丰硕成果,研究内容和理论深度都达到较高的水准。历史上,俄罗斯的乌尔奇人和中国的赫哲族为同族同源,传统的萨满教在他们的经济、政治、社会生活中都发挥着重要的作用。在哈巴罗夫斯克边疆区,乌尔奇社区已成立 80 多年。乌尔奇人同国家的其他民族一样,经历了国内战争、集体化道路等发展阶段,经历了伟大的卫国战争和经济社会转型。尽管工业化对乌尔奇传统文化带来极大冲击,但在全球化背景下,人口较少民族的价值和意义日益凸显,乌尔奇人对本民族文化充满自信,在传统文化恢复和非遗传承方面取得突破性进展。

一　乌尔奇人的历史与研究文献

　　从古到今,乌尔奇人就生活在汹涌的满古河①两岸,他们自称"那乃",意味着"本地人"或"土著人"。

　　自 17 世纪开始,乌尔奇人遇到了外来人(俄国人),而外来人也根据自己的方式称呼他们。最先到达该地区的俄罗斯人,称乌尔奇人为"阿穆尔居民"。19 世纪,在 Ф. Б. 施密特(1832—1908)、П. П. 格列娜(1835—1876)、Л. И. 施伦科(1826—1894)编写的科学研究报告中,乌尔奇人生活在阿穆尔河下游地区,南部边界与那乃人②接壤,北部与自

① 满古河是乌尔奇人对阿穆尔河的称呼,中国称黑龙江。
② 中国称赫哲族。

称为"奥尔奇人"的尼夫赫人接壤,后来那乃人和奥尔奇人都演变成乌尔奇人。苏联时期,乌尔奇人成为固定的称呼方式。根据乌尔奇人的一个传说,这个民族所居住的土地上多亏了小鸟,才使他们接触到了海洋。

乌尔奇人作为一个民族群体,其族源问题至今是一个谜。有人论证,乌尔奇人来自蒙古人,这在"基达尼[①]"历史时事纪要中提到过。还有一种猜想是,乌尔奇人与通古斯驯鹿民族有关,这一结论,被俄罗斯学界广泛认可。Л. И. 施伦科于 1883 年写道,乌尔奇人是真正的阿穆尔人。20 世纪 30 年代,学者 A. M. 佐罗塔列夫明确指出,乌尔奇民族是古代亚洲人、中亚人、东西伯利亚人、满洲人的集合群体。还有的学者,以语言假设作为论据,试图证明乌尔奇人的发源地可能是阿尔泰山东边的大草原[②]。中国学者认为,乌尔奇族的民族来源十分复杂,除本民族的氏族外,还包括那乃、尼夫赫、奥罗克、奥罗奇、阿伊努等邻族成分,是多源多流的民族。[③] Л. И. 施伦科将这个民族居住的地区,确定为阿穆尔河两岸。

目前,乌尔奇人主要居住在哈巴罗夫斯克边疆区东部的乌尔奇区,该区始建于 1933 年,面积 39310 平方公里,区行政机构设在博戈罗夫斯基。阿穆尔河下游河谷地带是乌尔奇人的长期定居区,这里分布着众多乌尔奇人的村庄,较大的村庄是布拉瓦、乌赫塔、博利巴。

关于乌尔奇人口的最初统计,来自 1857 年美国商人 П. M. 科林斯在俄罗斯旅行时采集的数据,他将阿穆尔河左、右两岸的 40 个村子、110 个住户进行登记,据他推测,当时乌尔奇总人口为 1100 人。关于俄罗斯境内乌尔奇人口的官方统计,是从 1897 年开始的(男女共计 1455 名),但这并未真正反映乌尔奇人口的真实情况。由于居民不断迁移,与乌尔奇人同住一个地区的那乃人、尼夫赫人、奥罗奇人的人口登记时间也并不统一。Л. И. 施伦科还提道:"从古至今,阿穆尔河从未有一个民族,像乌尔奇民族那样,与同住在阿穆尔河的邻居频繁地融

---

① 蒙古游牧民族。
② 从东欧到太平洋延伸的地区。
③ 纪悦生:《俄罗斯学者关于乌尔奇族的研究历程》,《满族研究》2010 年第 4 期,第 92 页。

合。"Я. П. 阿里克尔的解释是："在萨哈林地区乌尔奇人被称为奥罗克人"。主要居住地为阿穆尔河的下游和北萨哈林地区。据 1926 年统计，乌尔奇人口为 885 人。1939 年没有民族人口统计方面的信息，很多当地居民包括乌尔奇人都在与"北部的其他民族"融合。自 1959 年开始，人口统计正式将乌尔奇族作为一个独立民族纳入俄罗斯诸多民族的行列中。现有的数字指出，乌尔奇民族的人口发展比较稳定：1959 年 2055 人；1970 年 2448 人；1979 年 2559 人；1989 年 3233 人；2002 年 2913 人；2010 年 2765 人，其中大部分为农村人口。[①]

关于乌尔奇人的历史文献和民族文学不多。首次记载他们的文献，可追溯到 17 世纪，更为准确地说是 1646 年。哥萨克人在其旅途记录中显示："阿穆尔河流域的人不吃面包，有牲畜，并用鱼来喂养牲畜"。一个世纪之后，关于乌尔奇人的记载开始在俄国和外国商人的纂记中出现。Г. М. 比尔尼金（1813—1879），П. М. 科林斯，传教士 К. 兰斯德尔，旅行家 М. И. 维纽科夫（1832—1901）和 Т. У. 奥特金松（1799—1861），植物学家 К. И. 马克西莫维奇（1827—1891）以及之前提到的施密特和 П. П. 格伦，军人 Н. К. 波什尼亚克（1830—1899）、官员 В. В. 萨莉亚尔斯基、沙俄时期服苦役的政治犯比尔苏茨基（1866—1918）等。但是，这些作家或学者，关于乌尔奇人的描述都是断断续续的，并习惯用"吉利雅克人"来称呼乌尔奇人。

关于乌尔奇人的研究文献中，绕不过去的是 Р. К. 马克（1825—1886）的著作《阿穆尔旅行记》[②]，该书根据 1855 年俄罗斯帝国地理协会西伯利亚区的一项研究任务完成，被称为研究乌尔奇民族历史的经典之作。学者 Р. К. 马克的功绩是描述了萨满仪式、乌尔奇人的服饰特点以及著作中的手绘插图。但是，关于这个民族的完整信息，在本书中尚未呈现。

全面系统研究乌尔奇民族的第一人当属 Л. И. 施伦科，他对所收

① Министерство культуры Хабаровского края Хабаровский краевой музей имени Н. И. Гродекова Районная общественная организация "Ассоциация коренных малочисленных народов Севера Ульчского района", УЛЬЧИ, Хабаровск, 2017. c. 7 - 9.
② 中文译作:《黑龙江旅行记》，圣彼得堡 1859 年版。

集的资料进行了整理分析,从人类学、语言学、文化学等方面阐述乌尔奇人的文化特点和历史。在 Л. И. 施伦科早期的(地理、民族、人类学)书籍中,他曾以地图的形式对"奥尔奇或者满古人"的生活地域进行了标注。有学者指出,过去乌尔奇人定居的边界具有不确定性,之前的俄罗斯人称这个民族为多人口民族,Л. И. 施伦克关于这个民族起源的观点是错误的。对此,Л. И. 施伦科在其人体颅骨学研究著作中,分析了乌尔奇人的人类学特点,对乌尔奇人的居住方式、服饰、装饰品方面都进行了描述。尽管过去两个世纪,"俄罗斯学者关于阿穆尔河流域研究"的科学著作,迄今为止仍具有现实意义和学术价值。

20 世纪 30—70 年代,学者们对乌尔奇人开始给予极大的关注。这批学者有民族学家 Н. К. 卡尔格尔(1904—1943)和 А. М. 佐罗塔列夫(1907—1943)。尽管,Н. К. 卡尔格尔探究的主题是那乃人的种族问题,但在他的一篇文章里,专门描述了乌尔奇人的种族组成。А. М. 佐罗塔列夫到过阿穆尔三次,他的研究成果是《乌尔奇人的氏族制度和宗教》,他提出了这样一种猜想,乌尔奇人的民族起源基础是尼夫赫族的口语基质,后来的通古斯人和满洲人对其影响巨大。书中收集了关于乌尔奇人的宗教仪式、生活方式、氏族制度、婚姻关系等方面的内容,还包括用乌尔奇语形成的民俗传说等资料。1937 年,美国《Anthropologist》杂志刊登了佐罗塔列夫关于乌尔奇人熊节的文章,该文章来源于作者的野外资料调查。他详细描述了乌尔奇人在 15 天的节日中进行的各种仪式和活动。乌尔奇歌谣,讲述了这个民族熊节各类图腾的组成部分。尽管研究者众说纷纭、意见不一,但 А. М. 佐罗塔列夫的全部作品都具有很强的理论意义。关于这个民族的历史资料不仅没有过时,还经常能够帮助他人找到灵感和领会新的研究题材。

А. М. 佐罗塔列夫对乌尔奇人的民族起源、民族历史、物质文化和精神文化等问题进行了非常深入的研究。之后,就学术意义来讲,研究乌尔奇人排名第二的是 А. В. 斯莫利亚克(1920—2003)。她长时间居住在乌尔奇人的家中,以第一手资料将这个民族在十月革命前、革命后和苏联时期的生活特点直接记录下来。1947 年,А. В. 斯莫利亚克首次参加了阿穆尔河下游地区的人类学民族学综合考察。她在阿穆尔河停留了半年,其间她直接从文化传承者中收集了乌尔奇人的民族学资料。在其《1947 年乌尔奇民族研究》著作中,她对收集的所有资料进行了总结。1957 年,她成功完成了论文答辩。论文题目是"乌尔奇——过去、现在的生产、文化和生活方式",首次对乌尔奇民族的起源问题,以及家庭、革命后的生活进行了系统阐述。[①]

对民族学作出巨大贡献的是 C. B. 伊万诺夫,他长期关注远东地区的土著民族,尤其关注乌尔奇民族的图案装饰。根据考察结果,C. B. 伊万诺夫曾发表了一系列著作。从事土著居民文化和艺术问题研究的学者对其著作非常感兴趣。他的作品从艺术价值或历史价值角度切入,对其研究对象进行了深度描述,包括民族学特点的研究内容。作家运用系列文章,直接描述了乌尔奇艺术,例如,小船上的图案装饰、乌尔奇木偶等。在他之前,乌尔奇木偶没有人专门研究过。他撰写的关于乌尔奇建筑图案装饰的文章,曾引起广泛关注。

1990 年,俄罗斯科学院远东民族历史、考古和民族研究所的专家学者,集体发布了关于乌尔奇人的专题论文,简要描述了这个民族的主要历史问题,涉及乌尔奇人的物质文化和精神文化,以及乌尔奇人在社会进程和文化变迁中所面临的新问题。П. Я. 康特马赫尔发布了涉及乌尔奇知识分子代表、实用装饰艺术大师们的作品。包括乌尔奇木质雕刻匠、乌尔奇女技师、音乐家、合唱团、最新兴起的乌尔奇萨满群体等内容。在他出版的作品中,可以了解到乌尔奇诗人、作曲家们的作品,附件还有民族音乐的乐谱。T. B. 梅利尼科娃,在其《乌尔奇人的传统服饰(十九至二十世纪初)》这一作品中,描述了乌尔奇人传统服饰的特点,内容包括当地博物馆的服饰收藏品、实用艺术展览会展品以及民族团体演出期间所展示的服饰。书中还包括大量采访乌尔奇人的片段,全方位展示了哈巴罗夫斯克边疆区以 H. И. 格罗杰科夫命名博物馆收藏的服饰作品。

---

① Министерство культуры Хабаровского края Хабаровский краевой музей имени Н. И. Гродекова Районная общественная организация "Ассоциация коренных малочисленных народов Севера Ульчского района", УЛЬЧИ, Хабаровск, 2017. с. 11.

不仅专业学者的作品保留了乌尔奇人的历史痕迹,民间大师乌尔奇母语教师 T. Б. 马特维耶娃参与编纂的相册也成为远东文学最具参考价值的资料。该相册的第一部分展示了过去和现在的工匠师们,介绍了鱼皮服饰的传统工艺、纺织工艺、雕刻艺术、天然漆料等。相册的第二部分是乌尔奇民族图案装饰的镂花板插图,这些都是 T. Б. 马特维耶娃收藏的珍品。该出版物对于那些从事实用装饰艺术、以乌尔奇民族图案为研究案例的人来说,具有重要的借鉴意义。

乌尔奇语属满通古斯语族南通古斯语支。像其他阿穆尔河沿岸的土著居民一样,只有自己的语言,没有自己的文字。关于乌尔奇语言的最初记录,是在 1904—1905 年由 Б. O. 比尔苏茨基(1866—1918)在阿穆尔河沿岸旅行时收集的。研究者曾编译了带有注释的乌尔奇语—波兰语与英语对照词汇表。然而这些记载,直到 1984 年才被关注和使用。

关于阿穆尔河流域土著民族语言的研究,始于苏联时期,在 20 世纪 30 年代,官方开始对无文字语言的书写问题给予关注。1929 年,A. И. 格尔岑北方大学民族语言和文化委员会成立,通过了"统一字母表"。T. И. 彼得洛娃(1896—1976)接受委托,开始进行乌尔奇语文字和教科书的编写创建工作。乌尔奇语是那乃语的方言,曾于 1936 年出版《那乃语乌尔奇方言》一书。在此基础上,通过决定,乌尔奇语言文字使用那乃语的书面文字,在"北方少数民族创建语言的信息"上显示,那乃语可为乌尔奇人、奥罗克人服务。

尽管两种语言比较相近,但是使用那乃语的教科书尝试教孩子学习乌尔奇语并未有达到预期结果。为此,学者们提出了建立乌尔奇语教科书的必要性。1985 年,语言学博士 O. П. 苏尼克(1912—1988),发表了《乌尔奇语研究材料》的专题论文。书中包含了作者在野外的研究资料,这些资料是乌尔奇语描述的基础。目前,乌尔奇语的教科书,是由乌尔奇语教师斯威特兰纳·瓦西里耶夫娜·安吉娜编写的。通过她的努力,《俄语—乌尔奇语绘画手册》问世。后来,格里高利·格里高利耶维奇·瓦里久对这本书的词汇表进行了补充。苏尼克编写了《乌尔奇—俄语和俄语—乌尔奇语词汇表》。乌尔奇语作为选修课进入中学教育大纲中。当地少数民族居住地区缺少用母语印刷的资料。乌尔奇地区当地报纸《阿穆尔灯塔》有这样一篇文章,它讲述了该地区的人民生活、所存在的问题和民族节日。用母语写文章的第一个记者就是鲍里斯·尼古拉耶维奇·王。由他起草乌尔奇—俄语词汇表,并在 П. Я. 康特马赫尔《乌尔奇人》的作品中发表了。[①]

二 乌尔奇人的生产生活习俗

乌尔奇人居住的地方非常美丽,自然景观无与伦比。那里有白雪覆盖的火山、清澈宽广的阿穆尔河、数不清的大小湖泊、遍布山野的天然矿泉、各类珍稀树种和丰富的野生动物,还有便利的出海口。独特的自然环境成就了乌尔奇人的生产生活方式。

过去,乌尔奇人的房屋有冬夏两种。冬天的房屋四角带有两个斜面,屋顶用草和土坯覆盖,类似俄罗斯的木屋。暖季来临的时候,乌尔奇人就搬到靠近河岸的房屋居住。这些房屋建筑顶部是弯曲的,建立在木桩上。靠近河岸的房屋,有晾晒粮食、风干鱼肉的绳子、用于储存粮食的索具和谷仓。1927 年,С. В. 伊万诺夫到该地区旅行时发现,这里有用来饲养小动物的窝棚,比如狗窝棚。离房子不远处,还有半地下室、窝棚、粮仓以及储存祭祀仪式物件的房屋,并建有熊节日的祭祀祠堂。

从 19 世纪末到 20 世纪初,乌尔奇人开始构建俄式框架的房屋,搭盖用来饲养家畜的圈舍,如马匹、奶牛、猪的圈舍和围栏。目前,在乌尔奇地区有石砌住宅,同时,还有很多木制房子。

捕鱼业是乌尔奇人生命活动的基础。关于捕鱼业的重要意义,在其民间传说中多次提到。北鳟鱼、远东大马哈鱼的季节性行迹被称为

---

① Министерство культуры Хабаровского края Хабаровский краевой музей имени Н. И. Гродекова Районная общественная организация "Ассоциация коренных малочисленных народов Севера Ульчского района", УЛЬЧИ, Хабаровск, 2017. с. 12.

大马哈鱼渔汛。为了捕鱼,乌尔奇人使用渔民自己制作的捕鱼器械和订制鱼网,平滑的鱼网、小孔鱼网、冬用和夏用的鱼网、带小钩子的索具、钓鱼竿、鱼叉、长杆钩等。在乌尔奇语中,为了顺利捕鱼,他们甚至有专门的捕鱼术语。不仅男人从事捕鱼业,女人也从事捕鱼业,鱼不仅是食物来源,也是制作衣服、鞋子、布袋、船帆材料的主要来源。因此,在乌尔奇人的图案装饰中经常出现鱼形图案。阿穆尔河鱼种的多样性,要求渔民必须具有高超的捕鱼技能、知识和本领。乌尔奇人捕鱼的每一种行为都有自己的语言词汇,如用网捕捞远东大马哈鱼、冬季用鱼叉叉鱼、捕捞鲑鳟鱼等。苏联时期,在乌尔奇人居住的地区建立了捕鱼人集体农庄。目前,在该地区仍有从事渔业捕捞和加工渔业的劳动合作组。

除了渔业,狩猎在乌尔奇人的生活中位居第二,是乌尔奇人经济生活的重要领域。捕获大型野兽,比如驼鹿、马鹿等,保障了乌尔奇人对肉类、毛皮、骨头的需求。过去,为了捕获大型的动物,主要工具是弩弓。捕获熊的时候通常要携带着标枪、弓箭,使用的弓弩也是多种多样的。在捕获松鼠和小鸟的时候,猎人使用弹弓。装弹弓的箭筒通常是用驼鹿的腿皮以及木头制成。在 20 世纪初期,阿穆尔边疆区对非俄罗斯人的法律、文化经济地位的报告中记录:阿穆尔边疆区大部分的非俄罗斯人以猎毛皮业为生,乌尔奇人也不例外。获取松鼠皮、水獭皮、狐狸皮、黑貂皮是他们狩猎的主要目的。同捕鱼业一样,乌尔奇人也用日历记录着捕猎黑貂的月份,从 10 月中旬到 11 月中旬。寒冷的气候也锻炼了乌尔奇捕猎人的性格和气质。充分了解当地特点、森林野兽的习性,有助于开展捕猎。捕获黑貂的时候,使用带有类似袖口的网、弓弩、捕捉器。捕获狐狸的时候,使用带有叉形装置的捕猎器、顶端带有叉子的木棍。19 世纪末,随着火器的出现,开始使用霰弹枪、温切斯特式连珠枪、小口径步枪。同武器一样重要的捕猎工具就是自制或工厂生产的捕兽夹子。临近出海口也给乌尔奇人的生活带来了另一个生存方式——海洋捕兽业。捕捞海豹、北海狮、环斑海豹也带来了肉类、油脂、服装、鞋子所用的毛皮以及日常生活必需品、滑板的衬垫等。捕获海洋动物的时候要借助于大鱼叉。捕鱼业是生活辅助行业,目前乌

尔奇人尚未有大型的经济联合体存在。捕鱼都是单独进行的或者来自
集体村庄、捕猎组合的小分队,捕猎参与者也是固定的几个人。

　　男人除了捕猎还从事木材、骨头的加工劳动,并制成捕猎武器。加
工金属、修建房屋、加工木质家具、小船、雪橇、仪式雕塑都落在了男人
的肩上。乌尔奇技师也是艺术图案装饰师,他们分高等水平和中等水
平。在住房和生活建筑的房檐上有几何图形的门镶边,雕刻的木桩吸
引了学者和旅行家的注意。在不同的出版物引用的图案就是出自 P.
K. 马克在阿穆尔河考察期间对乌尔奇萨满、祭祀祠堂、棺材形状等绘
画资料。

　　乌尔奇人为熊节准备的祭祀勺子在男性手工艺术作品中占有特
殊位置。其他日常必需品在制作期间需用金银丝雕刻,精细的艺术
加工严格遵循传统。哈巴罗夫斯克边疆区以 H. И. 格罗杰科夫命名
博物馆基金会保存着 K. 安金、C. H. 罗苏格布、Я. 雅德的作品。工匠
们在作品中赋予了作品惊人的比例以及从未重复的表现力、韵律、造
型。П. Я. 康特马赫尔指出,过去乌尔奇技师们只掌握一种技能,一
个人在建筑图案装饰中成为无法超越的大师,另一个人则在仪式木
桩图案中具有精湛的技能;第三个则在制作日常生活、仪式餐具、家
具中比较擅长。

图 3-1　乌尔奇人的工艺品展示　摄影:刘晓春

　　苏联时期,乌尔奇人的传统生活发生了巨大改变。乌尔奇人传统的木质、骨头雕刻艺术品受到工业化的冲击。1984 年,Н. М. 韦德尔尼科娃发表了《阿穆尔河下游地区少数民族现代民间艺术发展趋势》一文。作者指出,乌尔奇男性制作艺术逐渐衰弱,小船上的图案装饰逐渐消失,房屋建筑装饰消失,仅剩下木勺雕刻艺术和木质餐具。在边疆区布拉瓦村艺术中学担任第一任校长的乌尔奇族爱国学者 К. К. 吉列(1922—1988),非常富有民族责任感。在他的主持下,学校增设了民族艺术教育专业。参与工作的有 Д. И. 安金(1937—2003)。因此,布拉瓦儿童艺术学校培养了一代名扬海内外的杰出人物。该校毕业生深受乌尔奇人传统实用造型艺术影响,其作品在国际、俄罗斯、各地区举办的展览会上获得了好评。Ю. Н. 古依萨利掌握了乌尔奇人传统造船工艺、树皮编制技艺、木质首饰盒等工艺技术。И. Л. 罗苏格布不仅掌握了传统的实用木质、骨质造型艺术,还掌握了新的艺术方法——亚麻子油布雕刻,其题材主要是乌尔奇人的民俗。Н. Н. 弗嘎达专门从事传统和现代结合的艺术品制作;Г. Г. 古衣萨利掌握了仪式祭祀雕刻和带有民族特色的现代雕塑技能;А. В. 德丘里擅长护身符、辟邪物、木质雕塑的制作。尼古拉.尼古拉耶维奇·吴(1958—2008)在这方面是一名非常杰出的大师。他长期居住在布拉瓦,在创作上比较接近那乃和乌尔奇的传统,也是"阿穆尔文化"的继承者。根据艺术家的观点,他是将欧洲民俗、写生画技术同阿穆尔土著居民对世界的认知结合在一起的第一人。乌尔奇大师们的作品不仅在国内博物馆、而且也被国外博物馆收藏。乌尔奇人 А. Н. 贾塔拉(1933—1977)是一名出色的画家,在圣彼得堡 И. Е. 列宾油画、雕塑与建筑艺术研究学院接受过教育。他的毕业论文《莫斯科在讲述,乌尔奇人在倾听》在《星火》杂志发表之后,在俄罗斯非常有影响。

　　当地比较出名的诗人、童话作家、母语鉴赏家、博格罗斯戈耶村民族博物馆奠基人 П. В. 隆基、Д. И. 安金,根据前人提供的草图,同自己的学生们在布拉瓦村共同建立了乌尔奇文化博物馆,该博物馆位于布拉瓦儿童艺术中学大楼内,并一直吸引着访问者的关注。博物馆内通过学生们的努力,收藏了那些反映这个民族物质文化和精神文化的收藏品。乌尔奇技师们和学生们不断用自己的作品来充实展品。

乌尔奇妇女负责族人的生活所需。她们的职责是准备过冬的食物、煮粥、缝补衣服和制作床铺用品。乌尔奇人的主要食物是鱼类,制作方法很多,水煮、晒干、生吃和油炸等。冬天不可替代的食物是俄罗斯北方和远东居民储备的鲑鳟干鱼。干鱼主要是由白鲑鱼、小木鱼、鳇鱼制成。他们将鲑鳟鱼的鱼籽晒干,将野生动物的肉进行水煮或者是煎炸,部分以生肉的形式放在阴凉处晾干。他们很少吃海洋动物的肉,主要食用其油脂。所用的饮食调料有野葱、百合根、荨麻、野果、坚果。外购的产品主要有面粉、米和茶叶。

乌尔奇妇女应具备的技能包括加工鱼类食品、采集浆果和草药、为全家人缝制日常和节日服饰、给丈夫缝补打猎的衣服、制作床铺用品、用榆树制作生活用具、用河柳制成藤条草席以及设计所有物品的图案装饰等。阿穆尔河流域具有艺术天赋的是乌尔奇妇女 Н. И. 卡普朗。女技师们互相学习,掌握缝补、刺绣、贴花、镶嵌艺术、透花雕刻、压花、纺织、柳条编制技术,对动物皮和鱼皮的加工,可以制成衣服、鞋子、打猎用的外罩、窝棚、帆船的盖棚以及书包等。妇女们清楚地知道哪种鱼皮适合缝补鞋子和手套,这些制品主要使用细鳞鱼、远东大马哈鱼的鱼皮,工作服用鲇鱼皮,节日用的长衫大褂用狗鱼、鲤鱼的鱼皮。日常男性服饰主要有长衫、裤子、长筒袜子、腰带、布制长衫、冬天棉质长衫、短上衣。冬天,男人们戴着皮帽、耳套。乌尔奇有钱的富人喜欢穿裘皮大衣,上面带有狐狸皮毛领。妇女的上下衣服包括护胸、连接护胸的裤子、长筒袜子、长衫、冬天棉质长衫、皮帽。男性服装还有腰带、套袖、棉质手套、皮质手套、鱼皮手套等。

乌尔奇人的鞋子有两种:阿穆尔式和通古斯式,由动物毛皮和鱼皮缝制而成。渔民们在捕鱼的时候通常穿着狗皮制成的外套、鱼皮做成的鞋子。有时需要乘坐雪橇走很长的一段路,外套上面再穿上环斑海豹皮制成的外衣下摆。为了避免严寒和大雪,猎人们戴着一种布制的盔形帽、毛皮围巾、鱼皮外罩。节日服装和结婚服装特别美丽。用丝绸缝制的鱼皮、驼鹿皮长衫、长衫的织锦、马甲,狐狸皮大衣、鹿腿皮大衣、黑貂皮大衣、猞猁皮大衣都是乌尔奇妇女们艺术的杰作。节日服饰和结婚用的服饰装饰豪华,上面缝制了精美的图案。并配有鱼皮贴花、带有彩色丝绸针织或者驼鹿颈下的毛发。所有制品都展现出技师们的精湛技能。女技师们至今保留着对韵律和色调敏锐的感知力,并在自己的作品中努力展现宝贵的民族元素。

乌尔奇人图案花纹的主要元素有螺旋式、蔓生式、几何式等,并融合了植物和动物造型元素。这里具有涡纹嫩芽,褶皱部分绣上成对小鸟、成对小鱼的图案,乌尔奇人缝补织物中最为普遍的是锁针编织法。从传统上来讲,布拉瓦村女技师的作品声名远扬,她们应用民族编织法完成了现代生活制品的制作。

П. Я. 康特马赫尔根据所掌握的专业技能,将乌尔奇女性艺术划分出系列方向。第一,О. Л. 罗苏格布(1914—1988)学校主要从事纺织、服饰、织毯、图案花纹制作工作;第二,З. А. 布拉斯基娜(1911—1992)学校则从事鱼皮、天然材料编织工作;第三,К. Ч. 贾塔拉(1913—1988)学校从事榆树、地毯的制作工作。这些女技师们虽然已经逝世了,但她们的作品仍然保留至今,并成为下一代人学习的榜样。如今,女技师们的传统技艺在其继承者的作品中延续。

乌尔奇妇女的主要工作就是照顾家庭、培养孩子。在 20 世纪初,乌尔奇人的家庭比较庞大,一个屋檐下能够住着几代人。有的家庭是一夫多妻制,一个男人可以有两到三位妻子,但是一夫一妻制的家庭更多一些,因为娶第二位到第三位妻子要支付更多的彩礼,有钱的男人才能做到。妇女在乌尔奇人的家庭中具有相对的独立性,大部分男人尊重自己的妻子。每个家庭都试图生育尽可能多的孩子,没有孩子被认为是极大的不幸。当妇女怀孕的时候,会努力遵守保留下来的禁忌,比如孕妇不能够参加葬礼、不能缝补装老衣服、不可准备葬后宴、不能看飘浮的冰等。乌尔奇妇女在临时修建的窝棚中生孩子。А. В. 斯莫利亚克指出,在 20 世纪初的时候,乌尔奇人开始为生孩子的妇女修建暖棚或者不大的木质小房。妇女出现分娩阵痛时,会被送到这个房子中,由有经验的接生婆来助产。①

---

① Министерство культуры Хабаровского края Хабаровский краевой музей имени Н. И. Гродекова Районная общественная организация "Ассоциация коренных малочисленных народов Севера Ульчского района", УЛЬЧИ, Хабаровск, 2017. с. 17 - 19.

全家人都有教育下一代的责任。男孩从很小的年纪就开始为将来的独立生活做准备,学习射弓、同父母去打鱼、打猎;女孩帮助母亲做家务、照看年幼的弟弟妹妹们,学习缝补和制作技能。

三 乌尔奇人的宗教信仰与民间艺术

17 世纪,随着阿穆尔河流域俄罗斯人的出现,在土著人的环境中,开始渗透基督教。然而,万物有灵论、信奉祖先观念影响更大。大自然至今被乌尔奇民族视为人类的母亲。崇尚自然力量的精神是其信仰的主要基础。乌尔奇人敬畏所有类似人类的生物,自然对象比如高山、河流、湖泊都是他们精神上的主人。因此,人类与内心的和谐共处是其繁荣的基础,不去伤害生灵的法则是人与自然关系的基本准则。如果人类被迫违反这样的规律,那么他一定要完成某种仪式,在仪式中向周围的神灵解释所完成行为的必要性。人与自然的关系中一直以和谐共处为导向。

熊节是人与自然关系和谐相处的典范,对于乌尔奇人来说,这个节日有极其重要的意义。对乌尔奇人进行研究的第一人 A. M. 佐罗塔列夫的作品《乌尔奇人的氏族制度和宗教》对此有详细的描述。乌尔奇人的熊节是一个比较复杂的仪式,它一般持续若干天,每一天都要完成固定的程序。这是一个种族之间的节日,节日期间人们拿熊来娱乐消遣,同时也自娱自乐。节日期间有狗拉雪橇接力赛等活动,同时还要准备很多的食物,制作专门的仪式菜肴。在祭祀熊的那天,需要有受人尊敬的、上了年纪的男人说一些祷词,然后将这个仪式搬到熊主人的家里。这个时候,街上穿着民族服的妇女开始弹奏音乐。随后人们把熊引到专门的场地,沿途它需要成为"原始森林的主人"。[1] 人们对"原始森林的主人"很友善,祈求熊祝福乌尔奇人狩猎成功。很多学者认为熊节是

---

① A. M. Золотарев. Родовойи религияульчей. Дальгиз. Хабаровск, 1939. с. 105.

整个西伯利亚人对野兽复活和死亡的祭祀仪式。1992年，布拉瓦村曾试图恢复这个节日。Д. И. 安金认为这样的节日一定是在乌尔奇人的环境中存在着，要知道它是这个民族文化的标志性符号。节日在冬天举行，更具有神秘的色彩。

图3-2 乌尔奇人的熊节祭祀 图片提供：刘晓春

乌尔奇人还有一个极其重要的祭祀仪式，即双生子祭祀仪式，它与熊节有间接的关系。双胞胎的出生被认为是重要的事件，出生后要遵守一系列禁忌，为的是不打破普通人与"原始人类"的相互关系。双胞胎出生之后需要制作一种笼子，里面摆放两个木偶和为其准备的两个菜肴。为了不伤害本族人，双胞胎在生活中要严格遵守宗教禁忌和习俗。双生子祭祀仪式与乌尔奇人为了纪念熊而举办的节日紧密相连。因为有据推断，生出来的不是普通人，而是"原始人"或"水中的人"。生过双胞胎的妇女也被认为是非同寻常的人。"通古斯人的生育观基本相同，双胞胎被认为是异常，是凶兆。"[1]但现在就不会这样认为了。

乌尔奇人和相邻的通古斯人在祭祀仪式上有很多的相似处。最有

---

① ［俄］史禄国著，吴有刚、赵复兴、孟克译：《北方通古斯的社会组织》，内蒙古人民出版社1984年版，第428页。

代表性的是他们的出生仪式、婚礼仪式、葬礼和追悼仪式。

乌尔奇人的婚姻方式各种各样：娃娃亲、媒人做媒、聘礼婚姻、兄弟二人娶一妻等。乌尔奇女孩子认为新娘可以为家庭带来嫁妆，嫁妆越多，需要支付的聘礼越多。嫁妆和彩礼被认为是可以继承的资本。如果新郎贫穷的话，那么他可以为岳父劳作一到三年作为支付聘礼的条件。新娘到新郎家的那天，需要举行跨越火盆的仪式，门槛和门槛外放两个大的铁盆，其中一个火盆属于新郎家，另一个属于新娘家。离开家的时候新娘站在两个火炉面前，她需要随身携带自己家的火盆。这样的仪式同样需要在新郎家举行。此外，新娘同父亲告别的时候，要用棍子敲打炉火，炉火不能带到新郎家。

乌尔奇人有多种埋葬的方式。人死之后放进棺材，棺材被放置到森林中专门的墓穴内。人们将溺水的孩子放到离水不远的岸边，头朝着河边的方向，墓碑附近放着被打碎的小船，这种埋葬方式被认为是"水中的人"。如果乌尔奇家族中有尼夫赫人的血统，就按照尼夫赫习俗执行，将尸体火化。葬礼之后，为追悼死者而设置的酬客宴会不定期举办。大型的酬客宴采取复杂的仪式，并持续几个星期。萨满通过作法召唤逝者的灵魂，并将逝者的灵魂送至阴间。目前，乌尔奇人通常按照欧洲的习俗埋葬逝者。

萨满在乌尔奇人的心目中很有威望，萨满可以作为神灵与人类之间的中间人，他们独特的头衔，主要取决于萨满履行的职能。最初的萨满被认为是以不同寻常的方式表现自己，他的法力会逐渐增长，这取决于萨满同神灵之间沟通与相互关系。萨满能够召唤灵魂，大萨满能够借助于神灵帮助病人痊愈。大萨满能够将逝者的灵魂送至阴间。在基督教和无神论普及之前，萨满在乌尔奇人的生活中起着非常重要的作用。

关于乌尔奇人的生活以及他们的宗教理念，可以从他们丰富的民俗遗产中了解到。其民俗遗产具有多样性、独特性和广泛性。关于乌尔奇人口头民俗创的研究时间还是比较早的。如果对民俗体裁类型进行概括的话，A. M. 佐罗塔列夫在1939年提出的观点被认为民俗研究的基础。研究者将乌尔奇民俗划分为四种形式：（1）星源学神话，一般与双生子祭祀仪式和神话中的英雄人物有关;(2)特兰古,与乌尔奇人的日常生活有关;(3)导致这样或那样的礼俗变迁的一系列叙述作品;(4)童话,故事的主人公一般为动物。当地人经常能想起 П. Б. 隆基说过的话:"不可对民俗蔑视,需要将我们社会的快速发展进程与童话、传说相融合。"

传统的乌尔奇音乐一直是独唱音乐文化的典范,乌尔奇人有即兴演唱的歌曲,大部分歌曲有固定的文本和旋律。人们经常演唱独奏乐曲、摇篮曲和为客人准备的独唱或合唱。传统民歌可以在边疆区民主创作文化节中听到。乌尔奇第一个儿童民俗相册里就记录了作曲家 Л. П. 德丘里创作的乌尔奇语歌曲。萨满歌属于独特的音乐题材,萨满曲可以驱赶邪恶的灵魂、铲除疾病的根源。乌尔奇人最古老的音乐器材是长笛、笛子、口哨、普巴笛等。在大量的乌尔奇音乐器材里有体鸣乐器、拨弦乐器、单簧口琴等;圆弧形打击乐器主要有基斯普木锤、金属悬挂装置、圆木乐器、萨满手鼓等。

研究者们早在 20 世纪 30 年代中期开始关注乌尔奇人的舞蹈艺术。遗憾的是,涉及乌尔奇人表演的舞蹈资料在此之前没有任何记载。会跳乌尔奇民族舞的民族舞蹈学家 С. Ф. 卡拉班诺娃认为,乌尔奇舞蹈有借鉴外来舞蹈的特性,传统舞蹈中编入了宗教仪式舞蹈。随着 С. Н. 西冰在布拉瓦村开展艺术活动之日起,布拉瓦人自己也进行歌曲、舞蹈的创作工作。在业余时间,С. Н. 西冰编写歌曲、编拍舞蹈和哑剧。苏联时期,乌尔奇人的舞蹈艺术成就同俄罗斯苏维埃联邦社会主义共和国文化荣誉工作者 П. Л. 德丘里的支持紧密相连。他关于恢复乌尔奇人合唱艺术的工作是从零开始的。他编排的反映日常生活的舞蹈有:"鱼皮制品""鱼皮制成的鱼网""渔民舞蹈"等;专题舞蹈有:"阿穆尔河的九个女儿""阿穆尔河上的海鸥";儿童舞蹈有:"老鹰和小鸭子""水中的小鱼""熊节日"等。这些舞蹈至今在 П. Л. 德丘里建立的著名乌尔奇"吉瓦"艺术团中展演。Н. Д. 杜王创作的宗教舞蹈"萨满的节拍""原始人的路""手鼓节日""婚礼进行曲"等很有影响。目前,这个艺术团由 Г. П. 维特康负责管理,他是 П. Л. 德丘里的接班人。艺术团成立于 1956 年,它是乌尔奇知识分子的文化熔炉。[1]

随着苏联政权在阿穆尔河流域的建立,乌尔奇人开始融入新生活的建设中。出现了捕鱼的集团农庄,开始居民扫盲运动,随之而来的是居民点的城镇化,很多乌尔奇村庄从边疆区的地图中消失。乌尔奇人也经历了斯大林清洗运动,很多优秀的民族代表们在 20 世纪 30 年代期间死去。在伟大的卫国战争期间,乌尔奇人同俄罗斯其他民族一样,加入了保卫祖国的行列中,有 16 个人没有从前线回来。为纪念他们的功勋,在博格罗斯戈耶村的地方志博物馆内设有英雄展区。

在哈巴罗夫斯克边疆区,乌尔奇社区已成立 80 多年。乌尔奇人同其他民族一样,经历了国内战争、集体化道路等发展阶段,经历了伟大的卫国战争和经济社会转型。尽管传统文化在不断流失,但乌尔奇人对民族文化的复兴充满自信,对文化的保护和传承活力日益增强。

---

[1] Министерство культуры Хабаровского края Хабаровский краевой музей имени Н. И. Гродекова Районная общественная организация "Ассоциация коренных малочисленных народов Севера Ульчского района", УЛЬЧИ, Хабаровск, 2017. с. 23 - 28.

四 中国人口较少民族的政策实施与跨越式发展

在中国 56 个民族中，全国总人口在 30 万人以下的人口较少民族共有 28 个，2010 年第六次人口普查，总人口 189 万。中华人民共和国成立伊始，中央政府高度重视民族工作，包括人口较少民族的发展问题。尤其是改革开放之后，接连出台一系列扶持人口较少民族发展政策。新中国成立 70 年，人口较少民族地区的面貌发生了历史性转变。乡村基础设施和人民生活条件日益改善，增收渠道不断拓宽，社会事业协调并进，发展能力逐步增强，群众精神面貌焕然一新，民族关系更加和谐。人口较少民族不再囿于传统单一的生产方式，逐步转变为农业、养殖业、特色产业、旅游业等多业并举的发展格局，社会生产力实现了跨越式发展。人口较少民族生产生活的巨变，是新中国 70 年伟大成就之见证，是中国特色民族发展道路的有益探索和成功实践。

一 人口较少民族的基本情况与政策背景

中华人民共和国成立时，国家宏观战略和微观政策措施多聚焦少数民族整体和民族自治地方的发展问题。把人口较少民族作为一个单独类型进行集中研究，离不开费孝通先生的想法和倡议。2000 年春节，费孝通向国家民委领导提出了人口较少民族的发展问题；同年 7 月，国家民委组织民族问题研究中心、北京大学、中央民族大学的专家学者，深入 10 省区，逐一调研人口较少民族的社会经济情况，并形成专题调研报告和总报告，为国家制定专项规划提供了决策依据。

（一）人口较少民族的人口与分布

根据国务院 2005 年印发的《"十二五"促进民族地区和人口较少民族发展规划（2006—2010）》的界定，1990 年第四次全国人口普查总人口在 10 万人以下的人口较少民族全国共有 22 个,人口合计 63 万人。根据国务院 2011 年印发的《"十三五"促进民族地区和人口较少民族发展规划(2011—2015)》的界定,2000 年第五次全国人口普查总人口在 30 万人以下的人口较少民族全国共有 28 个,人口合计 169.5 万人。这 28 个民族是:珞巴族、高山族、赫哲族、塔塔尔族、独龙族、鄂伦春族、门巴族、乌孜别克族、裕固族、俄罗斯族、保安族、德昂族、基诺族、京族、怒族、鄂温克族、普米族、阿昌族、塔吉克族、布朗族、撒拉族、毛南族、景颇族、达斡尔族、柯尔克孜族、锡伯族、仫佬族、土族。主要分布在内蒙古、辽宁、吉林、黑龙江、福建、江西、广西、贵州、云南、西藏、甘肃、青海、新疆等 13 个省(区)和新疆生产建设兵团的人口较少民族聚居区,包括 2119 个人口较少民族聚居的行政村(所辖人口相对集中的自然村落约 1 万个)、71 个人口较少民族的民族乡、16 个人口较少民族的自治县、2 个人口较少民族的自治州。如表 1 所示。

表1　28 个民族分民族全国人口数　　　　单位:人

序号	民族	第五次人口普查(2000 年)	乡村人口	分布的主要省区
合计	28 个民族	1695168	1264116	13 个省区及兵团
1	土族	241198	199000	青海、甘肃
2	仫佬族	207352	143718	广西、贵州
3	锡伯族	188824	110571	新疆、辽宁、吉林、黑龙江
4	柯尔克孜族	160823	142244	新疆、新疆兵团、黑龙江
5	达斡尔族	132394	63219	内蒙古、黑龙江、新疆
6	景颇族	132143	105217	云南
7	毛南族	107166	85218	广西、贵州
8	撒拉族	104503	87521	青海、甘肃
9	布朗族	91882	86401	云南
10	塔吉克族	41028	37268	新疆
11	阿昌族	33936	31161	云南
12	普米族	33600	30210	云南
13	鄂温克族	30505	16556	内蒙古、黑龙江

续　表

序号	民族	第五次人口普查(2000年)	乡村人口	分布的主要省区
14	怒族	28759	26232	云南
15	京族	22517	12357	广西、江西
16	基诺族	20899	17386	云南
17	德昂族	17935	12833	云南
18	保安族	16505	14129	甘肃
19	俄罗斯族	15609	2909	新疆、内蒙古、黑龙江
20	裕固族	13719	10021	甘肃
21	乌孜别克族	12370	3905	新疆
22	门巴族	8923	7157	西藏
23	鄂伦春族	8196	4076	内蒙古、黑龙江
24	独龙族	7426	6123	云南
25	塔塔尔族	4890	2523	新疆
26	赫哲族	4640	1847	黑龙江
27	高山族	4461	1904	福建(未统计台湾)
28	珞巴族	2965	2410	西藏

2000年,人口较少民族聚居区总人口701.7万人,其中人口较少民族153.5万人,占21.9%,占28个民族全国总人口的90.6%。其中,2119个聚居村总人口272.7万人,人口较少民族136.0万人,占49.9%;71个民族乡总人口68.4万人,人口较少民族20.5万人,占30.0%;16个自治县总人口378.1万人,人口较少民族69.3万人,占18.3%;2个自治州总人口172.7万人,人口较少民族33.4万人,占19.3%。

根据2010年第六次全国人口普查统计,28个人口较少民族的总人口为189万人。2000—2010年,全国28个人口较少民族总人口增加了19.60万人,年增长速度高达到1.10%,为全国人口年均增长率(0.57%)的1.93倍。虽然28个民族人口总数在增长,但这28个民族间呈现两种分化态势:怒族、布朗族、普米族、京族、撒拉族、塔吉克族、珞巴族 7 个民族,人口高速增长,年均增长率在 2.17%～2.66%之间,达斡尔族、毛南族、俄罗斯族、乌孜别克族、独龙族、高山族、塔塔尔族 7 个民族的人口在减少。人口在一万以下的民族由 7 个减少到 6 个。如表 2 所示。

表 2　第六次人口普查 28 个人口较少民族的人口数

民族	人口数	民族	人口数	民族	人口数	民族	人口数
塔塔尔族	3556	乌孜别克族	10569	鄂温克族	30875	撒拉族	130607
珞巴族	3682	裕固族	14378	怒族	37523	达斡尔族	131992
高山族	4009	俄罗斯族	15393	阿昌族	39555	景颇族	147828
赫哲族	5354	保安族	20074	普米族	42861	柯尔克孜族	186708
独龙族	6930	德昂族	20556	塔吉克族	51069	锡伯族	190481
鄂伦春族	8659	基诺族	23143	毛南族	101192	仫佬族	216257
门巴族	10561	京族	28199	布朗族	119639	土族	289565

数据来源:国家统计局第六次人口普查数据。

(二)扶持人口较少民族发展的背景和意义

新中国成立之初,人口较少民族社会经济发展程度差异较大,如表 3 所示。新中国成立后,人口较少民族实现了历史性跨越,步入了经济发展的康庄大道。虽然生产资料的占有形式发生了改变,但许多民族的生产力水平依然低下,社会分工和商品经济欠发达。从自然经济向市场经济转化以及传统农业向现代农业转化过程中,人口较少民族在思维方式、心理素质、应变能力上显得极不适应,并导致市场适应能力差、自我发展潜力低、发展速度慢。一些民族从事渔猎业、畜牧业、传统农业,其经济方式和社会组织较为单一,群体规模小,知识化、专业化、市场化、信息化程度较低,比起那些以集约农业为主,或工商业有一定基础的民族而言,要顺利实现转变则更加艰难。改革开放后,人口较少民族地区与全国相比,经济和社会发展水平低,在竞争中处于不利的地位。资金、人才等在市场机制下流向东部发达地区,原有的资源优势也逐渐消失。因此,任何现实的生产力都是对以往生产力的继承,其经济发展都离不开原有的经济基础,不同社会形态的发展基础决定了生产力发展水平的差异,也影响着经济的发展进程。[①]

因此,编制和实施扶持人口较少民族发展规划,不仅仅表现出经济上对 28 个人口较少民族的扶持,而且体现了一种宪法精神,体现了中国共产党民族理论、民族政策的基本点——各民族一律平等。2015 年1 月 20 日,习近平总书记在云南接见人口较少民族独龙族代表时再次强调:"全面实现小康,一个民族都不能少。"

表 3　中华人民共和国成立时,人口较少民族的生产力特征

生产力特征	民族
简单的狩猎生产工具和耕作生产技术	珞巴族、赫哲族、鄂伦春族、鄂温克族、景颇族、独龙族、怒族、德昂族、布朗族、基诺族
铁木工具、简单粗放的耕作技术和方式	门巴族
广泛使用铁质工具,出现农业和手工业的分工	高山族、裕固族、保安族、撒拉族、京族、普米族、阿昌族、塔吉克族、毛南族、达斡尔族、柯尔克孜族、锡伯族、仫佬族、土族
开始使用旧式机器	塔塔尔族、乌孜别克族、俄罗斯族

人口较少民族的发展会遇到与人口数量及分布状态有关的一些特殊性的问题,而这些特殊性问题正是政府制定专门政策时所参考的重要依据。这些特殊性主要有以下几点:一是在政治经济生活中处于被边缘化的地位。由于人口总数少,在各方面和各层次的代表人物就相应少一些,在经济总量中所占的比重也较低,有的甚至微乎其微,如果不加注意,这些民族的意见就有可能反映不上来,他们的特点和要求在各级政府发展政策中就有可能被忽视。二是总体发展水平仍处于相对落后状态。三是民族传统文化濒临减弱,以致消亡的危险。有些人口

---

① 耿新:《精准扶贫的差别化政策研究——以扶持人口较少民族发展为例》,《中国农业大学学报》2017 年第 5 期。

较少民族聚居区民族文化已经出现严重衰退的现象。四是人口较少民族是中国贫困人口中更为贫困的一个群体，也是在经济和社会发展中，需要政府给予特殊帮助扶持的弱势群体。

人口较少民族有28个，但人口数量较少，如果找准他们面临的主要困难和问题，明确解决问题的思路，并针对他们存在的问题研究和制定特殊政策，对他们加以扶持，这些民族就会很快地发展起来。解决了这28个民族的发展问题，也就解决了中国一半少数民族的发展问题，其政治意义非常深远。"这些民族大都分布在边境地区，与国外相同民族跨境而居，他们语言相通、风习相同，有的还有姻亲关系，相互之间来往密切。扶持人口较少民族发展，不仅关系到中国边疆地区的发展和稳定，对发展睦邻友好的周边关系和维护地区稳定也有积极的作用"。[①] 与此同时，中国人口较少民族的成功经验和伟大实践，也为世界各国人口较少民族的发展提供了范式和借鉴。

图4-1 使鹿鄂温克人 摄影：刘晓春

---

① 王铁志：《人口较少民族研究的意义》，《黑龙江民族丛刊》2005年第5期。

（三）扶持人口较少民族的发展政策和实践[①]

1949年以来，国家出台了一系列扶持人口较少民族发展政策。纵观政策的演变历程，可以深刻感受到党和政府对人口较少民族的关心、关怀和帮助，展现了党的民族理论和民族政策的巨大成就。

1. 地方探索期（1949—2000年）。这一时期，出现了帮助鄂伦春族下山定居、赫哲族转产、"两山"综合扶贫开发试点等有影响、效果显著的典型扶持模式。1949年，中华人民共和国成立时，居住在大、小兴安岭的鄂伦春族仍过着居无定所的游猎生活。下山定居改善鄂伦春族群众的居住环境，便成为党和政府在鄂伦春族地区民主改革的重要任务。赫哲族自古以来以渔猎为主、以采集为辅。1996年，黑龙江省率先启动扶持赫哲族"转产"工作，政府通过"引、促、带"方式成功使赫哲人逐渐上岸转产、弃渔务农，进而打破了单一以渔为生转向渔农并重，并大力发展民族文化旅游业、发展多元经济。[②] "两山"综合扶贫开发试点。2000年，云南省整体扶持景洪市基诺山和勐海县布朗山，同时国家民委与国务院扶贫办联合实施"两山"综合扶贫开发试点，取得较好成效。

2. 国家规划形成期（2000—2005年）。党和政府针对全国范围内的人口较少民族调研、提出扶持方案，并最终促成规划报批。

3. 规划全面实施期（2005—2010年）。2005年，《扶持人口较少民族发展规划（2005—2010年）》颁布实施。扶持人口较少民族发展工作上升为由国家统一部署、部委共同参与的一项重要民族工作，并强调与已有的扶贫开发、西部大开发、兴边富民、少数民族特色村寨等政策以及各部门各行业、各地区"十一五"规划相衔接，人口较少民族迎来了发展的黄金期。

4. 规划全面深化期（2011—2015年）。2011年，《扶持人口较少民族发展规划（2011—2015年）》颁布实施；2011年10月，国务院36个相

① 耿新：《扶持人口较少民族发展政策的演变、特点与启示》，《中南民族大学学报》2019年第1期。
② 李凤双、孙英威、齐泓鑫：《赫哲族乡亲喜话"三次变迁"》，《中国民族报》2016年5月31日。

关部委组成了扶持人口较少民族发展部际联席会议,扶持人口较少民族发展工作进入全面深化期,人口较少民族迎来大发展和新的契机。

5. 规划提质升档期(2016 年至今)。2016 年 12 月,《"十三五"促进民族地区和人口较少民族发展规划》发布,国家把扶持人口较少民族发展的政策内容涵盖其中,并单列成章。这是民族工作领域历史上第一个国家级重点专项规划,是在国家重点专项大幅压缩后列进去的,可见中央对人口较少民族的关心关怀。

二 人口较少民族跨越发展的主要成就和经验

在国家民族政策的重点扶持和各级政府的帮助支持下,人口较少民族的生产和生活发生了巨大变化,政治、经济、文化等各项事业都取得了举世瞩目的成就。

(一) 人口较少民族发展的主要成就

1. 经济发展成就。2005 年,国务院批准实施《扶持人口较少民族发展规划(2005—2010 年)》,对全国总人口在 10 万以下的 22 个民族聚居的 640 个行政村给予重点扶持。规划实施以来,至 2011 年底,共投入各项资金 37.51 亿元,实施项目 11168 个,基本实现了"四通五有三达到"的规划目标,人口较少民族面貌发生了新的历史性变化。人口较少民族聚居区基础设施显著改善,结构调整步伐加快,人民生活明显改善,社会事业稳步推进,发展能力逐步增强,呈现出生产发展、生活提高、生态改善、民族团结、社会和谐的良好局面,为全面实现小康社会奠定了坚实基础。

与"十一五"规划相比,"十二五"规划扩大了扶持范围、提高了发展目标、增加了建设任务、加大了投入力度。"十二五"规划实施前四年,中央共安排扶持资金 51.75 亿元,实施基础设施建设、生产发展、社会发展等各类项目 7000 多个,改善了乡村基础设施和生产生活条件,培育了地方特色优势产业,增加了群众收入,劳动者整体素质提高,少数民族群众精神面貌焕然一新,人口较少民族地区经济社会保持稳步发展。

基础设施条件进一步提升,群众生产生活条件明显改善。2011—2013 年,2119 个村累计新增和改扩建乡村公路里程 24000 多公里,新修农田水利设施 1 万多处。到 2014 年底,2119 个聚居村中,通沥青(水泥)路的村有 1671 个,通路率为 79.0%;通电村 2046 个,通电村占比 76.7%;通宽带村 1367 个,占 64.6%;拥有电脑 9.8 万户,占12.8%;建有沼气设施的村 1547 个,占 73.1%;使用沼气 9.6 万户,占12.5%。交通道路等基础设施的改善,使人口较少民族得到实惠和便利。

2. 社会事业全面发展,基本公共服务体系进一步健全。2013 年2116 个村,适龄幼儿能够接受学前一年教育的村比率、村卫生室达标率和有体育健身活动场地的村比率分别比 2010 年提高 4.6 个、8.1 个和 11 个百分点。人口较少民族义务教育阶段寄宿生实现免费教育。2014 年,2116 个村适龄幼儿能够接受学前一年教育的村比例为79.6%,比 2010 年提高 11.8 个百分点。人口较少民族义务教育阶段的所有寄宿生实行包学杂费、伙食费、住宿费,实行免费教育。国家和有关省区在民族院校设立人口较少民族预科班,定向招生,全面提升人口较少民族的整体文化水平。

农村牧区三级卫生服务网络建设逐步完善,农村卫生服务队伍建设进一步加强。2014 年,2116 个村卫生室达标率为 69.1%,拥有行医资格证书的医生的村占 63.8%。2011—2014 年累计新修村卫生室面积 12.4 万平方米,满足了基层少数民族群众基本医疗需求。基层公共文化服务设施得到完善。2014 年 2116 个村有合格文化室和农家书屋的村有 1643 个,占 77.7%。有体育健身和民族文化活动场所的村有1182 个,占 55.9%。社会保障逐步完善。2014 年,2116 个村参加新型农村社会养老保险的人数占到(参保率)42.8%。

3. 特色优势产业不断壮大,民族特色经济带动群众增收。2011年以来,实施民俗文化和生态旅游业、特色农牧业、民族传统工艺等特色经济项目 2300 多个。2011—2013 年,新建设施农业和畜牧业大棚

23000 多户，到村入户项目直接覆盖的农牧民有 60 万户、250 万人（次）。2014 年，有 371 个村实施了少数民族特色村寨项目，占 17.5%。其中，有 25 个村寨是国家民委命名挂牌的"中国少数民族特色村寨"，包括鄂温克族、赫哲族、毛南族、布朗族、独龙族、撒拉族等 19 个人口较少民族。[①] 2013 年 2119 个村农牧民人均纯收入 5179 元，比 2010 年增长 47%。2014 年，28 个人口较少民族分民族农牧民人均纯收入进一步增长。如表 4 所示。

图 4-2 赫哲族鱼皮服饰 摄影：刘晓春

表 4 2014 年 28 个人口较少民族分民族农牧民人均纯收入 单位：元

序号	民族	人均纯收入	序号	民族	人均纯收入
1	锡伯族	11891.21	15	德昂族	5785.63
2	俄罗斯族	11258.05	16	土族	5546.13
3	裕固族	11093.04	17	布朗族	5526.14

① 国家民族事务委员会经济发展司：《中国人口较少民族发展报告（2015）》，民族出版社 2018 年版，第 34 页。

序号	民族	人均纯收入	序号	民族	人均纯收入
4	高山族	11078.27	18	柯尔克孜族	5067.68
5	珞巴族	10370.45	19	塔吉克族	4989.09
6	鄂温克族	9596.36	20	景颇族	4676.19
7	鄂伦春族	9492.19	21	阿昌族	4259.34
8	赫哲族	9280.6	22	毛南族	4204.53
9	达斡尔族	9276.18	23	仫佬族	3868.35
10	京族	8859.45	24	撒拉族	3400.37
11	乌孜别克族	8517.62	25	普米族	3170.53
12	基诺族	8057.33	26	怒族	2785.59
13	门巴族	7323.3	27	保安族	2079.02
14	塔塔尔族	7314.34	28	独龙族	2057.21

4. 自我发展能力进一步增强,劳动技能得到提高。2011—2013年,2119 个村累计举办各类培训 43000 多次,参加培训的农牧民有 166万人次。2014 年,有致富带头人的村 1819 个,占 86.0%;有种养殖能手的户数 5.1 万户。

(二)跨越式"转产"与生计模式多元化

首先,产业结构多业并举。《扶持人口较少民族发展规划(2005—2010 年)》实施以来,人口较少民族聚居区各级政府先后出台人口较少民族经济社会事业发展纲要、扶持人口较少民族发展专项建设规划等,大力发展绿色、特色产业和旅游业。经过多年实践,人口较少民族聚居区产业结构发生了新的变化。例如,东北地区人口较少民族不再囿于单一的采集、渔猎、畜牧等传统生产方式和经济文化形态,逐步转变为农业、养殖业、旅游业等多业并举的发展格局,社会生产力实现了跨越式发展。人口较少民族相对聚居的内蒙古莫力达瓦达斡尔族自治旗、鄂伦春自治旗、鄂温克族自治旗三个自治旗 2016 年的三次产业结构比例分别为:45.3∶24.0∶30.7,32.4∶12.4∶55.2,6.5∶67.1∶26.4,

初步形成了产业结构多业并举的局面,群众增收渠道也不断拓宽。①

其次,旅游业成为人口较少民族发展的支柱产业。近几年,人口较少民族依托得天独厚的旅游文化资源,把旅游业打造成为精准扶贫的新引擎。在人口较少民族旅游业的发展中,最典型的当属俄罗斯族。内蒙古呼伦贝尔市恩和俄罗斯民族乡凸显边境生态文化及俄罗斯民族文化特色,着力打造"俄罗斯族家庭游"品牌,从事旅游业的家庭从2007年的10户增加到2016年的110多户,占全村人口的2/3,户年均纯收入约9万元,旅游业已发展为该乡的支柱产业。②

(三)城镇化进程加速与社会事业协调推进

在国家政府专项资金和相关民族政策的重点支持以及各级地方政府的多方帮助下,人口较少民族走上了健康、富裕的发展道路,人口较少民族地区不断向城镇化转型。2010年,全国城镇化率为49.68%,全国少数民族为32.84%。28个人口较少民族中,有9个民族城镇化率超过全国平均水平,具体为俄罗斯族84.59%、乌孜别克族68.34%、赫哲族67.7%、塔塔尔族59.56%、鄂伦春族58.81%、达斡尔族57.58%、京族54.86%、鄂温克族54.16%、锡伯族52.96%。有8个民族城镇化率低于20%,即这些民族超过80%的人口生活在农村,具体为保安族19.35%、柯尔克孜族19.03%、塔吉克族18.89%、独龙族16.65%、怒族16.48%、布朗族15.48%、德昂族15.12%、珞巴族14.12%。③

《扶持人口较少民族发展规划(2005—2010年)》实施以来,各地通过各种专项经费和项目建设,修建了村村通公路、文化室、卫生院、休闲娱乐活动场所,有些乡镇甚至建立了博物馆、民族风情园等,村民大多住上了砖瓦房或砖混结构的楼房,自来水、卫生间等设施一应俱全,电视、电脑、网络、手机等现代信息传媒技术已经走入普通家庭,医疗保

① 朴今海、王春荣:《社会转型视域下东北地区人口较少民族的生存与发展》,《北方民族大学学报》2018年第3期。
② 同上。
③ 国家民族事务委员会经济发展司:《中国人口较少民族发展报告(2015)》,民族出版社2018年版,第56页。

险、养老保险、低保等基本覆盖。人口较少民族聚居村基层公共文化服务设施得到改善,农(牧)区三级卫生服务网络进一步健全,社会保障体系逐步完善。2014 年底,人口较少民族聚居村新型农村社会养老保险参保率为 42.8%,比 2010 年提高 16.9 个百分点。民族教育事业不断进步,人口素质不断提升。2010 年,28 个人口较少民族中,有 10 个民族人均受教育年限指标超过全国水平,仅有 3 个民族未达到小学毕业水平。如表 6 所示。

表5　28 个人口较少民族人均受教育年限　　　　（单位：年）

民族	2000 年	2010 年	增长幅度
全国	7.62	8.81	15.62%
少数民族	6.70	7.88	17.70%
土族	6.15	7.88	28.17%
仫佬族	7.48	8.46	13.12%
锡伯族	8.90	10.00	12.36%
柯尔克孜族	6.88	8.21	19.41%
景颇族	5.96	6.95	16.72%
达斡尔族	8.82	10.06	14.11%
撒拉族	4.02	6.07	50.82%
布朗族	4.81	6.35	31.96%
毛南族	7.38	8.34	13.00%
塔吉克族	6.35	8.00	26.00%
普米族	5.36	7.37	37.48%
阿昌族	6.04	7.33	21.32%
怒族	4.78	6.90	44.21%
鄂温克族	8.57	10.08	17.51%
京族	7.93	9.00	13.48%
基诺族	6.28	7.69	22.39%
德昂族	4.92	5.81	18.22%

民族	2000 年	2010 年	增长幅度
保安族	3.85	6.79	76.23％
俄罗斯族	9.70	11.26	16.01％
裕固族	7.20	8.78	21.95％
乌孜别克族	8.90	9.97	12.04％
门巴族	3.21	5.22	62.98％
鄂伦春族	8.99	10.57	17.59％
独龙族	5.71	6.96	21.82％
赫哲族	9.36	10.74	14.78％
高山族	8.83	10.31	16.76％
珞巴族	3.56	5.65	58.98％
塔塔尔族	9.55	10.72	12.34％

数据来源:《中国 2000 年人口普查资料》《中国 2010 年人口普查资料》。

(四) 传统文化保护工作成效显著

大部分人口较少民族只有语言,没有文字,其民族民间传统文化的传承主要靠口传身授。"转产"之后,人口较少民族传统文化普遍面临断层和后继无人的发展危机,各级政府高度重视人口较少民族传统文化的收集整理工作,建立文化馆、博物馆等公共文化设施,成立各种文化团体,加快少数民族文献的整理、发掘与创作。十余年来,在各级政府的高度重视和各民族社会团体的积极努力下,人口较少民族的许多珍贵文化遗产,尤其是濒临消失的非物质文化遗产得到了有效的挖掘、整理和存储,反映人口较少民族文化艺术特色的舞台力作和艺术精品相继问世,成为人口较少民族最具影响力的文化名片。2011 年 12 月,根据国家民委统计,28 个人口较少民族有 79 个项目入选国家级非物质文化遗产名录,其中有 19 个民族的 27 个项目命名代表性传承人 35 人。[1]目

---

① 国家民族事务委员会经济发展司:《中国人口较少民族发展报告(2015)》,民族出版社 2018 年版,第 206 页。

前,人口较少民族已有 92 个项目入选国家级名录,有 44 名国家级非物质文化遗产代表性传承人。例如,中国鄂伦春族现有国家级非遗项目 6 项(其中,内蒙古 3 项,黑龙江 3 项):分别是鄂伦春族摩苏昆、赞达仁、桦皮船制作技艺、古伦木沓节、狍皮制作技艺等项目。省级(自治区)一至五批非遗项目共 34 项,其中,黑龙江省 27 项、内蒙古 7 项;①截至 2016 年,鄂温克族、鄂伦春族、达斡尔族、赫哲族、俄罗斯族 5 个人口较少民族共拥有 23 项国家级非物质文化遗产,分别占黑龙江省和内蒙古自治区国家级非物质文化遗产总数的 56％和 18％;2010 年黑龙江省国家级非遗——赫哲族"伊玛堪"被正式批准列入联合国教科文组织"急需保护的非物质文化遗产名录",填补了黑龙江省世界级非物质文化遗产的空白。② 不仅如此,人口较少民族地区充分发挥旅游业的引擎作用,以旅游业拉动文化产业,使民族传统文化得以活态传承,实现经济发展与文化保护双赢。另外,人口较少民族将本民族的传统艺术文化与民族工艺技艺应用到生产生活中,打造本民族的文化品牌,不断拓展增收渠道。

三 人口较少民族发展的若干问题与思考

在人类社会的发展进程中,任何民族都是在与其他民族的交往交流中生存和发展,在民族之间的长期交往交流中必然出现交融现象。因此,各民族交往交流交融,是社会发展的必然趋势,是中国民族关系的发展方向。

(一)人口较少民族的交流交往交融情况

民族交往,首先基于民族的生存发展利益。民族交往最初发生在与周边民族之间,首先发生在生产生活资料的物物交换上。随着社会

---

① 刘晓春、关小云:《鄂伦春非遗项目及传承研究》,《黑龙江民族丛刊》2018 年第 4 期。
② 朴今海、王春荣:《社会转型视域下东北地区人口较少民族的生存与发展》,《北方民族大学学报》2018 年第 3 期。

生产力的提高和社会交通工具的进步，以及人类生存发展的日益增长的物质和文化需要，民族交往的地理范围逐渐扩大，从周边到国内更远的地区，甚至是国外；民族交流的领域与内容逐渐拓宽，从经济领域到政治、文化领域，甚至是社会领域的民族间通婚；民族交融也在长久的民族交往中、深入的民族交流中自然而然地、逐步地进行着。

什么是民族交融呢？2010 年、2011 年，金炳镐先生在《中国民族报》《新疆师范大学学报》上发表了署名文章"论民族交往交流交融"，对"民族交融"进行了阐述。他指出："在民族交往交流中，各民族之间相互学习，我学习你的，你学习我的，你中有我，我中有你，你进步了，我也发展了，你是进步了你，我是发展了我，你还是你，我还是我，各民族共存共荣共赢，民族交融了。"例如，赫哲族在与满族、汉族的长期交往中，原有的亦渔亦猎的生产方式逐渐演变为亦渔亦农的生产方式，生产工具、生产技术上相互交流学习，相似性、相同性增多；原有的与亦渔亦猎的生产方式相适应的生活方式逐渐演变为与亦渔亦农的生产方式相适应的生活方式，因而在居室、饮食、服饰、风习逐渐变化，接受了不少周边民族特别是汉族的风俗习惯；赫哲族原有的渔猎文化、渔农结合文化等传统文化逐渐演变。

人口较少民族在社会领域的交流，特别是民族间通婚是民族交融的一大特点。以 2000 年第五次全国人口普查时的数据分析，28 个人口较少民族中，族际通婚率 50％以上的有 11 个民族。民族通婚率最高的是高山族 86.96％，其中与汉族通婚率 71.78％。其次是鄂伦春族，民族通婚率达 86.19％。赫哲族的民族通婚率是第三高的，达 84.13％，其中与汉族通婚率 77.60％，是中国与汉族通婚率最高的民族。通婚率 30％～49％以上的有 6 个民族，通婚率 20％～29％以上的有 5 个民族，通婚率 10～19％以上的有 4 个民族，通婚率 10％以下的有两个民族。如表 6 所示。

受民族居住条件（民族杂居程度）和宗教信仰等因素的影响，塔塔尔族、乌孜别克族、撒拉族、塔吉克族、柯尔克孜族、保安族和珞巴族、门巴族、怒族、德昂族 10 个民族的民族通婚率中与汉族通婚率不到 10％。特别是新疆的乌孜别克族、柯尔克孜族和甘肃的保安族的民族通婚率中与汉族通婚率在 1％左右(1.84％、1.05％、0.97％)。民族间通婚对人口较少民族人口增长作用很大。以第二次到第六次全国人口普查数据为例,赫哲族人口 1964 年为 718 人、1982 年为 1489 人、1990年为 4254 人、2000 年为 4640 人、2010 年为 5354 人,46 年中增加 6.44倍。与此同时,民族间通婚也促进了各民族之间的文化交流和发展。例如,在呼伦贝尔三个人口较少民族自治旗,无论是汉族,还是少数民族,一个人会讲多种语言的现象比较普遍,有的家庭由七个民族组成,用多种民族语言交流。

表 6　人口较少民族族际通婚率(2000 年第五次全国人口普查数据)

民族	族际通婚率(％)	民族	族际通婚率(％)
高山族	86.96	毛南族	33.68
鄂伦春族	86.19	普米族	32.83
赫哲族	84.13	土族	31.56
俄罗斯族	83.20	怒族	29.90
塔塔尔族	76.20	阿昌族	29.36
锡伯族	75.25	布朗族	28.08
鄂温克族	67.92	保安族	27.82
达斡尔族	56.08	基诺族	21.70
京族	54.28	门巴族	17.42
乌孜别克族	52.92	德昂族	15.69
仫佬族	51.76	景颇族	15.55
独龙族	46.06	撒拉族	13.94
裕固族	40.98	塔吉克族	7.99
珞巴族	39.77	柯尔克孜族	5.51

族际通婚是测度不同民族相互关系和深层次融合程度的一个重要指标。2010 年全国少数民族族内通婚比例为 78.53％,族际通婚率为21.47％。28 个人口较少民族中,有 11 个民族的族际通婚率超过50％,即族际婚姻比例超过族内通婚率的比例,其中有 4 个民族族际通

婚率超过 80%，具体为鄂伦春族 88.63%、赫哲族 87.44%、俄罗斯族
85.54%、高山族 80.36%。有 15 个民族族际通婚率在 10%～50%之
间，有 2 个民族的族际通婚率低于 10%，分别为柯尔克孜族 4.29%、塔
吉克族 2.84%。2000—2010 年，28 个人口较少民族中，有 21 个民族
的族际通婚率上升，有 7 个民族族际通婚率下降。[①] 如表 7 所示。

表7　2000—2010 年 28 个人口较少民族族际通婚率变化情况

（单位：百分点）

民族	2000 年	2010 年	变化	民族	2000 年	2010 年	变化
土族	31.56%	36.43%	4.87	京族	54.28%	63.71%	9.43
仫佬族	51.76%	52.38%	0.62	基诺族	21.7%	27.89%	6.19
锡伯族	75.25%	75.53%	0.28	德昂族	15.69%	19.56%	3.87
柯尔克孜族	5.15%	4.29%	-0.86	保安族	27.82%	32.99%	5.17
景颇族	15.55%	20.46%	4.91	俄罗斯族	83.2%	85.54%	2.34
达斡尔族	56.08%	58.98%	2.9	裕固族	40.98%	42.39%	1.41
撒拉族	13.94%	13.81%	-0.13	乌孜别克族	52.92%	%51.76	-1.16
布朗族	28.08%	30.94%	2.86	门巴族	17.42%	22.78%	5.36
毛南族	33.68%	40.41%	6.73	鄂伦春族	86.19%	88.63%	2.44
塔吉克族	7.99%	2.84%	-5.51	独龙族	46.06%	34.76%	-11.3
普米族	32.83%	34.11%	1.28	赫哲族	84.13%	87.44%	3.31
阿昌族	29.36%	35.07%	5.71	高山族	86.96%	80.36%	-6.6
怒族	29.9%	42.81%	12.91	珞巴族	39.77%	42.06%	2.29
鄂温克族	67.92%	70.39%	2.47	塔塔尔族	76.20%	71.37%	-4.83

数据来源：《中国 2010 年人口普查分民族人口资料》。

---

① 国家民族事务委员会经济发展司：《中国人口较少民族发展报告（2015）》，民族出版社
2018 年版，第 57 页。

28 个人口较少民族中，每个民族都与众多民族有着通婚关系，两个民族间的通婚程度，受多种因素影响，如居住地、宗教信仰、传统风俗、城镇化程度、语言文化等，各民族之间的通婚率差别较大。汉族与 55 个少数民族都有通婚。28 个人口较少民族中，土族与 34 个民族通婚。人口只有 5354 人的赫哲族与 26 个民族通婚。

中国 56 个民族族际通婚是神州大地社会细胞中的一道亮丽风景。历史证明，各民族交往交流交融是社会发展的必然趋势，是民族繁荣发展的必然走向。

（二）保持和创新民族特色是人口较少民族发展的实质和关键

在加强、促进、扩大各民族交往交流交融中，各民族间共同性（交融因素）逐渐增多，这是量的变化过程；同时，各民族的保持质的差异性（特色因素）还存在，这是民族发展的质的持续过程。因此，关键是要正确认识交融和特色，切实包容多样、尊重差异。民族发展，从理论上说，实质上是民族演进的质和量的提高；从实践上说，实质上是不断满足民族的人们日益增长的物质和文化需要。

在人口较少民族的发展中，在加强、促进、扩大人口较少民族与其他民族的交往交流交融中，一方面，保持民族传统特色是人口较少民族作为 56 个民族大家庭的一员繁荣发展的关键。保持民族传统特色的变迁中体现民族交融因素。另一方面，以民族传统特色为基因，以民族交融因素为构建要素，创新体现时代性、多样性、创造性的民族现代特色。这样，保持的民族传统特色和创新的民族现代特色结合，显现出繁荣发展中的人口较少民族的当代民族特色。以赫哲族文化发展为例，赫哲族"伊玛堪"与汉族皮影戏结合的文艺表演、以现代歌舞剧形式表演的"乌苏里传歌"，都非常成功，既保持了民族传统特色，又体现了民族传统特色基因基础上创新的民族现代特色。①

在人口较少民族的发展中，民族交融是定势。要加强、促进、扩大人口较少民族与其他民族的交往交流交融。在人口较少民族的发展

---

① 金炳镐：《交融与特色：人口较少民族发展的奥秘》，第二届中国赫哲族发展高峰论坛论文集，2017 年。

中,民族特色是变量。如果较好地保持民族传统特色,这个民族就发展;如果不仅保持民族传统特色,还超越民族传统特色,又创新民族当代特色,这个民族就发展繁荣;如果逐渐失去民族传统特色,又未能创新民族当代特色,这个民族的发展就停滞不前或走向同化或名存实空。因此,民族特色变量的度是关键。①

如何传承民族传统文化? 例如,赫哲族传统文化中的鱼皮文化、桦树皮文化等是赫哲族历史上生产生活和自然环境的反映,也是赫哲人利用自然、适应自然和保护自然环境的智慧的结晶。当前传承赫哲族传统文化,不仅仅是制作鱼皮服饰、鱼皮画、桦树皮制品、桦树皮画,而是传承赫哲族传统文化的精神内涵和文化精髓,那就是赫哲族的适应自然和社会环境的创造精神、创新智慧和创造技巧、创新工艺。这是赫哲族人民在任何环境中能够生存发展的民族精神、文化精髓。

(三) 对口帮扶合力推进人口较少民族发展

2014 年,2116 个聚居村中,有对口帮扶单位的村有 1699 个,占80.3%;有 1671 个村派有驻村蹲点帮扶干部,占 79.0%。上海市先后开展对口帮扶云南省德昂族、独龙族两个民族实施帮扶工作,共投入专项资金 11338 万元,被帮扶村呈现出"村容整洁、干净卫生、环境优雅、生态文明"的新景象。② 同时,积极协调动员上海各宗教团体、医院、学校、企业等社会各界、企事业单位参与帮扶,支教、支医、人才培养、劳务输出等工作。通过创新帮扶模式,引导群众亲自参与项目建设,使德昂族、独龙族群众深刻感受到自己的家园日新月异,极大地激发了群众建设美好家园的热情。

对口帮扶人口较少民族的发展,充分体现了平等、团结、互助、和谐的新型社会主义民族关系,是中华民族同呼吸、共命运、心连心的真实写照,为做好新形势、新阶段民族工作拓展了思路和内容。

---

① 金炳镐:《交融与特色:人口较少民族发展的奥秘》,第二届中国赫哲族发展高峰论坛论文集,2017 年。
② 国家民族事务委员会经济发展司:《中国人口较少民族发展报告(2015)》,民族出版社2018 年版,第 57 页。

(四)"整乡推进整族帮扶"项目具有开创性意义

2014年,云南省启动实施整乡推进整族帮扶项目。2019年3月8日,在十三届全国人民代表大会"代表通道"上,来自云南省怒江州贡山县人大常委会主任、党组书记马正山代表宣告:"独龙族从整体贫困实现了整族脱贫。"习近平主席亲自写信祝贺独龙族整族脱贫!独龙族之所以能够在短期内实现"整族脱贫",是兼具天时、地利、人和之结果,同时也是充分发挥脱贫主体生存智慧的结果。天时,乃从20世纪80年代以来,中国历届政府所努力的"脱贫路上一个也不能少"主旨的实践,不因独龙族地处偏远,不因人口稀少,不因发展基础薄弱而被忽略,相反为此加大投入;地利,乃是对独龙族个人、家庭、民族脱贫至关重要的多种经营新生计方式的得天独厚的自然环境;人和,乃广大民众的脱贫诉求、民族精英的发展愿景,与共产党"脱贫路上一个也不能少"的主旨的有机结合。因此,独龙族的脱贫路,不仅具有率先实施"整乡推进整族扶持"项目的开创性意义,也有享受此政策的人口较少的民族率先"整族脱贫"的典型意义,更有政府、精英、民众三重力量共同推进"整族脱贫"模式的实践意义。①

四 人口较少民族发展典型事例: 鄂伦春族七十年

鄂伦春族是中国28个人口较少民族之一。20世纪50年代,经政府识别而确定。主要分布在内蒙古自治区呼伦贝尔市鄂伦春自治旗、扎兰屯市、莫力达瓦达斡尔族自治旗和黑龙江省的黑河市、逊克县、呼玛县、嘉荫县等地。2010年第六次人口普查统计,全国有鄂伦春族8659人。

1949年中华人民共和国成立时,整个鄂伦春族仍生活在大、小兴

① 高志英、沙丽娜:《整乡推进整族帮扶:独龙族整族脱贫实践研究》,《广西民族大学学报》2019年第4期。

安岭的密林深处,以狩猎为生。1951年,新中国第一个少数民族自治旗——鄂伦春自治旗宣告成立。为鄂伦春族设立自治地方,充分说明中央政府对人口特少民族的重视。1953年,黑龙江省300多户、1303名鄂伦春同胞下山定居,鄂伦春人从此告别了世代以游猎为生的历史。下山定居是鄂伦春族发展史上的里程碑,它不仅让鄂伦春族群众过上了安居乐业的生活,也有力地推动了整个民族的社会经济发展。

新中国成立前,战争、瘟疫、传染病夺去了无数鄂伦春人的生命。新中国成立以来,中国共产党和政府采取各项措施改善鄂伦春族的医疗卫生条件,如对鄂伦春族进行免费医疗,组成巡回医疗队,为鄂伦春族医治各种疾病。随着医疗水平不断提高,卫生条件逐渐完善,鄂伦春族的健康状况得到了明显的改善。首先,鄂伦春族人均寿命大幅度提高。1953年,大兴安岭地区的鄂伦春族群众人均寿命44岁,结核病发病率高达25%;2014年,人均寿命提高到68岁,结核病发病率下降到1.67%。其次,鄂伦春族人口稳步增长。1953年,鄂伦春族下山定居时,人口只有2251人;1964年第二次全国人口普查时为2709人;从1964年开始,鄂伦春族人口增长速度加快,1982年第三次全国人口普查时为4132人;20世纪80年代,是鄂伦春族人口增长最快时期,至1990年第四次全国人口普查时达到7004人;2000年第五次全国人口普查时为8196人,2010年第六次全国人口普查时人口达到8659人。从1953年至2010年的57年间,鄂伦春族人口增长了6408人。

鄂伦春族只有自己的语言,没有自己的文字。他们进行教育的方法,主要是狩猎采集实践。新中国成立以前,部分鄂伦春族地区曾经创办过学校,但学校教育时断时续,受到教育的人极少,基本没有形成完整的学校教育体系。定居以后,在党和政府的帮扶支持下,鄂伦春民族教育逐步走上了全面发展的新历程,九年义务教育和高等教育,得到前所未有的发展,人口素质得到普遍提高,高学历人口数量逐年上升,在全国少数民族中名列前茅。2001年2月,修改后的《中华人民共和国民族区域自治法》规定"高考和中专招生时,对人口特少的少数民族考生给予特殊照顾",这是国家法律上第一次出现有关人口较少民族的规定。目前,鄂伦春族适龄儿童入学率达到100%,鄂伦春族中小学寄宿生实行全部免费教育。2010 年,全国人均受教育年限为 8.81 年,少数民族人均受教育年限为 7.88 年,鄂伦春族人均受教育年限为 10.57 年,超过全国水平。2010 年,鄂伦春族大学(大专)以上文化程度人口 638 人,占民族总人口的 17.6%;2019 年,鄂伦春族博士文化程度人口 8 人,占民族总人口的千分之一。①

回首七十年发展历程,鄂伦春族经历了以狩猎为主到多种经营的经济转型过程。在国家政府专项资金和相关民族政策的重点支持以及各级地方政府的多方帮助下,鄂伦春族走上了健康、富裕的发展道路。以黑龙江省为例,"十一五"期间至今,国家和黑龙江省共为鄂伦春族乡村投入少数民族发展资金等达 1.5 亿元,实施了 114 个生产生活项目,使鄂伦春族地区基础设施、公益事业等发生了明显的变化。黑龙江省鄂伦春族村全部建成通村公路,路面硬化率达到 100%,村民住房全部达到砖瓦化,农田机械化耕作率达到 95% 以上。全省鄂伦春族村都实现了通自来水、通电、通有线电视,村村设有文化室、卫生室。1951 年,鄂伦春自治旗鄂伦春族猎民的人均收入只有 68 元,1995 年为 1680 元,2005 年达到 2894 元。2014 年,全国鄂伦春族农民人均纯收入为 9492 元,在 28 个人口较少民族中名列第七位。鄂伦春自治旗 2016 年的三次产业结构比例分别为:32.4∶12.4∶55.2,初步形成了产业结构多业并举的局面,群众增收渠道也不断拓宽。与此同时,人口较少民族地区不断向城镇化转型。2010 年,全国城镇化率为 49.68%,全国少数民族为 32.84%。鄂伦春族为 58.81%,城镇化率超过全国平均水平。

鄂伦春族传统文化可以分为萨满文化、狩猎文化、兽皮文化、桦树皮文化、民俗文化、饮食文化、医药文化、森林知识、歌舞文化等九大体系,这不仅是鄂伦春族的宝贵财富,也是中华民族多元文化不可或缺的一部分。鄂伦春族只有语言,没有文字,其民族民间传统文化的传承主要靠口传身授。人口较少民族传统文化普遍面临断层和后继无人的发展危机,各级政府高度重视人口较少民族传统文化的收集整理工作,建

---

① 刘晓春:《推动鄂伦春民族文化创新性发展》,《中国社会科学报》2019 年 4 月 12 日。

图 4-3　鄂伦春莫日根民间艺术团成员　摄影：刘晓春

立文化馆、博物馆等公共文化设施，成立各种文化团体，加快少数民族文献的整理、发掘与创作。目前，鄂伦春族有国家级非遗项目 6 项，省级一至五批非遗项目 34 项。近几年，鄂伦春族地区依托得天独厚的旅游文化资源，把旅游业打造成为精准扶贫的新引擎。2016 年，鄂伦春自治旗接待游客 60.4 万人次，实现旅游收入 4.8 亿元，两项指标连续多年实现两位数的增长，保持了良好态势。拓跋鲜卑历史文化园、布苏里北疆军事文化旅游景区、达尔滨湖国家森林公园升级改造完成，晋升为国家 4A 级旅游景区。大型舞台剧《勇敢的鄂伦春》和民族歌舞诗《山岭上的人——鄂伦春》在北京、台湾、呼和浩特等地成功巡演。2015年，自治旗荣获"中国品牌节庆示范基地"，多布库尔猎民村荣获"2016中国美丽休闲乡村"称号。①

　　鄂伦春族狩猎文化是国家软实力和文化多样性的重要体现，是中华各民族共同繁荣和发展的标识。"敬畏自然、遵从自然、诚实勇敢、爱国至上"是鄂伦春人的基本价值理念。作为森林民族，鄂伦春猎民具有

---

① 刘晓春主编：《中国民族地区经济社会发展报告·鄂伦春自治旗卷》，中国社会科学出版社 2018 年版，第 322 页。

丰富的地方性知识和技能,为国家义务护林、义务戍边数十载,在大、小兴安岭生态环境和森林保护方面的作用无法替代。作为边疆、边境民族,在中华民族的历史上,鄂伦春族和其他民族一道,共同抗击沙俄入侵,共同打击日本侵略者,为捍卫祖国疆土做出了贡献。作为中俄跨界民族,鄂伦春族积极投身国家"一带一路"战略,成为两国通古斯民族文化交流的重要纽带。鄂伦春族群众自觉把民族命运同国家的改革发展稳定紧紧联系在一起,中华民族共同体意识进一步加强。

鄂伦春自治旗成立以来,坚持落实民族区域自治法赋予的权利。专门出台一批地方性法规政策,如《鄂伦春自治旗自治条例》《鄂伦春自治旗环境保护条例》《鄂伦春自治旗立法条例》《鄂伦春自治旗人口发展促进条例》《鄂伦春自治旗民族教育条例》《鄂伦春自治旗鄂伦春民族民间传统文化保护条例》《鄂伦春自治旗旅游条例》等一批具有鲜明民族特色的地方性法规,充分保障了各民族共同繁荣发展。

鄂伦春族在享受改革红利的同时,传统文化也得到恢复和发展,民族自信心、自豪感、幸福感和参与感得到不断增强。一批具有较高学历的鄂伦春族优秀人才被选拔或推荐成为各级党委、政府的干部和管理人员。据统计,目前,黑龙江省有鄂伦春族干部248人,各级干部占鄂伦春族总人口的6.11%。为贯彻落实党的民族政策,黑龙江省定期推荐鄂伦春族优秀代表成为国家、省、市、县各级人大代表和政协委员,近年来共产生各级人大、政协代表委员48人。他们积极参政议政、建言献策,参与国家事务的管理,为经济社会发展发挥了积极的作用,为国家的现代化建设做出了贡献。

扶持人口较少民族政策的实施,切实提升了人口较少民族地区的经济社会发展水平,人口较少民族地区呈现出经济发展、社会和谐、民族团结的喜人局面。

五 对近现代鄂伦
春族社会性质的再认识

鄂伦春族是中国 56 个民族之一，20 世纪 50 年代经政府识别而确定。森林孕育了鄂伦春族，狩猎是鄂伦春族最重要的生产活动。1949年中华人民共和国成立时，整个鄂伦春族仍生活在大小兴安岭的密林深处，以狩猎为生。自 1951 年开始，政府在鄂伦春族地区逐步推行建立自治旗和猎民乡镇，定居，转产，禁猎，直至目前的以农为主和多种经营，到 20 世纪末，整个民族（除个别乡村）基本"禁猎转产"。据 2000 年人口普查统计，全国有鄂伦春族 8196 人；2010 年统计有 8659 人。正确认识近现代鄂伦春族的社会性质，具有重要意义，同时，也是对一种文化的尊敬。

　　众所周知，人类社会的发展是很不平衡的。当社会历史主流进入资本主义时代以后，世界上仍然有许多民族继续保留着传统的狩猎生产。事实证明，由于狩猎民族所处生态环境的特殊性，狩猎经济有其存在的合理性和必要性。狩猎经济是人类史前共有经济形态，但是，近现代鄂伦春族的狩猎经济和史前的狩猎经济完全是两个不对等的概念，鄂伦春族保留下来的狩猎经济则代表了狩猎文明的最高水平。

　　划分历史阶段必须有一个比较客观的标准和找出明显的标志才能有其意义。近代史学家往往是依据马克思主义的原理将中国历史划分出这样的几个阶段：1. 原始社会；2. 奴隶社会；3. 封建社会；4. 资本主义社会；5. 社会主义社会（共产主义社会）。

　　首先，这样的划分是依据生产资料所有制的形式为标准的。这在马克思所处的资本主义社会是普遍现象，可以成立。可是，这一理论必须与中国的历史实践相结合，才能体现出经典理论的意义。但是，中国的史学家往往机械地套用马克思主义的理论，反而把中国的民族历史搞复杂了。因为，几千年的中国历史，还是很少出现像西方国家那样，由于大规模的生产所引起的社会变革。中国的分久必合、合久必分的天下大势，带来的往往是对生产力的巨大的破坏。而中国的经济文化和繁荣,在相对和平时期是一个渐变过程。所以,以生产关系和生产力的标准来划分中国历史时期,其结论必然是模糊的。至今,人们对于中国封建社会开始的历史时期还存在着争议,这说明,我们也不知道历史学家对于"封建"二字的翻译有误还是中西概念不同,造成了对于中国封建时代产生了误解。由此,20世纪50年代,学术界得出"鄂伦春族在中华人民共和国成立前仍处于原始社会阶段的结论"也不足为奇。但是,这个定论很难自圆其说。而且,在英语单词中,"原始社会""原始民族"是贬义词,带有歧视性,即落后的、野蛮的。把这样的概念冠以鄂伦春族60余年,是对鄂伦春历史的误读,而且,也不利于当代和谐社会的构建。

一 "弃猎归农"政策的实施

老一辈学者认为,"新中国成立以前,鄂伦春族处于从原始社会向阶级社会过渡的'村社'阶段"。[①] 笔者认为,"原始社会"这一表述不够严谨,缺少说服力。狩猎民族的生产方式比较特殊,特殊的生态环境造就了特殊的生产方式,与社会性质并无必然的关系。而且,在近现代历史上,部分鄂伦春族已经开始从事农业生产,下山定居,饲养家畜,创办学校,与其他民族进行商品交换。

鄂伦春族经营农业,是从19世纪末和20世纪初,在周围民族的影响下,在库玛尔路的喀尔通和毕拉尔路的双河镇等半山区的个别部落中先后开始的。特别是在周围达斡尔人和汉人的影响下,在鄂伦春人猎区的边缘出现了一些零散的农业。据史料记载,"同治八年(1869)在墨尔根城附近(今黑龙江省嫩江县),就有十来户鄂伦春人耕种农田。"但总的来看,农业只是在个别地方开始,面积很小,耕作很粗放,而且又是狩猎、农业同时经营,农业并没有在整个鄂伦春族地区普遍出现。鄂

① 袁天伟、邢友德、黎虎:《对解放前鄂伦春族社会性质的探讨》,《民族研究》1959年第2期。

伦春族较大规模经营农业,主要还是在"弃猎归农"的"收抚"政策推动下搞起来的。中华民国初期,政府为了防范沙俄的入侵、巩固边疆以及达到便于统治鄂伦春族的政治目的,对鄂伦春族采取了"弃猎归农"的"收抚"政策。为了使鄂伦春族固守农业,民国三年(1914),黑龙江省地方当局拨出大量荒地,作为鄂伦春族生计地,并制定了《生计地移垦章程》,责令在五年内完成。同时,为了保证完成开垦计划,刺激猎民从事农业的积极性,还制定了经营农业补助暂行办法,如由政府拨给定居建筑费、垦荒费、牛马以及农具、车辆等。农业一时得到发展:"置城村之后,按户口之多寡,壮丁之若干,应于农隙讲武,操练枪法,教以保卫之道,无事则居家为农,有事则举戈入伍"。[①] 据当时库玛尔路统计:到民国十二年(1923),已建村 12 个,建房 93 撮,开熟地 450 垧,占全路境内猎民户数的 25% 左右。据毕拉尔路统计:建村 11 个,建房 48 撮,开熟地 275 垧,务农户 43 户。但是建筑的村屯和开垦的土地,多数集中在佐领等官员手中。如库玛尔路镶黄旗头佐佐领吴音吉善,于民国七年(1918),在宏户图种地 80 余垧。到民国二十四年(1935),有熟地 200余垧,马 70 多匹,牛 30 多头。

由狩猎经济转向农业经济是生产方式的进步。农业生产使鄂伦春人由游猎走向定居,打破了闭关自守的状况,丰富了鄂伦春人物质生活的内容,促进了鄂伦春族文化与内地文化的联系。鄂伦春族定居以后,不论在生产和生活方面都发生了深刻的变化。农业的出现,使鄂伦春族的物质生活也有了很大的改善和提高,他们不再以兽肉作为单纯的主食了,而是兽肉和粮食并用。同时,定居点的出现,使鄂伦春人在一定程度上发展了家畜饲养业。另外,随着定居而来的是,在宏户图有了鄂伦春族小学。民国五年设立了寄宿制的初级、高级小学校四所,招收鄂伦春子弟入学。民国五年招收学生 30 名;民国九年招收 40 名;民国十四年招收 30 名。"九一八"事变发生后,宏户图初级小学便停办了。总计,宏户图初级小学共招生 100 名,毕业的 90 名左右,其中升入高小的 50 名。高小毕业的 28 名,高小肄业的 10 余名,初中肄业的 1 名。

———————————————

① 《库玛尔路鄂伦春族档案材料》,1916 年。

当时鄂伦春子弟入学虽然出于被迫,但他们通过学习却掌握了一定程度的汉字和满文,客观上促进了鄂伦春族文化的发展。与此同时,在一部分定居务农的鄂伦春人中,还出现了土地占有的不平衡现象。这一时期,鄂伦春族发展农业生产的目的已不再是简单地为自己解决口粮,自己消费的仅占其中的极小部分,绝大部分都是作为商品在市场上出售的。随着大土地经营者的出现,雇佣关系同时也在鄂伦春人中间出现了。①

综合上述,鄂伦春族在新中国成立前所保留下来的所谓的"原始时代的民族",更多的是他者的"判断和认知",这一结论忽略了鄂伦春族作为狩猎民族的个体特性。定居、从事农业生产、发展教育、私有制经济的产生,这是原始社会吗? 所以,应该客观地分析狩猎经济的独特性及其历史背景,只有这样才能正确地揭示鄂伦春族在近现代的社会性质。

二 鄂伦春族狩猎经济和史前狩猎经济的概念

至少在 17 世纪中叶清朝统治之前,鄂伦春族狩猎的主要工具仍然是弓箭;火枪取代弓箭成为主要的狩猎工具,大体经历了从 17 世纪中叶到 18 世纪中叶的一百年时间。鄂伦春族没有系统的工业制造体系,无法自行制造枪支,所有鄂伦春猎民使用的枪支都是与外部交换而来。枪支取代弓箭,经历了很长一个过程。最早传入鄂伦春地区的枪支是火枪,主要包括"火绳枪""火镰枪"和"炮子枪"。1682 年,清朝为了抵抗沙俄的侵略,从乌拉、宁古塔调兵 1500 人去黑龙江、呼玛尔两处,这些军队便装备着"红衣炮鸟枪"。② 这支军队与鄂伦春人一起参加了雅克萨之战,鄂伦春人掌握了更多使用火器的方法。随着火枪技术的发

---

① 刘晓春:《试论"弃猎归农"政策对鄂伦春社会发展的进步作用》,《内蒙古社会科学》1988 年第 1 期。
② 《清圣祖实录》卷 106,中华书局 1985 年版。

展,较为先进的鸟枪开始流入鄂伦春。真正确定枪支作为鄂伦春主要生产工具的标志,是俄国"别拉弹克"步枪的流入,19世纪末,这种比火枪更加先进的步枪开始传入鄂伦春地区。步枪较火枪有了极大的进步,不仅攻击力、射程、射击精度有了很大的提高,而且体积小、对自然恶劣条件的适应程度更高。在操作方式方面,步枪也有了更新的要求,射击过程中要考虑距离、弹道、射击角度、子弹离心力等因素。

中央民族大学经济学院硕士研究生陈壮认为,枪械狩猎工具的广泛应用,使鄂伦春族狩猎方式达到了历史上从未有过的高度。枪械成为鄂伦春族常见的生产工具,使用时间至少持续了200年。国内外很多学者将鄂伦春的狩猎生产称为"原始狩猎"是不恰当的。单从狩猎工具和技术来说,鄂伦春族并不是原始、落后的,它和史前的狩猎经济完全是两个不对等的概念。①

鄂伦春人从17世纪开始使用火枪;19世纪使用俄制步枪;在北洋军阀时期、民国、东北沦陷时期也几乎使用着最先进的武器;尤其在日俄战争期间,大批俄国先进步枪通过各种渠道进入鄂伦春地区。这使鄂伦春猎人的武器装备优于当时中国正规陆军部队,射击技术也不低于优秀的射击士兵。"十九世纪到二十世纪初,鄂伦春人使用的现代步枪有七九式、九九式、四四式,步枪的有效射程为400米。"使用这种"高级"生产工具的狩猎方式亦不能被称为原始狩猎,相反鄂伦春人创造了历史上罕见的生产方式,即用工业革命的产品进行传统狩猎生产。

三　贡赏制度与狩猎经济的商品化

历史上,贡貂是北方少数民族向中央王朝按期上贡貂皮特产,以示臣服。贡貂制度的形成是在清朝初期,起初亦无明确定制。布特哈八旗制度实施以后,清廷对鄂伦春氏族提出了明确的贡貂要求,规定了贡

---

① 陈壮:《鄂伦春族经济史》,中央民族大学硕士学位论文,2015年,第33页。

品的品质、数量和上供周期。贡貂制度是清政府官僚集权制社会的经济现象,并非一般商品经济现象。贡赏之间没有固定的交换比例,更无价值规律可循。

清廷要求鄂伦春氏族贡貂的目的有二:其一,清廷为彰显其对索伦部的统治地位,各氏族需缴纳贡品以示臣服;其二,清廷统治者对貂皮本身使用价值的追求。清廷并非仅单项收受贡品,而是以赐还的形式交于鄂伦春氏族赏品,以示皇权威严。鄂伦春氏族地处边疆,所以颇受清廷关顾。贡貂多属象征性礼节,而少有经济意义,而赏品大大多于贡品。布特哈八旗兵役制度之后,贡貂的数量和次数明显增大,貂皮自有的经济价值受到清廷的重视,官方谙达(商人)与鄂伦春人的经济联系开始主导贸易格局。[①]

贡赏制度本身是官僚集权制经济的体现,其性质与当时清朝实行的人头税、田亩税类似。与农业税不同的是,贡貂制度是贡品赏品不等价交换的结果,且赏品的使用价值大于贡品的实际价值。这种现象的初始原因是清廷对鄂伦春氏族的一种经济安抚政策,但在政策落实过程中官吏的盘剥异化了政策本身,贡赏制度后期逐渐演变成完全的不等价交换,且贡品价值大大高于赏品。这些因素刺激了鄂伦春猎产品商品化的进程,从而加快了商品经济市场化发展进程。

清廷将铁制品、米面、火枪和布料等用品配发至鄂伦春氏族。这些先进的生产生活用品在布特哈官员的引导使用下,使鄂伦春人的生产能力、生活水平有了极大的提高。鄂伦春人在清朝之前与外来的物品有过接触,但不普及。能够像清廷这样种类多、数量较大的配发生产资料亦属鄂伦春历史首次。清廷的配发赏品制度为鄂伦春经济社会独有模式存续提供了重要的契机。

官方谙达带来的交换物品较清廷配发的赏品而言种类更多,范围更广。各类新奇的物品在此阶段开始流入鄂伦春社会,使鄂伦春人眼界大开。清廷为了统治和社会安定,不会把枪支弹药类的物品配发给鄂伦春人。但谙达则全无顾忌,他们将当时世界最为先进的武器带给

---

① 陈壮:《鄂伦春族经济史》,中央民族大学硕士学位论文,2015 年,第 65 页。

鄂伦春人,直接作用于鄂伦春狩猎的生产。在此阶段鄂伦春的狩猎经济达到了历史上最高的阶段,猎产品的产量和种类也明显上升。贡赏制度和谙达制度虽然不是完全性质的商品化贸易,但却开启了鄂伦春猎产品买卖的市场。

鄂伦春氏族在与周边民族的交往中,商品交换日益频繁,谙达制度和贡貂制度更加刺激了鄂伦春氏族商品经济的发展。鄂伦春族整体与外界的交流起始于清朝布特哈衙门时期。自此,鄂伦春氏族的狩猎采集经济与周围其他民族的农业、畜牧业、工业经济联系在一起,并成为商品交换的直接原因。

在清廷取消布特哈衙门和谙达制度之后,大批的商人开始进山与鄂伦春人进行交易。其主要动因是商人对鄂伦春人猎产品经济价值的追逐。鄂伦春人猎产品的生产效率有限,能够提供的猎产品数量也较为固定。为了获取鄂伦春人的猎产品,商人之间展开了一系列的竞争。绝大多数商人采取提高收购价格的方式去争取鄂伦春人手中的猎产品;在面对不愿意使用货币结算的鄂伦春人时,即提高易货比例。在此作用下,鄂伦春人对外界产品的依赖逐渐加强。同时,鄂伦春氏族与外部其他民族的联系变得更为紧密。

贸易目的的确立是开始交易的前提,鄂伦春人为了取得谙达和商人手中的生活必需品,必须与其进行商品贸易。鄂伦春人为了获取更多的交换产品必然会加快生产效率,猎产品的生产也逐步从按需所求变为多多益善。这使得猎产品开始具有商品交换的属性,猎产品的交换价值亦逐步被鄂伦春人所认知。

生产力的提高,猎产品的增加,使交换得到了进一步发展。清朝时期,出售的猎品,只有貂皮、狐狸皮、猞猁皮、水獭以及鹿茸、熊胆等猎品;到了民国时期,猎产品进一步商品化,如过去从不出售的鹿胎、鹿尾、犴茸、灰鼠皮、狼皮、鹿皮、狍子皮等都作为商品大量出售,甚至有些鄂伦春人自用的狍皮服装和桦树皮制品也开始成为商品。[①]

商品交换直接促进了狩猎经济的商品化,其最直接的例子就是狩

---

① 赵复兴:《鄂伦春族研究》,内蒙古人民出版社 1987 年版,第 54 页。

猎工具和狩猎方式的变化。枪械等先进武器作为商品交换到鄂伦春人手中，提高了狩猎生产能力和猎产品的产量；而猎产品的产量提高与谙达商人交予鄂伦春人的商品数量成正比，因而提高了鄂伦春人的生产生活水平。

中央民族大学经济学院硕士研究生陈壮认为，狩猎经济的商品化，体现在猎产品数量和猎产品质量两个范畴，其中心目的是提高猎产品在市场中的交换价值。狩猎经济的商品化对于鄂伦春氏族来说至关重要，认清商品和商品交换的价值属性对于鄂伦春人来说意义重大。鄂伦春猎产品通过市场走向世界，这使得身处密林深处的鄂伦春人与当时世界最前沿的时装市场充满联系，可以让鄂伦春氏族一夜之间接触到世界上最为前沿的产品。这样鄂伦春族的经济生活和国际国内市场联系起来，而不是孤立的、自给自足的自然经济了。猎产品商品化的结果是，鄂伦春人通过交换，获得了更为先进的生产工具，先进的狩猎工具必然会提高狩猎效率，从而促进了生产关系的变化。[1]

总之，从鄂伦春族历史发展脉络来看，"狩猎文化是落后的，狩猎经济是原始社会残余""鄂伦春族从原始社会一步跨越到社会主义社会"等学术定论有悖史实，有待商榷，特别是在学术研究中被广泛使用很不严谨。尤其是在经济全球化的背景下，冠以鄂伦春族的"原始民族""原始社会"等称谓可以休矣。

四 鄂伦春猎人访谈[2]

访谈对象：吴宝荣，男，鄂伦春族，1954 年生人，黑河市新生鄂伦春族乡村民。

以下内容为刘晓红访谈笔记：

---

[1] 陈壮：《鄂伦春族经济史》，中央民族大学硕士学位论文，2015 年，第 68 页。
[2] 访谈人：刘晓红。访谈时间：2017 年 9 月 11 日。访谈地点：黑龙江省黑河市新生鄂伦春族乡。

2017 年 9 月 10 日下午两点,上了小东回新生的大客车,就听到车下有个女人喊,屋里有两个新生乡的人在喝酒,说新生乡的车来了就让进去叫他们。小东媳妇进了饭馆,随后看到葛川川和宝荣哥从饭馆出来。宝荣哥的四方大脸和穿透力极强的声音在人群里显得那样与众不同。他上车已经有点晃了,看来酒喝得不少。鄂伦春人好像和酒有着难解难分的情缘,酒文化也是鄂伦春特色之一。

鄂伦春人在山林里狩猎,酒和肉就像一对形影不离的孪生兄弟,无论是日常饮食还是打猎归来,或者有朋自远方来,婚丧嫁娶,祈福祭祀,统统离不开酒,哪怕没有肉都行,就是不能没有酒。

酒一定要烫,热的酒在苦寒的北方有活血化瘀、驱逐严寒的作用,冷酒是不喝的,认为那是脏酒,酒是一定要在火神的"净化"后饮用。饮酒之前,也是要用指尖沾酒,向天地神灵敬酒,然后才可以饮用。通常在狩猎归来的山林宿营时,大家围坐在篝火旁,在吊锅子里煮着猎物,用猎刀切开还流着血丝的兽肉,蘸着用滚水冲开的盐水,大快朵颐。而酒,就在一个铁缸里盛着,大家轮流饮用,聊着围猎时的惊险,说着鄂伦春的冷幽默。

当我思绪神游山林的时候,大客车进了三道湾子。小东照例要把每个乘客护送到家门口,宝荣哥下了车,晃晃悠悠地进了小卖铺,等大客车在村里一顿蛇行,再回到小卖铺时,宝荣哥喝着一罐听啤,拿着一罐听啤上车了,川川买了几根冰棍,看到我给了我一个,"姑姑回来了",我们闲聊着,宝荣哥这才看到我,说:"你咋回来了?"我说:"明天我去你家采访你"。他说:"我都老头了,啥本事也没了,就能喝点酒了"。

他的长相就是笑颜常开的样子,按辈分我这边还大些,不过还是叫他二哥觉得好些,他还是那种鄂伦春人见面就要分享的习惯,把没开的那个听啤给了村里的会计,会计也不敢推辞,有点小无奈地对我笑笑。任何人是不能拒绝鄂伦春的情意之酒,否则他会和你翻脸。在颠簸的旅程中,两个人还不忘碰杯。

车窗外,远处是暗冷的秋云,层云之下的山林挂着淡淡的忧郁,这就是我的故乡吗?在秋的天空下淡然寂静,心里不知为何竟有些伤感。

到村口,小曼来接我,下车时给了宝荣哥一瓶白酒"黑河情",他很开心呢!

　　夜里,从丽英妈妈家出来,山里的夜黑得彻底和纯粹,连成群的猎狗也噤了声,浓湿的森林气息夹裹着夜的黏腻,从四面八方潜伏逼近,有一种被蟒蛇缠绕般的压迫和冰冷,还好回到房子里,有热热的炕煦着我冷寂的身心。

　　早上被柴禾的噼里啪啦的燃烧声和柴胡的清香唤醒,起来看到炉火跳跃成一个大火球,仍是奇怪自己为何会以风的速度远离了山林中的各种传统,高速推进的现代文明以强大的力量像飓风一样将个人和小民族的传统夹裹摧毁,如何传承,就像在悬崖边的思索一样严峻和迫在眉睫。

　　吴宝荣出生于 1954 年,那个时候,鄂伦春人刚刚下山定居,所以他是在房子里出生的鄂伦春孩子,他的哥哥吴宝贵是在山上出生的,父亲是鄂伦春猎手吴明玉,母亲是关庆梅,当时她是一句汉族话都不会说,却是心灵手巧,皮活做得好。吴宝荣的父亲在建村后和其他鄂伦春猎民搞防火,这是鄂伦春猎民一贯的职责,护林防火、人人有责,这不是一句空头话,因为山林就是他们赖以生存的全部世界,爱护山林就是爱国爱家爱自己。新生乡从建村到现在 60 多年一直都有护林队,国家也是给每个护林的猎民每年一些补贴。每年护林防火是在春秋两季,新生秋季防火是 9 月 15 日开始,11 月 15 日结束。彼时天干物燥,必须小心火烛,任何人在防火期都不能在野外生火,否则就会触犯法律。目前,护林队有 15 人。

　　20 世纪 70 年代,国家很重视鄂伦春青年的培养,1971 年新生乡有莫玉生、关玉祥、吴荣生 3 人光荣入伍。1972 年,新生乡的吴宝荣和另一个鄂伦春青年关玉柱,还有一个上海知青、两个黑河知青共 5 人参军。宝荣哥在北京卫戍区当铁道兵,主要是修建北京地铁,在修理连负责修车,所在部队的编号是 5872。1972 年走的,1973 年的兵,76 年退伍,民政局给点钱。他们为了国家奉献了自己的火热青春,退伍时国家也给他们安排了工作。他自己却回到了故乡,喜欢在山林里生活,以狩猎为生,不喜欢被拘束的生活,自己放弃了安排好的工作。"一辈子就是靠打猎生活,也喜欢打猎,别的啥也不想干",他自己这样说。

　　目前,黑河市爱辉区新生鄂伦春族乡是全国唯一可以持有枪支的

图5-1 猎人吴宝荣 摄影：张林刚

猎乡,防火期和夏季,枪支由派出所管理,猎民们实际持有枪支的时间很短,落雪以后发枪到开春防火期就收回了,并且如果持有枪支的猎民去世后,不能传给下一代,所以最后的结局,"北方游猎第一乡"的美誉可能仅仅就是一个有名无实的称谓。

新中国成立前和建村后的几十年,猎民们用的枪都是新枪,7.62半自动步枪,现在持有的枪支都存在老化的现象,猎民们也是很无奈。没有好枪就只好用狗来凑,现在猎民几乎家家都有十来条猎犬,个个凶猛好斗,都是围猎的好手。没有猎枪的鄂伦春人,不知道如何延续鄂伦春的狩猎文化,因为狩猎文化是鄂伦春最最独特和最具魅力的所在,在呼啸山林的雄风里是一个民族高昂着头颅的骄傲和霸气。狩猎文化,就是鄂伦春人的"灵魂"所在。

宝荣哥的两个女儿在市里工作,儿子在护林队上班,嫂子在乡里开了一个小卖铺。我对嫂子和宝荣哥说,你们老两口生了三个孩子,这是对鄂伦春最大的贡献啊,老两口都呵呵地笑了。我们常对年轻一代的鄂伦春说,为了鄂伦春的未来,就多生几个孩子吧。

宝荣哥他们那一代人,和父辈们走出了大山,在刺尔滨河畔定居下来，但他们的心却留在了茫茫的林海深处，无法全身心地融入到现代化的社会里，而游猎四方的自由生活已回不去了，常常在烈酒的陪伴下，带着末世英雄的伤痛，在自己的孤独时光里时醒时醉，回忆着属于莫日根的光辉岁月。

六　满通古斯语言
文化研究的学术价值

东北亚地区跨界民族众多,各民族之间的文化交流源远流长。东北亚共同体的构建,如果不考虑该区域民族文化多样性的事实,以及族际、区域性的差异,有时会对国家造成一种危机或威胁,如语言安全、文化安全、生态安全等。所以,将民族学、人类学研究纳入国际政治学的视野,探讨民族这一客观对象在区域合作中的结构与功能具有重要的现实意义,同时也符合东北亚共同体各国的长远发展和利益诉求。研究东北亚满通古斯诸民族,可以克服研究者只从单方国家研究跨界民族的缺陷,对东北亚文化共同体的构建具有积极的促进作用。

一 跨界民族与东北亚文化共同体的构建

满通古斯语族为阿尔泰语系三大语族之一,是横跨欧亚大陆的世界性民族,主要分布在中国的北方地区、俄罗斯的西伯利亚地区、蒙古国的巴尔虎地区和日本的北海道等地。

东北亚地区,是满通古斯语族诸民族分布最广的地区。那里,跨界民族众多,各民族之间的文化交流源远流长。跨界民族是指由于长期的历史发展而形成的,分别在两个或多个现代国家中居住的同一民族。所谓"界"是指国界,即国家疆界,通过疆界区分,划分了各国的主权范围,因而也使跨界民族与一般的民族概念有所区别。跨界民族除了文化的、群体的意义之外,也包括了所在国的主权和该民族对于所有国的国家归属认同。东北亚跨界民族是那些东北亚土著和其传统聚居地被分割在不同国家内而在地域相连并拥有民族聚居地的民族。主要是指东北亚区域内中俄跨界民族、中蒙跨界民族、中朝(韩)跨界民族、蒙俄跨界民族、俄朝(韩)跨界民族等。东北亚跨界民族具有跨界民族的普遍性特征,同时,也存在自身独特的方面。如原来的土著被划分成碎片,古老的满通古斯文化不断被弱化,文化可持续发展问题已成为该区域非常突出的问题。

思想是有故乡的,文化是有地域的,血浓于水,能走到一起的,应该是文化的共同体,而不完全是功利主义极强的经济共同体和军事共同体。一直以来,世界对东北亚关注的焦点主要是"政治、经济和军事",其实最应该关注的是那里的文化和那里的民族。

因此,研究东北亚满通古斯诸民族的历史与文化,不仅是一个学术问题,更是一个政治和国家问题。如何保护跨界民族的文化发展权力?这个问题只有通过东北亚国家之间的合作才能实现。研究东北亚满通古斯诸民族,可以克服研究者只从单方国家研究跨界民族的缺陷,对东北亚文化共同体的构建具有积极的促进作用。

如何研究满通古斯语族诸民族文化? 如何认识满通古斯民族的历史与功能定位? 笔者认为,研究满通古斯文化必须要有全球意识、当代意识、历史意识、国家意识、民族意识、权利意识、发展意识、安全意识和问题意识。在亚北极地区,满通古斯诸民族分布在多个国家,中国的满通古斯诸民族使北极文化延伸到我们面前。满通古斯语言文化具有重要的历史价值、社会价值、文化价值、伦理道德价值、审美价值、生态价值、经济价值、宗教价值和考古价值。因此,研究满通古斯语言文化,仅仅研究中国的满通古斯诸民族是远远不够的。

二 中国满通古斯语言文化历史研究现状与功能定位

(一) 中国满通古斯语言文化历史研究现状

中国满通古斯语族所含诸民族主要居住在黑龙江、辽宁、吉林、河北、北京、内蒙古、新疆等省、市、自治区。据 2010 年人口统计,满通古斯诸民族共有人口 10623327 人。其中,满族人口为 10387958 人,锡伯族人口为 190481 人,鄂温克族人口为 30875 人,鄂伦春族人口为 8659人,赫哲族人口为 5354 人。根据学者统计,其中使用母语者约 3 万人。当前我国的满通古斯诸民族,已全范围内面临本民族语的濒危难题或即将开始的濒危问题,对满通古斯语族语言文化进行抢救和研究刻不容缓。

在中国境内,满通古斯语族包括满语、锡伯语、赫哲语、鄂温克语、鄂伦春语和历史上的女真语。满通古斯语族下分满语支和通古斯语支。满语支包括满语、女真语、锡伯语;通古斯语支包括鄂温克语、鄂伦春语、赫哲语;在俄罗斯境内,通古斯语支包括埃文基语、埃文语、涅吉达尔语、那乃语、乌尔奇语、奥罗克语、奥罗奇语、乌德盖语等。满通古斯语族除了与蒙古语族、突厥语族有着密切关系外,还与日本的阿伊努语、日本语、朝鲜语、美国和加拿大等地的爱斯基摩语、因纽特语、印第安语等有着千丝万缕的关系。满通古斯诸民族至今保存着人类早期文明的诸多形态和特征,并且该族群相互间关系具有诸多的神秘性与扩散性,以及历史来源的复杂性和文化习俗的丰富性。因而,满通古斯语言文化研究愈来愈引人注目,成为国际学术热点。

20 世纪以来,经过几代学者的不懈努力,中国满通古斯语言文化的研究工作取得了丰硕成果。学者们从语言学、民族学、人类学、文化学、历史学、宗教学、文学、民俗学等不同角度对满通古斯语言文字、历史、文化、文学、宗教、民俗等进行了广泛深入的探讨。近年来,有的学者还打破原有的学科界限,对相关问题进行跨学科综合研究,并取得了突破性成果,为本领域研究带来了新的活力与生机。到 20 世纪 90 年代,满学开始从人文学科中逐渐形成为一门独立的学科,通古斯学亦日趋发展成熟。① 然而,跨国界研究却很薄弱,尤其是对东北亚地区相关国家满通古斯语言文化历史研究不足,有些研究尚处于空白状态。

(二) 加强东北亚满通古斯语言文化研究的学术价值和现实意义

(1) 满通古斯语族诸语言,是我国北方重要的民族语言,这些语言均已进入或即将进入严重濒危状态。研究东北亚地区满通古斯语族诸

---

① 赵阿平:《中国满—通古斯语言文化研究及发展》,《满族研究》2004 年第 2 期。

语言及文化,有助于弥补中国阿尔泰语系语言研究领域一直以来存在的某些不足。

（2）加强国际满通古斯语族诸语言文化研究,对我国满通古斯诸民族语言文化安全,强化我国在此学术领域的影响力和话语权,均有积极作用。

（3）加强满通古斯语族与阿尔泰语系其他语言以及东北亚诸民族语言的比较和对比研究,对我国满通古斯语族语言研究体系的建立,具有十分重要的学术价值和现实意义。

（4）我国大小兴安岭地区以及俄罗斯远东地区是传承森林文化的主要母体。森林文化与森林地带构成共生共存的关系,森林是产生森林文化的母体,森林文化是我国生态文明建设的重要组成部分,是民族文化产业的物质母体,是繁荣发展民族文化产业的基石,是满通古斯森林民族深刻的历史记忆,是森林民族知识和智慧的结晶。

（5）是加强我国民族团结和边疆稳定的前提。东北亚地区是满通古斯诸民族集中分布区,中国东部边境的稳定事关全国稳定的大局。

（6）信奉萨满教的满通古斯人,对自然的保护是整体的,是没有任何功利和欲望的。萨满教倡导的人与自然的和谐理念具有重要的研究价值和存在价值。因此,萨满教参与社会关怀具有重要意义。萨满文化的价值在理论上不断被认可,但在现实中,其文化功能却依然停留在社会的边缘,萨满教的社会功能尚未得到很好发挥。因此,对满通古斯萨满文化进行深入探讨和适当扶持,不仅有助于人类非物质文化遗产之保护,也有助于推动东北亚地区社会的和谐与发展。

三 加大满通古斯语言文化研究力度的建议

1. 深化满通古斯语言文化基础理论研究,拓展应用研究,从人类学的视角对满通古斯语言文化进行多方位综合研究。加强满通古斯语言文化理论深层次研究,深化满通古斯语言文化与相关学科结合研究,加强满文文献的整理和科学分类研究，加大满通古斯语言文化的抢救调查及有关资料的数字化处理工作。继续深化满通古斯语族语言研究工作，加强语言学与史学等其他学科的交流和互动，推动多学科、跨学科合作。

2. 进一步加强国际交流与国际合作。如访问讲学、双边研讨、合作课题、交换成果、查阅资料以及国外田野调查等。在满通古斯语言文化的研究及发展中，国内外的专家学者应进一步加强联系，互通信息，密切合作，对重大课题、难点课题进行联合攻关，从而取得突破性成果。

3. 加强满通古斯语料库建设。满语已经处于濒危状态，满语口语是研究满族语言文化的第一手珍贵资料，也是满学及相关学科研究的活化石，具有极其重要的学术价值。然而，受各种历史因素与社会因素的影响，满语口语日趋消亡。满学专家赵阿平女士认为，语料库建设是现代语言学研究的一个重要领域，是利用计算机信息技术深化语言应用与研究的新方向，对于保存濒危的满语与浩瀚的满文档案翻译工作具有重要的科学价值与应用意义。建立满语语料库，能够永久保存满语语料等珍贵的文化遗产，为满语本体深入研究奠定基础。同时，在满语语料库基础上，建设满汉双语平行语料库，以解决满文档案的初步翻译问题，将有助于快速改善目前我国现存的大量满文档案缺乏人才翻译整理的状况，提高满文文献研究和开发利用的工作效率。[①]

4. 建议设立满通古斯重大工程项目，并投入相应专项经费，使政府、高校、科研机构协同开展濒危语言保护工作，集中人力、物力，多方协作。开展濒危语言资料的保存和抢救工作，陆续调查研究和刊布濒危语言资料，出版濒危语言学专著和词典，建立计算机词汇语音数据库，用多媒体技术、录音和录像等现代化手段，大量保存民族语言中各类民间文学作品等声像资料。[②]

5. 加大满通古斯语言文化专业后备高层人才的培养力度，如硕士生、博士生等，加强研究队伍建设，保障研究持续发展，在民族聚居区开

---

① 赵阿平：《满通古斯语族语言文化研究新发展》，《中国社会科学院报》2014 年 8 月 8 日。
② 赵阿平：《满通古斯语族语言文化研究新发展》，《中国社会科学院报》2014 年 8 月 8 日。

展切合实际的双语教育。赵阿平女士认为，在对领军人才给予各方面关心和支持的同时，也要关注领军人才带领的队伍，加强对满通古斯语言文化研究团队的投资。建立濒危语言保护网站、论坛，让传媒机构更多地关注濒危语言的状况，定期召开学术会议，通过这些措施交流经验、交流成果，扩大社会影响。

6. 建议建立满通古斯濒危语言文化生态保护区。保护濒危语言生存和发展区域、保护少数民族聚居区、濒危语言保护示范区等，使民族语言的生态文化得到最大限度的保护和保持。重点推进抢救保护濒危语言满语、赫哲语、鄂伦春语，切实保护和扶持濒危语言传承人。如以黑龙江省为例，齐齐哈尔三家子村满语遗存地；佳木斯、同江赫哲语遗存地；黑河爱辉区新生乡、呼玛白银纳乡、塔河十八站乡鄂伦春语遗存地等。①

7. 建议建立中国满通古斯学博物馆。在中国东北三省，各类博物馆比比皆是。但国家级的民族学博物馆、满通古斯学博物馆尚未建立，与东北亚其他国家相比存在一定差距。以日本为例，日本国立民族学博物馆是日本引以为豪的博物馆，这里不仅以地球上的所有地区和民族为对象进行收集和展出，而且进行深入地研究。日本国立民族学博物馆是日本国内唯一的民族学研究机构，收藏有世界各地区、各民族的文物、标本约 11 万件，展出约 7000 件。陈列室分成大洋洲、美洲、欧洲、非洲、西亚、东南亚、中北亚、东亚 8 个地区，介绍世界各民族的历史、文化和生活。此外，还设"世界语言文字"和"世界民族音乐"两个专题陈列室。中国作为一个统一的多民族国家，建立满通古斯学博物馆具有重要的国际意义。

8. 建议建立东北亚满通古斯语言文化历史研究中心。满通古斯语言文化研究作为国内外学术界特殊关注的学术领域，极具民族文化特色与国际学术交流优势。随着经济全球化和高科技迅猛发展，丰富多彩的民族传统文化遭遇了空前的生存危机。在满通古斯语族语言中，女真语作为一种消失语言已经不被使用，满语、赫哲语、鄂伦春语都

---

① 赵阿平：《满通古斯语族语言文化研究新发展》，《中国社会科学院报》2014 年 8 月 8 日。

已成为严重濒危语言,锡伯语、鄂温克语也即将进入严重濒危状态。在这样的紧迫形势面前,对这些濒危及严重濒危语言的词源、研究历史、基本词汇进行全面系统研究,对于我国民族语言和文化资源的抢救与保护,具有非常重要的意义和价值。因此,以国家研究机构和高校为依托,抢救满通古斯诸民族语言、文化遗产,进行科学系统的综合研究显得十分紧迫。

四　鄂伦春族语言文化现状与保护对策①

鄂伦春族是中国 28 个人口较少民族之一,2010 年统计有 8659人。鄂伦春语属于阿尔泰语系满通古斯语族通古斯语支北通古斯语。鄂伦春族语言文化在发展中所遇到的问题具有典型性。鄂伦春语言中,包涵着我国寒温带森林地带的自然景观、自然现象、草木花果、野生动物等方面的名词术语及表达形式。鄂伦春语是大、小兴安岭和外兴安岭鲜活的语料库、思想库、生命库。但在现代化发展进程中,以及强势语言的冲击下,鄂伦春语处于严重濒危状态。因此,建立科学、有效的保护措施和开发体系至关重要。

(一) 鄂伦春语概况与特点

世界上有 2000 多个民族,几乎每个民族都有自己的语言或文字。中国有 28 个人口较少民族,目前,使用这些民族语言的人不多,但学术价值极高,鄂伦春语就是其中之一。据 1990 年人口普查统计,全国有鄂伦春族 6965 人,2000 年统计有 8196 人,2010 年统计有 8659 人。鄂伦春族主要分布在内蒙古自治区呼伦贝尔市鄂伦春自治旗、扎兰屯市、莫力达瓦达斡尔族自治旗和黑龙江省的黑河市、逊克县、呼玛县、嘉荫县等地。鄂伦春族只有语言,没有文字。

众所周知,语言是人类最重要的交际工具和思维方式,不论是在中

---

① 刘晓春、关小云执笔。

国,还是在全世界,人类的一切行为都离不开语言。语言是人类交际和思维的符号系统,是一个民族精神文化的负载者、阐释者和建构者,具有民族图腾和民族信仰的作用。语言与人类息息相关,与社会息息相关,语言学已经不是一门学科,而是一个"学科群"。① 语言是历史的产物,它伴随着民族的产生和发展,记录着民族的兴衰。

鄂伦春族祖先发明创造了自己的语言,一直流传到今天。鄂伦春语属于阿尔泰语系满通古斯语族通古斯语支。属于这一语支的,除了鄂伦春族以外,还有鄂温克族、赫哲族、锡伯族等。由于历史、环境以及外来文化的影响,有一些民族语言使用范围越来越小,有的甚至濒临消失的边缘。由于鄂伦春族过去一直处于半封闭状态,并在下山定居后基本聚居,加上注重民族语言的保护等原因,使得鄂伦春语比较完好地流传下来。

鄂伦春语历史悠久,而且具有诙谐幽默、形象生动、节奏感强等特点,与鄂伦春人强悍、豪爽、直率、幽默的性格相适应,词汇、会话与鄂伦春人的狩猎生活密切相关。而且在满通古斯语诸族中,鄂伦春语保留相对完整,也是其中最具活力的语言之一。因此,在中国鄂伦春语、锡伯语被视作独立的语言,备受国内外专家学者的关注。

鄂伦春语虽然与鄂温克语有着渊源关系,但是,在其漫长的历史发展过程中,各自形成了自身的语言特点。由于鄂伦春语中表示派生和附加成分种类繁多,因此使得鄂伦春语言与词汇非常丰富,尤其是反映狩猎活动及其相关的动植物词汇最为常见。其中,黏着语(词的语法意义主要用于加在词根上的词缀来表示的语言)在世界各种语言中,是比较具有特色的语种,也是目前民族语言学家重点研究的对象,具有重要的学术价值。另外,鄂伦春语语音结构简明,元音阴阳搭配合理,再加上鄂伦春语语调独特,因而听起来不仅朗朗上口,悦耳动听,而且语言表达形象、生动,表现力很强。

语言是人类文化的载体和重要组成部分,每一种语言都能表达出使用者的世界观、思维方式、社会特征以及文化、历史特点等,是人类珍

---

① 李宇明:《语言学是一个学科群》,《语言学战略研究》2018 年第 1 期。

贵的无形遗产,鄂伦春语也不例外。语言蕴含着丰富的文化价值,鄂伦春族的故事、神话、传说、寓言、诗歌、谜语、说唱艺术等口头文学都是依靠语言来表达和传承的。因而,口耳相传是鄂伦春族传统文化、传统经验最直接、最集中的体现。语言是一个民族千百年间积累的知识和经验,是传递信息的载体。鄂伦春族的生产生活知识和狩猎捕鱼经验,都是通过语言来保存和传播的。

语言作为一种认知系统,包括该语言使用者客观世界的认识体系,这个体系既有共性,也有特殊性。人们依靠语言,使得自己对客观世界的认识越来越深刻,越来越精密,越来越多样。例如,人类对自然规律、天体、气候、野生动植物的认识与掌握,人类对空间的方位概念,不仅用东、南、西、北来表达,还用上、下、左、右、前、后、里、外等来表述。[1] 以自然现象和生存空间为认知体系,是鄂伦春人特殊的表达方式。千百年来,在大、小兴安岭这片土地上,鄂伦春族繁衍生息,并创造了独特的狩猎文化。鄂伦春人有自己医治病症的方法,如对中草药、野生动物的认知和药用方法,这些知识和技艺,正是当代要挖掘和保护的对象,一旦语言消失了,这种知识和技艺就很难再代代相传。

多少年来,鄂伦春人用生命和信仰一代又一代地传承着母语,而且将母语传承到 21 世纪的今天。与此同时,如果没有兴安岭的保护,鄂伦春语言或许早已消失得无影无踪。如歌如诗,如梦如幻的兴安岭,给予了鄂伦春人无限遐想。鄂伦春语言内涵丰富,常常包含着鄂伦春人幽默滑稽、自然奔放、淳朴善良、豁达开放、勤劳勇敢、自强不息,追求未来和光明的思想内涵。[2]

(二) 鄂伦春语的使用范围和使用现状

满通古斯语族为阿尔泰语系三大语族之一,是横跨欧亚大陆的世界性民族,主要分布在中国的北方地区、俄罗斯的西伯利亚地区、蒙古国的巴尔虎地区和日本的北海道等地。在中国境内,满通古斯语族包括满语、锡伯语、赫哲语、鄂温克语、鄂伦春语和历史上的女真语。鄂伦

---

[1] 唐红丽:《孙宏开:濒危语言是语言学研究的重要资源》,《中国社会科学报》2014 年 8 月 22 日。

[2] 何青花、莫日根布库:《鄂伦春语释译》,紫禁城出版社 2011 年版,第 28 页。

春语使用人群主要分布在黑龙江省大兴安岭地区的塔河县和呼玛县、小兴安岭地区的逊克县和爱辉区、伊春市的嘉荫县及内蒙古鄂伦春自治旗和扎兰屯等地。从鄂伦春族分布的三大区域来看,各区域不仅相对集中,而且区域分明,长此以往,逐渐形成了自己的方言区,同一个民族的语言,总是表现出"同中有异,异中有同"的语言特点。一般情况下,民族共同语都是在各地域方言的基础上发展起来的。

21世纪人类进入知识经济时代,经济全球化使人类文明进程充满生机与希望。随着人类发展步伐的加快,强势语言的使用和普及日益突出,致使许多民族的特色语言文化开始走向濒危。满通古斯语言文化面临严峻挑战,固有的传统文化习俗正一天天削弱和退出历史舞台。目前,从鄂伦春语的使用情况看,聚居地区的鄂伦春族大部分人还能够用鄂伦春语进行交流,而散居的鄂伦春族,尤其是新一代的鄂伦春人,语言保留得相对不如聚居地区。下山定居后,鄂伦春族儿童入学学习的语言、文字主要是汉语和汉文。此外,与其他民族杂居,以及鄂伦春族与其他民族通婚日益增多,使用语言环境发生了变化,鄂伦春语的学习和使用环境受到很大的影响。因而,在鄂伦春聚居区出现了20岁左右的青年人能够听懂但不会说,10岁左右的孩子既不会说也听不懂的状况,祖先发明创造的语言正在消失。鄂伦春族的狩猎文化、萨满文化、民间文艺、神话、传说、故事、民歌等,千百年来就是以口耳相传的形式将其传承至今,对于只有语言而没有文字的鄂伦春族来说,语言是其文化传播的重要载体,语言的消失意味着文化的消失。从这个意义上来讲,留住民族语言,就是保护了这个民族的传统文化;保护母语,就是保护了鄂伦春族赖以生存的文化基因和灵魂,也就是保护了中华民族共同创造的灿烂文化。

(三)鄂伦春语的研究成果与语言保护措施

鄂伦春族文化具有独特形式和丰富内涵,一直以来,得到国内外人类学、历史学、哲学、社会学、民族学、民俗学、宗教学与文艺学相关专家和学者的关注和青睐。在国内,从20世纪50年代开始,国内的专家学者,陆续到鄂伦春族地区开展语言文化调查整理工作,并取得了一定成果。胡增益先生撰写的《鄂伦春语会话集》《鄂伦春语研究》《鄂伦春语基本词汇集》等著作相继出版。20世纪80年代之后,国外专家学者开始对我国鄂伦春语进行研究,来自美国、日本、韩国的相关专家,先后多次到鄂伦春族聚居地区进行考察。美国加州大学的人类学语言专家李凤翔、林赛等,从1995—2005年间,走遍大、小兴安岭所有鄂伦春聚居地。李凤翔教授说,鄂伦春语是世界上最丰富、最美的语言,如果这个语言消失的话,将是人类语言学的悲哀。由此,传承鄂伦春语影响深远,意义重大。

为了抢救濒临消失的鄂伦春语言,国家和地方政府相关部门采取各种措施,对鄂伦春语进行保护和传承。2005年,黑龙江省民委分别对黑龙江省流域的鄂伦春、鄂温克、达斡尔语言进行搜集整理,录制光碟和影像资料。黑龙江省民族研究所的韩有峰、齐齐哈尔市民族中学的莫岱岭、塔河县民族宗教局的关小云一行三人,走遍鄂伦春所有乡村,搜集整理鄂伦春语,并录制了《鄂伦春语》课件,在塔河县鄂伦春民族中心学校举办了国际音标培训班。韩有峰先生编写了《鄂伦春语》教材,在黑龙江省鄂伦春民族学校开设了鄂伦春语/汉语教学,使各民族学校双语教学步入正轨,为普及和推广鄂伦春语打下良好基础。韩有峰、孟淑贤合著编写了《中国鄂伦春语方言研究》《简明鄂伦春语读本》《鄂伦春语汉语对照读本》等,朝克先生的《鄂伦春语366句会语句(少数民族语、汉、英、日、俄对照)》,唐戈编辑的论文集《锡伯语、赫哲语、鄂温克语、鄂伦春语研究》、何青花、莫日根布库合著的《鄂伦春语释译》等著作非常有影响,尤其是何青花、莫日根布库的《鄂伦春语释译》。2011年8月30日,《鄂伦春语释译》在鄂伦春自治旗首发。《鄂伦春语释译》收集了近3万鄂伦春语词条,完整地保留了狩猎环境下原生态的鄂伦春民族语言,从"通俗易懂、便于普及、利于应用"的角度,再现了古老的通古斯语汇。《鄂伦春语释译》是迄今为止鄂伦春语言内涵较深厚的典籍,是两代人历经25年努力编录而成的,开创了人口较少民族语言传承的先河,也为人类挖掘、保护、传承探索了新模式,对鄂伦春族语言文化的抢救和保护产生了积极的推动作用,为世人及后人研究鄂伦春语言文化提供了重要而宝贵的史料。由于该书通俗易懂,鄂伦春自治旗教育局已经将该书发放到各民族学校,作为民族传承课程辅助教材使用。2013 年,在旗委旗政府和内蒙古鄂伦春族民族研究会的支持下,鄂伦春自治旗实验小学编印的校本教材《鄂伦春语》下册和《鄂伦春民族手工艺制作》也已经完成印刷,并在民族学校推广使用。目前,全旗鄂伦春族民族语言授课学生已达到 226 人,现在会说鄂伦春语简单对话的学生达到鄂伦春族学生的 50%。为了全面推进民族特色学校创建工作,2014 年民族教育工作采取引进来走出去的有力措施,举办全旗中小学、幼儿园教师鄂伦春语培训班,聘请黑龙江省民族研究所两位专家,采用国际音标标音符号记录授课,历时一周,共培训教师 57 人,其中鄂伦春族教师 22 人。①

　　语言的保护与传承没有政府的参与是不行的,国家及地方政府的支持是民族语言发展的一个重要保障。以鄂伦春自治旗为例,鄂伦春语言保护与传承的主要措施有以下几个方面:

　　一是全面落实民族教育条例。经过多次修改补充《鄂伦春自治旗民族教育条例》于 2002 年 3 月 6 日旗第十一届人民代表大学第四次会议通过,并于 2002 年 5 月 25 日内蒙古自治区第九届人大常委会第三十次会议批准,当年 7 月 1 日颁布实施。《鄂伦春自治旗民族教育条例》的颁布实施,标志着自治旗民族教育的发展有了法律保障,从此民族语言教育走上新的发展阶段。2015 年 8 月 1 日,《鄂伦春自治旗民族教育条例实施细则》颁布实施。2015 年,鄂伦春旗旗委旗政府牵头报请相关部门批准,专门成立了鄂伦春语言发展基金会,用于鄂伦春语的保护研究工作,包括鄂伦春语词典编写、鄂伦春语教学、鄂伦春语动画片的制作以及对鄂伦春语民歌及故事大赛的支持等。二是全面启动《全旗中小学、幼儿园开展民族优秀传统文化传承教育工作实施方案》。2016 年 3 月,自治旗制订了《全旗中小学、幼儿园开展民族优秀传统文化传承教育工作实施方案》,要求全旗中小学幼儿园根据学校实际开设鄂伦春民族特色课程,并结合实际制订可行的实施方案,成立民族文化传承教育工作领导小组,开展多样化的民族特色课程,充分发挥校园对

---

① 刘晓春:《中国民族地区经济社会调查报告〈鄂伦春自治旗卷〉》,中国社会科学出版社 2018 年版,第 256 页。

传承民族文化主阵地的重要作用,努力营造一校一特色、一校一主题的民族特色氛围,逐步形成民族教育教学工作的规范化、常态化的教学模式的发展目标。以民族语言为出发点,全面推进全旗中小学、幼儿园民族特色课程教育。

图6-1　鄂伦春族乌勒尔传承人莫桂茹　摄影:张林刚

2014年12月,黑龙江省塔河县制订了《塔河县建设黑龙江鄂伦春族语言学习保护系统研发制作项目实施方案》,省高教中心杨慧娟院长和刘杰处长多次深入塔河县十八站乡调研,制订方案。塔河县教育局进行语言教材的编写工作,考虑到鄂伦春族分布范围、使用情况及方言区别,在大兴安岭和小兴安岭地区分别选出几个会讲鄂伦春语的老师,比如关金芳、莫桂茹、莫代友等,对鄂伦春语进行录音。在鄂伦春族老萨满关扣尼、关小云等人的积极参与和支持下,建立了鄂伦春网络语言平台。省高教中心组织精练的专家队伍,在资金没有兑现的情况下,克服困难,经过两年多的努力,2016 年 8 月,大兴安岭塔河县承办的"互联网 + 民族语言"网络学习平台——《黑龙江鄂伦春语言文化传承与保护学习系统》正式交付使用。这个语言学习平台以现代互联网技术为依托,创建超越时空观念,为群体共学或有个性化研究需求的人员,提供方便、快捷、高效的网上交互式学习平台。将鄂伦春族日常用语、生活用具以及一些生活中的小故事等,以动漫的形式演示出来。内容深入浅出、通俗易懂、引人入胜,填补了黑龙江省人口较少民族语言文化传承保护研究的空白。这个网络平台,集声音、图像、视频、动画等内容于一体。既能充分调动研究人员的参与性,又能体现因材施教的原则,辅助各地区鄂伦春在校学生的课外学习。使抽象、难懂、枯燥的内容,变得形象、易懂、生动,给传统的学习方式注入新的生机与活力,增强了使用少数民族语言文化传承与保护的学习兴趣。这个平台有"兴安猎神""动漫之窗""鄂伦春语学堂""词海拾贝""民歌欣赏"等栏目,学习平台共有鄂伦春语言课 146 节,鄂伦春语单词 4000 个,民歌 23 首,故事100 篇。2017 年 7 月 19 日,为充分利用好鄂伦春民族语言保护平台,举办了全省鄂伦春民族语言网络学习平台应用与推广培训班,有效地推进了鄂伦春民族语言的保护与发展。2018 年 8 月,鄂伦春语言网络平台教学基地在塔河县十八站鄂伦春学校落成。2019 年 1 月,在十八站举办了"鄂伦春语言大赛"活动,通过举办大赛,促进鄂伦春民族语言交流、交融和培育民族共同体意识,扩大鄂伦春语言在社会、学校、家庭中形成"爱我民族语言,保护传承鄂伦春语言"的社会风气。如今,这个网络平台在全社会、国内外引起强烈反响,受到专家、学者及社会各界的关注与好评,取得了较好的社会效益。

(四) 传承鄂伦春族语言文化的意义和建议

语言是特定族群文化的重要部分,体现着一个民族对世界的基本认知,是构成一个民族的标志性元素之一。传承鄂伦春语言,有利于人类文明的丰富与发展,有利于社会的和谐与稳定。传承和保护鄂伦春语,对研究满通古斯语言及其传统文化,具有重要的学术价值。与此同时,对于语言学、历史学、文化学、人类学、民族学、宗教学、考古学、民俗学、文学、社会学等相关学科的研究，也将起到一定的促进作用。鄂伦春语、语法、语序、词汇等，将为世人及后人研究鄂伦春语言文化提供重要的史料，为中华民族多元一体文化注入生命活力。鄂伦春族通过使用母语，树立民族自强、自尊、自信意识，热爱鄂伦春文化，强化母语的保护意识，使鄂伦春语"活"得更久，用得更长。

目前，在中国处于濒危状态的语言已达 20 多种，其中，使用人数在千人以下的语言有 15 种，预计未来几十年间，将有 20％的语言不复存在。鄂伦春族只有 8000 多人，目前，还有多少人会说本民族语言？如果 20 岁以下的年轻人都不会说，用不了多少年，鄂伦春语可能就要消亡。那么，如何保护和传承鄂伦春族语言？

（一）当务之急就是强化和鼓励使用濒危语言，扩大其使用范围，充分体现其功能，提高鄂伦春语言的生命力。不仅在学校学习，还要在家庭、社会中形成使用鄂伦春语的氛围。建议创造条件，培养一批懂得鄂伦春语的儿童，资助他们学习、使用和传承鄂伦春语，这样可以延长鄂伦春语的生命力和影响力。

（二）要制定和落实相关立法，建立濒危语言语料库，借鉴国外先进经验，提高濒危语言的保护实效。做大做强网络学习平台，增加更多的词汇，尤其是会话量。目前，鄂伦春网络语言平台有 3000 个单词，还有无限个与狩猎、捕鱼、自然等生产生活相关的词汇需要补充进去。

（三）通过立法，规范和强化文化、教育、民族等部门的职能，并加强与高校以及科研机构的合作，抢救性地记录濒危语言，创建包含文本、语音、图像与动作的语料库。目前，黑龙江大学、齐齐哈尔大学已经做了鄂伦春族语言资料库，但数量较少，只有 3000 个单词。

（四）设立"濒危语言保护示范区"，应采取措施鼓励使用母语，相关部门还可以向社会征集与该民族语言或当地方言有关的歌谣、故事、汇编成册，鼓励大家传唱或传诵。在鄂伦春人聚居的地区可以建立一个或几个鄂伦春语言文化保护区或鄂伦春语保护示范村及社区。也可以建立鄂伦春语观测站，以便及时掌握语言的动态变化情况，预测语言的未来发展趋势。

（五）为弱势语言制定一套拼音字母或文字符号，作为记录和保存该民族语言的工具,教会对此有兴趣的知识分子,争取在一定程度上延缓濒危语言的衰亡,提高鄂伦春语言的生命力。要发挥语言学家的作用。建议尽快组织语言学家,创制鄂伦春语记音符号,组织语言学专家立项研究语言衰变的特点和规律,探寻减缓语言濒危趋势的办法,积极抢救、记录濒危语言文本材料。

(六)鼓励和支持更多的鄂伦春族学生学习和研究鄂伦春语,例如在高考时采取加分的措施,在大学里开设鄂伦春语言研究专业或鄂伦春语言研究专题等。积极借鉴国外经验,立法保护鄂伦春语,将此项工作纳入政府和学术部门的工作范畴。在升学考试及公务员考试中,使懂鄂伦春语、会说鄂伦春语的人享受到优惠政策,激发年轻人的学习热情。

(七)使用微信平台,把鄂伦春语再进行整理分类,普及推广至少一万个单词及会语。用微信平台传播民歌、小故事,定期举办语言比赛等活动,以此推广和传承鄂伦春语言。建议政府拨款立项,对鄂伦春语的濒危采取应对策略,建立中国鄂伦春语网站,定期召开学术会议,建立濒危语言保护基金,制作鄂伦春语影视短片。

(八)让鄂伦春人对自己的母语感兴趣,热爱自己的语言,并广泛使用本民族的语言。语言应用于交际活动,需要一定的使用环境,如果失去使用环境,语言就失去了生存的活力。必须让鄂伦春族人,特别是鄂伦春族年轻人树立一种观念,即一定要热爱自己的文化,以本民族历史为骄傲,对自己的母语感兴趣。充分认识和理解本民族语言在民族政治、经济、文化、发展中的重要作用,增强自尊心、自信心、自豪感和语言意识。通过民族语言教育活动,来宣传和推广本民族语言,培养热爱自己民族语言的习惯。[1]

(九)制定一些措施保护鄂伦春语言使用的范围和环境。当前在鄂伦春族最为集中的聚居区,民族语言的使用已经存在较大的局限,语言的使用重心正在发生转移,从以本民族语言为主转变为以汉语为主。

---

[1] 刘晓春:《中国民族地区经济社会调查报告〈鄂伦春自治旗卷〉》,中国社会科学出版社2018年版,第267页。

根据调查发现,2017 年,鄂伦春自治旗超过 80 岁的鄂伦春老人仅 5 人,对于没有文字的民族而言,老人就是历史,他们是传统文化的载体。要创造条件帮助鄂伦春族老人编制完整的音像资料,使鄂伦春语言能够长久地保存下来。

(十)积极组织编写教材,开设民族语言教育课程。各级党委、政府应加大力度,在鄂伦春民族乡小学积极开展民族教育,配备懂得民族语言的教师讲课。韩有峰、孟淑贤两位编著的《鄂伦春语汉语对照读本》《鄂伦春语教材》和萨希荣编著的《简明汉语鄂伦春语对照读本》等教材,可以参照学习使用。

(十一)要加强语言创新。由于各民族从事的生产活动,生活方式以及历史的发展不同,构成了各个语言词汇的特色。鄂伦春族长期从事狩猎生产活动,因此在鄂伦春语中关于狩猎、捕鱼、采集、生产及自然界方面的词汇较多,而反映现代生产生活和社会活动方面的词汇较少,比如电脑、信息、手机等新名词,在鄂伦春族传统语言中是没有的。所以鄂伦春语如果没有创新的话,也就没有生命力,也就无法与当代社会相适应,并将逐渐失去功能。创新的目的是使传统语言恢复活力,提高传统语言的功能。

鄂伦春语是鄂伦春人在长期生产生活中创造、积累的文明成果,蕴含着鄂伦春族宝贵的传统文化和精神财富。在努力发展、加速经济建设,学习、汲取外民族优秀文化的同时,应该充分认识鄂伦春民族语言的文化价值,以积极的态度寻求有效的保护措施,在传承中开创一条具有民族特色的语言发展之路。

七　中俄边境
城市宗教文化现状

一 宗教信仰基本概况： 以黑河市为个案

黑河市位于黑龙江省西北部，小兴安岭北麓。是黑龙江省 13 个地级市之一，素有"北国明珠""欧亚之窗"之称，以黑龙江主航道中心为界，与俄罗斯远东地区第三大城市——阿穆尔州州府，布拉戈维申斯克市隔江相望，最近距离 750 米，是东西方文化的融汇点。黑河市是中国首批沿边开放城市，黑龙江省边贸城市，是中国北方重要边境贸易中心。

黑河市辖爱辉区 1 个市辖区，嫩江县、孙吴县、逊克县 3 个县，代管北安市、五大连池市 2 个县级市。总面积 54390 平方千米，市辖区面积约 1.44 万平方千米，人口 173 万，有汉、满、回、蒙古、鄂伦春、达斡尔等 39 个民族，其中 38 个少数民族，人口约 5 万。有 7 个民族乡、47 个民族村。其中鄂伦春、俄罗斯、达斡尔族和鄂温克族是中俄跨界民族，同时，也是全国 28 个人口较少民族。

目前，黑河市主要有佛教、道教、伊斯兰教、基督教、天主教五大教派。五大教派都成立了宗教团体。此外，东正教与萨满教，从教人数不确定。

1. 信教人数。2014 年，信教群众近 8 万人，较 2004 年增长 45.4%。性别比为女性 70%，男性 30%；年龄结构为 30 岁以下占 15%，30—59 岁占 60%，60 岁以上占 25%；文化程度为大中专以上 10%，其余均为初中以下。其中天主教 7393 人，十年减少 10.2%；基督教 23453 人，十年增长 4.6%；佛教 36823 人，十年增长 125%；伊斯兰教 7754 人，十年增长 10.4%；道教 995 人，十年增长 84%。[①]

---

① 黑河市民族宗教事务局：《黑河市宗教情况统计资料》，2015 年 8 月。

2. 宗教活动场所。2014 年,全市有宗教活动场所 104 个,较 2004 年增长 30％。其中天主教 15 个,十年增长 88％;基督教 70 个,十年增长 9.4％;伊斯兰教 5 个,十年没有增长;佛教 7 个,十年增长 9.4％;道教 1 个,十年增长 100％。

3. 宗教教职人员。黑河市现有教职人员 67 人,目前已全部登记备案。教职人员占信教人数的 0.095％,其中佛教 25 人,道教 3 人,伊斯兰教 7 人,天主教 4 人,基督教 28 人。年龄 40 岁以下 11 人,40—59 岁之间 47 人,60 岁以上 8 人。大专以上 11 人,高中以下 55 人。[①]

4. 萨满教信仰情况。"在各种外来宗教先后传入之前,萨满教在我国北方各民族的信仰世界中占据非常重要的地位。满族、蒙古族、锡伯族、赫哲族、鄂伦春族、鄂温克族、达斡尔族、柯尔克孜族、朝鲜族等民族的民俗生活中,至今还在不同程度上存在着萨满教信仰活动。改革开放以后,各地萨满活动和祭祀仪式明显增多。萨满文化对当代人了解少数民族的传统文化和表现中华各民族文化的多样性,对于少数民族文化在传统基础上的继续发展,对于发展民族文化事业和旅游经济,都具有重要的开发价值"。[②] 但在黑河市,萨满教的衰落比较突出。在新生鄂伦春族乡和坤河达斡尔族乡,已无本民族萨满。在黑河市,信仰萨满教的鄂伦春族人数,仅占本地本民族人口的 30％。满族、达斡尔族、朝鲜族信仰萨满教的人数尚未统计。

5. 东正教信仰情况。黑河市与俄罗斯阿穆尔州首府布拉戈维申斯克市隔江相望,两岸跨国婚姻逐年增多。俄罗斯人信仰东正教,与俄罗斯人通婚的华人也入乡随俗,开始接受俄罗斯人的宗教信仰。但在黑河市暂无东正教教堂,信教的人只能在自己的家里设置简单教堂。但就华人信教动机而言,更多的是为了生存和利益,与俄罗斯人打交道,必须认同他们的文化。

近年来,黑河市各县(市)区党委、政府非常重视宗教工作,成立了宗教工作领导小组,建立了宗教三级工作网络,并确定了主管领导和兼

① 统计数据由黑河市民族宗教事务局提供。
② 色音:中国萨满教现状与发展态势,《西部民族研究》2015 年第 1 期。

职宗教工作干部,有的县(市)还为宗教部门增加了工作人员,并将宗教工作纳入了社会治安综合治理目标考核,依法管理宗教事务。各县(市)区宗教部门经常深入基层调查研究宗教工作,掌握本地的宗教基本情况,指导宗教活动场所,建立健全各项规章制度,监督实施民主管理等软件建设,加强宗教场所基础设施等硬件建设。发现非法宗教活动,坚决打击。规范宗教活动场所管理,建立健全抵御境外宗教渗透的工作机制。

二　宗教发展态势与主要问题

1. 宗教发展过快过热。从调查显示,全市信教人数从 2004 年的近 5.5 万人到 2014 年的十年增长到近 8 万人,增长了 1.5 倍。宗教场所从 2004 年的 80 个到 2014 年的十年增长到 104 个,增长了 1.3 倍,并呈逐年上升趋势。其主要原因:一是公民宗教信仰自由权利得到尊重和保护。宗教信仰自由政策日益深入人心,社会各界对宗教的看法发生了较大变化,更加理性和客观,也更加愿意从积极的角度来看,排斥和歧视宗教信仰者的现象大大减少,宗教生存和发展的社会环境持续改善,而且越来越宽松。二是社会深刻变革使宗教获得新的发展空间。随着市场经济的发展,社会结构、组织形式、利益格局发生深刻变化,人们思想活动的独立性、选择性、多变性、差异性明显增强,价值观念趋于多元化。面对社会的极速变化,不确定因素增多,人们心理压力加大,有的人出现困惑、焦虑和不安,寻求精神寄托。三是对外开放条件下,国外宗教的渗透越来越强势。国外许多宗教组织,把中国看作当今世界最大的文化倾销市场,通过各种渠道和方式进行传教布道。一些西方国家,一方面,以"宗教信仰自由"为名,对我国施压,对迅速崛起的中国实施文化遏制;另一方面,大力向我国输出西方传统宗教,希望能对崛起的中国实施"宗教移民"。

2. 信教者女性人数比例剧增,信仰萨满教的部分通古斯民族转向信仰佛教和基督教。2014年,黑河市信教群众近8万人,性别比为:女性70％,男性30％。信教女性人群中,家庭不幸福或丈夫有外遇,以及离婚者居多。此外,黑河市原来信仰萨满教的民族,如鄂伦春族、达斡尔族、满族等群众,有一部分人开始信仰基督教和佛教。主要原因有两个:一是萨满教无宗教活动场所,也无萨满传教。二是外来宗教渗透比较强势。就黑河市萨满教现状而言,政府在萨满文化的开发利用方面存在一些问题,既不重视开发,也不注重保护,对萨满文化的价值认识不足,抢救、挖掘萨满文化不到位,缺乏时代紧迫感。

　　3. 抵御境外渗透形势严峻。黑河市地处边境,俄罗斯入境旅游人员频繁,近年来宗教渗透形式趋于多样,影响扩大,呈现进一步加剧态势。境外利用宗教对我国进行的渗透日益加剧。一是天主教出现地上、地下两股势力。所谓地上是天主教"三自"爱国组织。地下是梵蒂冈妄图重新控制中国天主教的领导权,独自安排神职人员,形成了地下势力,与党的"三自"宗教政策相对立,与天主教爱国组织争夺活动场所和信众局面。在黑河市就有4个地下神甫从事非法活动,多年来,时有在私设聚会点之中举行活动,经打击转入农、林场,寻机渗入。二是基督教渗透日益加剧。黑河市基督教三乱现象,经多次治理取得明显效果,但稍一放松就会反弹,加之境外基督教的渗透日益加剧,一些邪教组织打着基督教的幌子进行非法活动,致使基督教面临的形势更加严峻。以美国等发达国家通过各种手段和途径,不遗余力地在我国国内培植和扶持宗教势力,抵制政府依法管理,抗衡爱国宗教组织,使之成为改变中国社会制度最重要的民间"民主"力量。最为突出的例子,就是一些西方国家公开支持我国基督教所谓"家庭教会"的发展,认为这是改变中国意识形态、政治制度,最终把崛起的中国纳入西方文明体系的最有效的途径。经近年打击境外宗教渗透发现,在黑河市有来自新加坡、菲律宾、日本、韩国等国家的基督徒,通过香港和安徽人员为桥梁,与市内非法"家庭教会"负责人勾结,在非法宗教场所或隐蔽在居民社区家中,举办各种培训班,安排地下牧师,更有甚者办儿童班,此类案件在北安市、孙吴县、逊克县和爱辉区都曾发生过。三是藏传佛教不断向内地渗入。近年来,市内许多群众被藏传佛教所吸引,把西藏或者其他藏区的活佛、喇嘛请过来讲经说法,传播藏传佛教。也有本市人员到藏区佛教学院学习藏传佛教之后,回到市内传教,从而在市内发展了一批藏传佛教信徒,市区出现了悬挂藏传佛教经幡现象。

4. 宗教团体发挥不到位。一是教职人员少。全市 104 个场所中,有 11 个没有宗教教职人员,由信徒选出的负责人管理。二是宗教教职人员文化层次低。全市 67 名宗教教职人员中,大专以上学历的 11 人,占总数的 16.4%,高中文化的 17 人,占总数的 25%,初中以下文化的 9 人,占总数的 13%。① 高中以下学历者居多,难以正确理解教义、教理,致使宗教理念模糊。三是宗教团体的作用发挥不到位。主要原因是,工作人员对本教的认识很粗浅,主动积极开展工作的少,仅限于宗教管理部门安排日常性事务。同时,他们注重自身修行,而忽略了对场所的监管,对教职人员疏于教育、引导、管理,以至于一些计较个人得失、争权夺利、内部不团结的行为得不到及时有效制止,各项制度形同虚设;工作人员的培训工作不足。由于地方财力的紧张,没有办公和培训经费,制约着工作检查和各类宗教培训的开展。

5. 基层工作力量薄弱。《宗教事务条例》宣传贯彻落实不到位,还有死角存在。如有的乡镇,主管宗教的干部对《宗教事务条例》不熟,没有将其贯彻落实到宗教管理实际工作之中,有的地方甚至发生宗教问题不能依照《宗教事务条例》进行解决,出现不敢管、不会管现象。部分基层党委政府对宗教认识不够,没有将宗教工作纳入工作日程。基层党委政府的工作精力主要集中在经济建设上,三级网络建设不到位,对宗教工作疏于管理,致使宗教工作制度不健全、责任不到位,甚至出现宗教工作无人抓、无人管现象,致使对本辖区宗教情况不明,信教人数不清。宗教专职干部不足,缺少工作经费。大部分县(市)区只有一名专职宗教干部,而且没有专项宗教工作经费,使宗教干部无法经常深入基层开展工作,有的地方出现重民族工作而轻宗教工作的现象。

---

① 黑河市民族宗教事务局:《黑河市宗教情况统计资料》,2015 年 8 月。

三 对策与建议

1. 加强基层文化建设,满足群众精神文化需求。一是坚持马克思主义在意识形态领域的指导地位。各级政府必须保持清醒执政意识,坚持社会主义的核心价值观和主流意识形态,坚持唯物主义和无神论。二是加大文化阵地建设。基层社区、乡镇文化站是群众的主要活动场所,要加大投入,建设和完善文化生活设施,广泛开展形式多样、群众喜闻乐见、健康向上的文化体育活动,丰富群众业余生活,满足群众日益增长的精神文化生活的需要。三是充分发挥基层党组织的战斗堡垒作用。坚持党的宗旨意识,密切联系群众,经常关心关注弱势群体以及农村留守老人儿童,帮助他们解决生产生活中的困难,加强社会主义价值观教育、法制教育,不断充实精神食粮,将人民群众紧密团结在党组织的周围。四是加强媒体新闻导向。宣传马克思主义宗教观,宣传党和国家的宗教方针政策,宣传科学理念,增强人民群众对宗教与迷信的鉴别力。

2. 正确认识和对待宗教问题,将萨满教纳入正常的宗教管理,并加以积极引导。对萨满文化进行深入探讨和适当扶持,不仅有助于人类非物质文化遗产之保护,也有助于推动社会的和谐与发展。黑龙江流域,是世界上较早进行东西方文化交流的重要区域,特色边境城市塑造具有深厚的民族文化背景。森林生态景观、各民族丰富的人文景观、各类名胜古迹等都是特色边境城市建设的物质基础。例如,为了保持通古斯民族的文化习俗,建议在城市社区建设萨满文化主题公园和大型敖包,以满足通古斯民族的宗教需要。

3. 加强三支队伍建设,提升宗教管理水平。一是抓好基层党政干部队伍建设,切实将宗教工作纳入党委政府工作日程,不断提高管理能力。各级党政领导干部要充分认识宗教存在的长期性、宗教问题的群众性和复杂性。全面理解党的宗教政策,增强新形势下做好宗教工作的能力。切实将宗教工作纳入当地党委政府工作日程,加强宗教管理三级网络建设,全面贯彻党的宗教信仰自由政策,依法管理宗教事务,坚持宗教独立自主自办原则,积极引导宗教与社会相适应。努力促进宗教关系和谐发展,发挥宗教界人士和信教群众的积极作用。二是抓好基层宗教干部队伍的建设。要明确执法主体,加强执法主体建设,特别要解决部分县(市)区级政府机构薄弱的现状,确定专职宗教干部,使之能够真正担负起依法管理宗教事务的职责;要加大培训力度,不断提高宗教工作者的政策水平和依法管理水平,建立起一支懂宗教政策、有法律知识,依法能征善战、敢管善管的队伍。要保障必要的工作经费。要安排必要的宗教专项工作经费,纳入财政预算管理,以保障宗教工作的正常开展。三是抓好宗教界代表人士队伍建设。宗教教职人员对广大信教群众的精神生活有着重要影响,他们有较强的感召力和凝聚力,往往成为整个宗教共同体的核心。各级领导干部要在政治上、思想上帮助他们进步,在工作上帮助建立健全组织机构,解决必要的人员编制和工作经费,生活上帮助他们解决养老保险、医疗保险、生活补贴等实际困难,真正做到信仰上相互尊重,政治上团结合作。要加快对宗教界代表人士的培养,通过培训和外出学习,提高他们的法治观念、爱国感情、宗教学识、管理能力、个人修养;通过充实调整等办法,合理配备宗教活动场所负责人,以构建良好的宗教团体管理班子;通过经常性谈心活动,引导宗教界知名人士提高自身素养,积极发挥骨干作用,树立良好社会形象。从而建立起一支遵守政策法规、信教群众基础较好、具有较高宗教学识和管理水平的宗教界代表人士队伍。

4. 加强宗教管理工作。一是加强宗教活动场所制度建设。结合开展和谐寺观教堂建设活动,抓好制度建设,充实健全宗教场所民主管理各种组织,把民主管理、财务监督、安全保卫等各方面责任落实到人头,做到"有人管事、事事有人管",确保宗教活动依法、有序、安全。围绕民主科学决策,实行依法规范管理的工作重点,加大制度创建创新力度,对现有制度进行全面梳理完善修订,规范议事程序,推进教务公开和财务公开,按规定办事,避免出现误解、纰漏和矛盾,提高宗教团体和宗教活动场所的规范化水平。二是加强网络建设。要进一步健全责任机制,完善民族宗教管理责任制度。对非法活动场所,要建立起长效管理机制，充分发挥基层一线的工作优势，发现问题，及时制止。三是要加大打击非法宗教活动的力度。按照"保护合法、制止非法、抵御渗透、打击犯罪"的工作原则，严厉打击非法宗教活动。进一步加强综合治理，整合各方资源，形成部门联动合力；进一步强化检查督促力度，采取"三乱治理回头看"等措施，确实防止"三乱回潮"。进一步加大依法治理力度，确保社会安全稳定。

综上所述，在当前社会转型、经济转轨，社会矛盾和社会问题日益凸显的背景下，中俄边境地区宗教发展过快过热，女性的宗教性高于男性，这一现象值得关注。与此同时，由于受到国内外宗教势力的影响和渗透，边境地区宗教结构发生了新的变化，本土的民间宗教受到冲击。未来的边境地区，五大宗教信徒的数量将会出现增长势头，宗教多元化发展与教派分化倾向将进一步显现。

八 鄂伦春族女性萨满问题

在鄂伦春人心目中，有一种人，永远不会被打倒，那就是萨满。鄂伦春人信仰萨满教，萨满教的世界观渗透到他们生活的各个方面，包括生产、生活、道德、思维方式、风俗习惯等。在鄂伦春语中，"萨满"一词，有两个含义：一是"无所不知的人，有先知先觉的人"；二是"沟通人与神之间的使者"。

鄂伦春族古老神话有云，天神恩都力看到森林里的鄂伦春人生活艰辛，时常被天灾病痛所困扰，就让金色的神鹰飞跃万里长空，从千层云端下落到人间，变现为亦正亦邪、亦人亦神的萨满。萨满的神力变幻多端，魂魄或寄予祖先神、草木神，或依于狐狸与蛇蟒，通晓过去，预知未来，甚至能召唤幽远的丛林精灵，治病驱邪无所不能。那飞转的铜镜、翩翩的彩带、奇异的唱诵，带你穿越一条祖先曾经走过、如今你正在蹚过的生命之河。

在萨满长调的吟唱中，你的恐惧在慢慢减轻，你的逃避在渐渐显现，你的喜悦在当下绽放。就这样，萨满用隔空的语言，与你腿上的那支隐形的箭对话，劝你胸口那只不安分的小鸟赶快飞走，告诉你头颅里隐蔽的那朵彩云飘回原处。他们那无穷的精力、超自然的法术、神灵般的智慧，都是族人尊重敬仰的源泉。但平时，他们却过着极度简朴和安静的生活，除非氏族里有重大的祭祀或有人重病。他们就住在部落里，经常是柔弱而慈祥的样子。萨满的存在让每一个氏族成员心有所依，深感寄慰。如果这个世界没有萨满，活着就将变成一种太漫长的痛苦和乏味的迟缓。在过去与世隔绝、缺医少药的大森林中，萨满能让人心里淡定。如今，萨满跳神治病的时代已经过去，但历史的惯性、文化之永恒，决定着萨满文化的价值和精髓没有、也不可能终结。

一　鄂伦春族萨满女多于男之原因

萨满被看作是沟通人类和神灵的使者，因此，并不是任何人都可以成为萨满的。在鄂伦春人当中，有四种人才可以当萨满。第一，就是孩子出生的时候，胎胞不破，这样的人长大了以后将会成为萨满。就说，难产的孩子生出来以后，他身上包着一层膜，这个膜没有破的孩子可以成为萨满。因为这个孩子命比较硬。第二，就是患有精神病或其他病症久治不愈，后来因为许愿当萨满而病好的人。像大难不死的人得了重病的，就是很难起死回生的时候，让你当萨满，通过萨满作法以后，大病痊愈了，这样的人可以成为萨满。第三，就是老萨满死了以后，他的神灵会找另一个人去附体，这个人如果能说出老萨满的情况，那么他就可以当萨满。第四，就是悟性比较高的人，有穿透力的人，预感性很强的人，能看到其他人看不到的东西的人，这样的人，可以在老萨满的培养下成为新萨满。

在鄂伦春族萨满教信仰中，女性形象居多，而且女性萨满多于男性萨满。相传鄂伦春族最早的萨满是一位女子，名"尼产"。她体健聪明，箭法神妙，威力无比，狩猎、采集、熟皮、缝制等多种技能集于一身。尼产对人宽厚仁慈，不辞辛劳，呕心沥血，为族人排忧解难，经常为他人看病，甚至从地狱中将死去的人救出。在精奇里江，也就是现在的黑龙江，曾经有吴姓大萨满、丁氏大萨满等，她们皆有治病、追魂、招魂等法术。

据萨满关扣尼老人讲，她当萨满的时候，就是请了关乌力彦萨满跳神传承，而成为萨满的。鄂伦春的民间传说《万能的萨满恩都力》讲道：恩都力女萨满不仅能够使人起死回生，还可以呼风唤雨。一个老者之子死了，恩都力萨满快步如飞地去阴间追他的魂。一路上遇到很多风险，都被她一一战胜。赶到阎王府时，见其戒备森严，便取出自己的雷神抛向空中，顿时出现了一片乌云把她托上了天空。恩都力见此老者之子的魂正与鬼魅摔跤，立即将他从地上吊上来，挟之疾走。回到原地,老者之子起死回生。

据 20 世纪 50 年代调查的资料统计,从 1900 年到 1958 年,在内蒙古鄂伦春自治旗托河乡以及黑龙江省逊克县新鄂、新兴乡,共先后出现过 39 个萨满,其中女性 25 人,男性 14 人。[①] 在鄂伦春族萨满教的祭祀活动中,供奉的神灵也多为女性。至今,仍有许多老人认为,腊月二十三是火神上天之日,要向火神供奉野兽的肉,这个祭祀多由家中的女主人主持。

鄂伦春族女性萨满何以多于男性萨满?笔者通过与萨满教研究专家孟慧英老师交流,通过与鄂伦春族作家刘晓红(笔名金吉玛)切磋,得到指点,总结出以下几个方面的原因:

1. 从社会学的思路来看,系母系社会的遗存。在父系社会,女性仍有宗教权。

2. 从心理学角度来说,女人天生敏感,容易被引导。男人的思维是直线型的,而女人大多是网状思维。

3. 从生理学的思路来看,女人生儿育女,对生命的体验更为深刻。男人属阳,女人为阴,女人更容易被大仙附体。

4. 从地理学角度来说,亚北极地区寒冷的气候,极夜和漫长的严冬,容易引发抑郁症,生活在北极圈一带的狩猎民族容易患歇斯底里的地理病。

5. 从经济学角度来看,男人狩猎是家庭经济的主要来源,女性处于从属地位,其主要任务是抚养孩子,缝制毛皮制品,夏季从事采集。男人长期在外狩猎,女人有更多的时间面对孤独和寂寞。一位出生在格陵兰岛的因纽特萨满说过这样一句话:真正的智慧只能在远离人群的地方才能存在,在极度的孤独中才能产生。

6. 就狩猎民族而言,男人与女人的关注点不一样。男人更关注外在的一切,如动物,森林,以及与狩猎有关的所有话题。女人盘腿坐着,主内,安静,每天面对树木和蓝天,更容易与大自然交流和倾诉。

[①] 刘翠兰、张林刚:《从鄂伦春族民间文学看其信仰习俗》,《内蒙古社会科学》1991 年第 4 期。

二　女性萨满的现状及萨满传承情况

（一）关扣尼萨满

关扣尼，女，鄂伦春族，古拉依尔氏。1935 年夏，出生于大兴安岭溪尔气根河流域。其父蒙克，是一位勇敢出色的猎手，母亲孟姑任波善良贤惠。关扣尼家境贫寒，原有三个哥哥，两个姐姐，但除了姐姐关扣杰外，其余哥哥、姐姐很早就先后夭亡。在关扣尼不满一周岁时，她的母亲患病去世。经人介绍，父亲娶了一位丧偶的女人，名字叫阿古。继母阿古心地善良，特别疼爱这几个失去母亲的孩子。幼年的关扣尼跟在继母身后，形影不离。

关扣尼童年时，家中富裕起来，马匹逐渐增多。她酷爱骑马，常常骑着马在原野、密林中奔驰。1950 年的一天，关扣尼突然感觉腰部和胸部一阵阵疼痛，像岔气一样，呼吸困难，倒在路边。继母看到此状，十分心疼，精心照料。可是，关扣尼的病情一天比一天严重，而且持续了半年也不见好转。继母阿古想了各种办法，但都不见效。

无奈，父母亲请来了赵立本大萨满。赵立本看了关扣尼的病情后说："这孩子只有当萨满，病才会好。"家里人为关扣尼做了一件神衣，关扣尼穿上神衣，跟赵立本萨满请神、跳神。不用人特意教，她很快进入神附体状态，不知自己说什么唱什么，到了自己言行不能控制的忘我境界。关扣尼成为萨满后，病完全好了。经过多次实践，年轻时就能够独立举行请神、跳神仪式。她的神歌委婉动听，神舞和谐优美，给人以美的享受和智慧的启迪。[①]

关扣尼老人拥有丰富的手工传统技艺和口头文学作品，2007 年被中国文学艺术界联合会、中国民间艺术家协会确定为中国民间艺术杰出传承人。但这个传承人只是名义上的。

为了使萨满文化得以流传，2008 年，在黑龙江省呼玛县白银纳乡

---

① 关小云、王洪刚：《鄂伦春族萨满教调查》，辽宁人民出版社 1998 年版，第 55 页。

鄂伦春族下山定居 55 周年庆典期间,呼玛县县委、县政府统一部署,县政协和县委统战部统一协调,县委宣传部配合,县民族宗教局和白银纳乡党委政府精心组织,在美丽的呼玛河畔,在夜幕降临之时,举行了隆重而神秘的萨满传承仪式,萨满传承人是关扣尼的女儿——孟举花。孟举花神功不错,悟性很高。

为了使萨满文化得以延续,2009 年,白银纳乡政府组织引导 7 名 20 多岁的年轻人,拜老萨满为师,学习萨满神服的制作工艺,现在已经出徒,使其手艺得以流传。另外,呼玛县政府又聘请内蒙古鄂伦春乌兰牧骑歌舞团的舞蹈老师徐振军和大兴安岭地区红十字会会长关金芳为白银纳鄂伦春民间艺术团编排萨满舞蹈——《萨满神韵》和祭祀舞蹈——《大山的回声》,以舞蹈的形式宣传和弘扬神秘的萨满文化。萨满在鄂伦春历史发展过程中曾经发挥重要作用,因此,呼玛县政府已经拍摄了萨满宗教祭祀活动的全部过程。

2009 年 12 月 3 日,关扣尼的女儿孟举花不幸出车祸遇难,萨满传承人夭折。关扣尼非常痛苦,在亲人好友的劝说下才慢慢"复活"。2012 年,政府给她分了一栋 80 平方米的住房,一个人居住。关扣尼眼睛有毛病,目前什么也干不了。2012 年主持了一次祈福祭祀活动,政府媒体录制了全部过程。关于萨满传承人问题,关扣尼本人有意向,她想传给她的侄女关金芳。2018 年,在关扣尼萨满的主持下,关金芳正式成为萨满传承人。

(二) 关金芳萨满[①]

1956 年 3 月 17 日,关金芳出生在大兴安岭美丽的呼玛河畔,她的父亲是关佰宝,母亲是孟玉兰。她的太爷生性乐观,在呼玛河流域是德高望重的民间艺人,在节日里,大家都会来拜见这位高寿老人,唱歌跳舞喝酒,彻夜不休。在狩猎或祭祀祖先活动中,大家聚集在呼玛河畔,在篝火的映照下载歌载舞,祈祷祝福。在这样的艺术氛围和广阔的大自然舞台上,成就了关金芳的音乐和舞蹈天赋,那些优美的民间说唱和舞蹈动作,更是给了她无限的灵感和创造激情,带着年轻的梦,离开家

---

① 刘晓红微信公众号:《鄂伦春的传奇世界》2017 年 12 月 2 日。

图 8-1 萨满关扣尼 摄影：方征

乡去外地求学。

1979 年,关金芳从大兴安岭师范学校毕业,回到故乡白银纳中心校担任音乐老师,副校长。那时,她就开始了鄂伦春民间故事、民歌、舞蹈的收集整理工作,并开始自学词曲创作。故乡的山山水水,鄂伦春的历史文化,都被她编织到或热烈或悠远的歌声和说唱艺术中,用最具鄂伦春灵魂的舞蹈动作和服饰展现给世人。

1985 年关金芳上省委党校学习两年,1989 年 6 月,调到呼玛镇第三小学任教。1994 年 2 月到呼玛县人民政府工作,后任副县长。2002年 8 月至 2003 年 8 月在呼玛县人大工作,担任人大副主任。2003 年 8月底至 2016 年 3 月,在大兴安岭地区红十字会任副会长,2016 年 6 月退休。2018 年,通过传承仪式,正式成为萨满。

　　无论做什么工作,关金芳的方法就是:"凝聚人心,坚持不懈"。她说,逆境当中求生存,我们这代人,是民族的中坚力量,弘扬正气,承上启下,我们的力量是很重要的,未来的一代,一定是真正对自己的民族有感情,肯付出的才能把民族的精神文化传承下去。赛革担任鄂伦春自治旗旗长后,撬开了我们封闭在大山里的那一部分鄂伦春,大兴安岭的鄂伦春和内蒙古鄂伦春自治旗的鄂伦春人建立了广泛和频繁的联系。鄂伦春民族研究会 1993 年在哈尔滨成立,从那以后,我们和阿里河的鄂伦春以及黑河地区的鄂伦春就有了更好的交流。我们这边也是大家自己找活干,我们白银纳有 12 项省级非遗传承项目,10 个传承人。

　　白银纳的非遗传承有:鄂伦春萨满祭祀、萨满神服制作技艺、桦皮船、剪纸、民族传统服饰、民歌、民间舞、萨满舞、斗熊舞、刺绣、撮罗子、兽皮船以及狩猎传承。

　　关金芳是黑龙江省省级六项传承人。她说,文化得有人去做,成立鄂伦春自己的艺术团意义重大。白银纳是大兴安岭地区两个民族乡之一,聚居着 83 户鄂伦春居民,2006 年成立的白银纳民族艺术团在抢救和挖掘鄂伦春传统文化,保留民族独特文化魅力,形成鄂伦春文化产业,树立民族自信心等多方面取得可喜成绩。演员就是鄂伦春猎民,上到八十多岁老人,下到不满周岁的婴儿,都参与到演出活动中。大家克服了经费紧张,放弃家庭收入等各种困难,从一开始的默默无闻,到现在成为媒体的聚焦,是一个民族不屈不挠精神的写照。就这样,关金芳有了自己的徒弟和团队,持续打造着鄂伦春的原生态文化。

　　不仅如此,她还把这些文化传承给了孩子们,比如教他们鄂伦春童谣、儿歌,这些童谣和儿歌都是和太爷学的,关金芳 8 岁时,太爷去世,之后爷爷就继续教她各种童谣和儿歌。

　　关金芳会唱很多小孩的歌,比如《别雅别雅》(月亮月亮),这个童谣用鄂伦春语表达,非常活泼有趣,朗朗上口,表达了小孩子的天真可爱和高超的射猎技艺以及人与自然的和谐共生。

　　关金芳带领鄂伦春孩子参加过上海少儿 56 个民族的汇演、大兴安地区的汇演等许多文艺演出。走出去,唱原生态歌,跳民族舞,接触外面的世界，开阔了孩子们的视野，也增加了孩子们的民族自豪感。同时把这种文化传承也带到学校，让学校编排少儿歌舞，如 12 月拍手歌等，并让孩子们学习民族语言。

民间民俗文化的传承中，萨满非遗传承迫在眉睫。说到鄂伦春的萨满，是整个民族文化中最重要的组成部分之一，灵魂的东西如果消失了，一个民族就仅仅是个符号了。关金芳的家族两辈人中就曾经有 5 个萨满，回忆过去，关金芳娓娓道来。

1952 年，白银纳所有的萨满神都被送走了。1962 年，有一个鄂伦春妇女肺结核已经很严重，发高烧，肺子也不行了，她的丈夫关来托找到我姥姥，让她帮助看看，跳大神。姥姥说，现在国家有医院有大夫，就别找我了，可是他们就相信我姥姥。姥姥就让我大舅给做了一个鼓，临时做的狍皮鼓，没有萨满服，因为姥姥的萨满神服被国家博物馆收藏了，姥姥就穿了一件花布衣服去给跳神。她说，这病得也太重了，肺子都没了，心脏也有问题，如果奇迹出现了，也不用谢我，如果治不好也别怨我啊。他们说，哪能呢，就满足她一个愿望吧，我们就是相信你能治好。我姥姥晚上就开始跳神，转圈啊，一圈一圈的，用那个鼓摇，然后那个鼓里就存了一大堆脓血，奄奄一息的病人脸上就有了血色。鄂伦春人骨子里还是很相信萨满法力的，当看到鼓里存了那么多脓血，对我姥姥佩服得不得了。姥姥让他们端着鼓把脓血倒到一个特定的地方，出门过两个沟坎有个大杨树，在树底下挖坑倒了，埋上，不能去动那个地方。

关来托让两个年轻人去倒，姥姥微微眯着眼睛说，这两人刚过了第一道沟坎就倒了，既然不相信萨满，就不要找我。大家听了半信半疑，不相信两个年轻人真的会没到目的地就倒了。我姥姥明确地学着两个年轻人的对话，谁说的，怎样怎样的情况。一会儿他俩回来了，大家一问，开始还不承认，关来托很生气地说，萨满都看得清清楚楚，你们过了一个坎就倒了,他俩就承认没走到第二个沟坎的大杨树那里,气得关来托用拳头打了他俩几下。姥姥叹气说,我只能保她六年,六年后还得有病,再有病也别找我了。姥姥气得饭都没吃就走了。五六天之后,病人就能起来走路了,后来还生了孩子,6年后旧病复发还想找我的姥姥,我姥姥不去,说你们没按我的话办,要不然她能活到七十多岁。没过多久,这个鄂伦春女人就去世了。

我的大姨也厉害,有一天我上她家,她突然来神了,几乎脚不着地就跑出去,到了外面,用桦子点了一大堆火,盘腿就坐到火堆上,着的火特别旺,但她坐的地方的火就慢慢灭了。

旁边的人知道她来神了,赶紧烧上铁烙提,一会就红红的了,递给她,她就用舌头舔通红的铁烙提,那铁烙提冒着热气,一会儿那个铁烙提就凉凉的了。下来的时候,她的小布鞋和衣服裤子一点也没事。

过去白银纳的萨满特别多,也特别灵验。我二姑(关扣尼萨满)有一年病重卧床,3个月瘫痪了,我大姑就说,你很长时间都不供神了,不行就自己跳神治病吧。我大姑就去买鱼和鸡准备着,正好就被呼玛电视台的看到了,他们就要求录像,长影和北影的听说了也来了,录完像呼玛电视台的回去一看,前期的准备过程,后期的收尾都有,但其中正式跳神的部分是空的,他们就去找长影的,那边也没有录上,北影的也一样,他们就上照相馆冲洗交卷,照相也没有照上,胶卷中间就是空白的。这回他们就相信了,不是录像机和照相机的问题,是萨满神不想让他们看到。北影的人说,我从来都不迷信,这回我是相信了,鄂伦春萨满真是太神奇、太厉害了。当时还要重拍,我二姑说,萨满是不能随便开玩笑的,以后再有祭祀活动再来吧。半年以后他们又来了,因为还有林刚,我二姑和孟金福就说,我们给国家留点资料吧,要不以为我们鄂伦春没有萨满文化传承呢,我们别来真的就行,那样他们才能录下,这么就给跳了,也录下来了。

关金芳说,传承民族文化需要我们每个鄂伦春人的努力,让全世界看到一个如兴安松林一样巍巍屹立的民族。

晚霞隐退,薄雾升起,微风摇荡起森林的气息,摇荡起河水的气息,鄂伦春人围着篝火,在关金芳洪亮悠长的曲调中,拉起了手,在充满仪式感的唱诵里,我们一起踏上记忆的长河,那里有神灵的关注,有莫日根雪野的跋涉,有女人如风的裙裾,那穿透夜空的歌声,也穿越着一颗颗链接起来的灵魂,以敬畏天地、热爱自然的赤子之心,让世界变得简单无垢,映照着族人脸庞的火光,也映照着山林,闪耀的光辉是生命本身的神秘力量,我们如此与众不同又如此无法剥离,如同呼吸。

一个出色的歌者、舞者,可以带动身边的每个人。作为鄂伦春杰出的艺术家,关金芳萨满的霸气和豪迈非语言可以形容。因为传承、传播、传颂,一个人可以有更广阔、更丰盈的勃勃生命。

三 民间女性萨满现象

在鄂伦春人中,具有萨满潜质的女性不乏其人,她们不被社会承认,但却扮演着萨满的角色,义务为有需求的人作法、占卜、看病、祈福,执行"民间萨满"的职能。

个案 1:额尔登挂,女,1931 年正月十五出生在大兴安岭一个贫苦猎民的家庭里,她的爷爷曾是一位氏族萨满。额尔登挂是鄂伦春族赞达仁传承人,是内蒙古呼伦贝尔市 43 个市级非物质文化遗产传承人中最年长的一位。

额尔登挂老人的童年和少年时光都是跟随父母在大森林中度过的,北方狩猎民族的勇敢与无畏、能歌善舞在她身上体现得淋漓尽致。据她说,她自己富有萨满功力,曾先后救过 3 条人命。鄂伦春族女人必会的三样手艺:绣花、唱赞达仁和跳舞,她样样精通。在鄂伦春人当中,萨满主要有两种:一个是氏族萨满;另一个是流浪萨满。

氏族萨满是很有地位的,是一个氏族里或一个家族里头较有名望的萨满。额尔登挂说,氏族萨满是隔代传,她本应该是爷爷的萨满传承人,但是自己没接着,因为神来的时候,新社会开始了,当时已经不让跳大神了。

　　她17岁时和全家人下山定居,先后在鄂伦春猎民乡、鄂伦春旗妇联、鄂伦春旗商业局、鄂伦春旗工商行政管理局等各个岗位工作和忙碌过,但她从来没有忘记过搜集和整理赞达仁,并热心地教身边的人;同时天资聪慧的她也学会了当地所有流派的赞达仁。额尔登挂老人不但歌唱得好,舞跳得美,还会绣花、制作桦树皮制品,吹口弦琴、鹿哨和狍哨等。最为重要的是,她会做萨满神服,尤其是会绣萨满服饰上的各种图案。额尔登挂说,我没当成萨满,但我已被家族萨满附体,所以我必须会做萨满神服,不仅会做,还得会讲,明白每一个图案的含义。

图8-2　鄂伦春族赞达仁传承人额尔登挂　摄影:刘晓春

　　个案2:莫桂芝,女,1950年10月13日生于小兴安岭地区沾河流域一个鄂伦春族家庭里,父亲莫金生是一位出色的猎手。莫氏家族是鄂伦春族的萨满世家,世代信仰萨满文化。家族中每隔一、两代就出现一个萨满,祖上曾先后出过 3 个萨满,莫桂芝的奶奶就是一位大萨满。据莫秀珍老人讲:"鄂伦春人下山定居的时候,我大娘(莫桂芝的奶奶)说什么也不肯下山,认为鄂伦春人若不相信萨满,就失去了精神支柱。政府派来医生为鄂伦春人看病,萨满受到冷落,我大娘抑郁而死。"①小的时候,莫桂芝精灵古怪,想象丰富,不善言辞,但心中有数。1953 年,鄂伦春族下山定居,萨满传承仪式被取缔。

萨满的一个重要职责就是治病。历史上北方少数民族因为缺医少药,抵抗灾难与疾病的能力低,人们便依靠萨满来治病。现代医学这么发达,萨满这一职责是否也随之消失了呢?笔者通过调查发现,萨满的这一职责不但没有消失,反而在民间还有一定的市场。虽然莫桂芝不是萨满,但具有萨满潜质,有一些特异功能。近年来,来找莫桂芝看病的人也不少。莫桂芝的原则是,来者不拒,相信我,我就给看,不相信我则免。

莫桂芝往往借用神灵的名义,通过心理暗示来调节人的情绪和心境,对外伤、皮肤病等运用中草药及物理疗法。而所用一些神器和仪式手段,主要是为了使萨满治病更显神秘性。据观察,她看的主要是外病(虚症),即因为外界影响而得的病,如被什么东西冲了,沾了"晦气",或邪气附体等。此外,莫桂芝也给有需要的人看事,通过念咒语或发放护身符等形式为他人消灾祈福。这种心理暗示方法比较管用,有的抑郁症患者会减轻痛苦。

额尔登挂和莫桂芝等人没有成为萨满,是由很多因素造成的,不能一概而论,但时代背景还是很重要的。新中国成立以后,不让跳神了,认为那是一些迷信的、巫术的东西。但是到了现在,人们开始觉醒,认为萨满教绝不仅仅是一种巫术,它可以是一本历史教科书,也可以是一部文学作品。因为,在萨满从事宗教的活动中,在他的唱词里可以完整地诉说一个民族的历史。所以,新萨满教和新萨满的诞生对传承鄂伦春族传统文化具有重要意义。

---

① 刘晓春:《鄂伦春历史的自白》,远方出版社 2003 年版,第 28 页。

图8-3　民间萨满莫桂芝(右一)　图片提供：刘晓春

四　当今存在问题举要

1. 有关萨满传承人的选择和传承仪式的内容外界参与过多。
2008年,在黑龙江省呼玛县白银纳乡鄂伦春族下山定居55周年庆典期间,呼玛县县委、县政府统一部署,在呼玛河畔举行了隆重而神秘的萨满传承仪式。整个过程虽然留下了宝贵的影像和图片资料,但萨满文化现象是在最自然的环境、时间、氛围中发展的,一旦有了外界的参与和干扰,所谓的传承仪式就失去了一些本真的东西。正如关扣尼本人所言,在强烈的摄影灯照射下,神都有点守不住了,萨满传承仪式不能"表演"。

2. 萨满传承人的生活比较贫困。关扣尼是目前我国唯一的鄂伦春族萨满,她的主要生活来源是五保户补助。她的丈夫、大儿子、小儿子、女儿相继去世,目前只有二儿子还健在,但身体不好,经常犯病,也没有固定收入。

3. 在鄂伦春族地区,具有重要价值的萨满文化传人断代问题越来越突出。由于各种原因,到目前为止,还没有培养出一个真正意义上的萨满传人。目前,整个鄂伦春族能咏诵萨满长调并能主持萨满仪式的老人只剩下关扣尼了。如果再不采取紧急措施传承萨满文化,10 年之后,在鄂伦春族地区就找不到智慧渊博的大萨满了。[①] 传统文化是我们认识世界的一把钥匙,如果我们放弃了对这个宗教的研究,可能很多的东西我们就无法考证,很多的历史永远沉在长河当中。

4. 萨满教倡导的人与自然的和谐理念具有重要的研究价值和存在价值,今后应加大这方面的研究力度。考虑到"确信则有"的心理暗示作用,即使在物质极度丰富的当下,萨满的精神疗法依旧重要。因此,萨满教参与社会关怀具有重要意义。

5. 萨满教的社会功能尚未得到很好发挥。萨满文化的价值在理论上不断被认可,但在现实中,其文化功能却依然停留在社会的边缘。

萨满文化告诉我们:万物皆有灵,地球有经络,没有信仰的民族是没有希望的。遵从自然、敬畏自然,人类才会自律,人类自律,山河才会秀美。信奉萨满教的鄂伦春族对自然的保护是整体的,是没有任何功利和欲望的,鄂伦春族狩猎文化始终渗透着对大自然的深情和感恩。文化是多样的,文明是人类追求的永恒主题。人类的文明不是强势文化的整合,而是多元文化的并存和共生。鄂伦春族是一个很有个性、很有特色的森林民族,萨满文化具有重要的研究价值和存在价值。如果森林没有了,狩猎文化也就无法延续。在现代文明的冲击下,其传统文化消失得越来越快,而正在消失的文化,恰恰是我们还没有很好解读的文化。而生态环境的破坏则加剧了其现有文化的消失。大、小兴安岭

---

① 刘晓春:《鄂伦春历史的自白》,远方出版社 2003 年版,第 3 页。

的植被不仅仅是树木和花草,鄂伦春人是最重要的植被,萨满教提倡的人与自然的和谐理念才是中国生态理论之根本。

因此,对萨满文化进行深入探讨和适当扶持,不仅有助于人类非物质文化遗产之保护,也有助于推动鄂伦春族社会的和谐与发展。

图8-4　作者与萨满舞领舞合影　图片提供:刘晓春

九　鄂伦春族
传统生产方式解读

一 狩猎习俗

　　鄂伦春人世世代代以狩猎为主,他们对狩猎生活有着浓厚的感情和熟练的技能。猎手们熟悉兴安岭的地形,熟知野兽的生活习性和出没规律,能准确判定各种野兽的行踪足迹。长期的狩猎生活使鄂伦春猎人练就了一手好枪法,个个猎民几乎都是弹无虚发的神枪手。

　　大小兴安岭既是鄂伦春人的美丽家园,又是他们的天然猎场。那里生长着丰富的木本和草本植物,不但为种类繁多的野生动物提供了良好的栖息和繁殖场所,也为它们提供了丰富的食物。据统计,大小兴安岭有各种珍禽异兽 50 余种。鄂伦春人主要猎取的有:鹿、犴、狍、野猪、熊、猞猁及飞龙、树鸡、野鸭等。尤其是狍子,遍布大小兴安岭,是鄂伦春人的主要衣食之源。好的猎手,把客人请到家里之后,才背上枪去打狍子,他们像牧民到自己的羊群里取羊一样,用不了一袋烟的工夫就可以把狍子猎取回来。

　　鄂伦春人最早的狩猎工具是木棒和石器,之后是弓箭、火枪、别拉弹克枪及现代步枪。此外还佩有猎刀、枪架和斧子。部分地区还有使用滑雪板及桦皮船的。

　　在鄂伦春人的狩猎生活中最不可缺少的伙伴是猎马和猎犬。鄂伦春人的猎马身材矮小但适应严寒酷暑,能爬山,尤其擅走沼泽地。其猎狗机智、勇敢、嗅觉灵敏,它能嗅味跟踪,便于猎人发现野兽。

　　鄂伦春人的狩猎技术表现在多方面,一个优秀猎手必须具备三个条件:一是勇敢机智、肯吃苦;二是射击熟练准确;三是十分熟悉山川地形和各种野兽的栖息场所及习性。鄂伦春人把优秀猎手称为"莫日根"。过去,每一个氏族都有一定活动范围。鄂伦春人从小就跟父兄在这个范围内游猎,对这里的山脉走向,河流的分布等皆了如指掌,在深山密林中从不迷路。鄂伦春人猎取的细毛皮张主要有:貂、猞猁、水獭、灰鼠、黄鼠狼、貉等。取自野兽身上的药材主要有鹿茸、鹿鞭、鹿心血及熊胆等。

在鄂伦春人的狩猎生涯中猎取较多的动物是:狍子、犴、鹿及熊等。

狍子:这种动物听觉、视觉灵敏,但嗅觉差些、胆子也小。一般有风吹草动,就要惊跑,但跑不多远就会站住,它同别的动物相比,有些发傻,今天在这里打过它,明天它又回到这里。春历5~6月是狍子下崽的季节,猎人在长期狩猎中,发明了桦皮制的狍哨(卡皮兰),模仿狍崽叫,雌狍一闻到此声,就会前来,以为小狍崽找不到母亲了,而狼、熊等野兽听到狍崽叫,也前来吃它,这样猎人在引狍子时,也有可能把狼、熊引来,一举两得。狍子在鄂伦春族传统的衣食等各个方面都显得格外重要。

鹿:这类动物听觉、视觉及嗅觉都相当灵敏,只要听到动静马上逃掉,鄂伦春人猎鹿注重季节性。一般2~3月是鹿胎期,5~6月为鹿茸期,9月到落雪以前为鹿尾期。在鹿尾期,鄂伦春猎人发明了"乌力安"来猎取鹿。而夏季主要是蹲泡子或碱场。

犴:又名驼鹿,是目前世界上现存49种鹿科中最大的一种。犴的外貌奇特,头大眼小突出,耳朵一尺长,脖子短,四肢颀长而行走迅速,尾短小。雄犴有一对角。犴的听觉、嗅觉稍差,冬春多在山上有树的地方吃各种树梢和树叶,特别喜欢卧在柞树丛中。夏秋多在四周有柳丛的河套里,猎取犴时冬季多为寻踪追捕,夏季蹲碱场或泡子。在黑龙江呼玛河流域还用桦皮船猎犴。

鄂伦春人在长期狩猎实践中,积累了丰富的知识和经验。鄂伦春人的前辈毫无保留地把技术和经验传给下一代。传授狩猎经验,一般是采用口头传授和实际狩猎相结合的方法。老年人和优秀猎手以及家庭中的兄长,在狩猎归来和闲暇时,都愿意把亲身的打猎经历讲给猎手听。经过不断地讲述,使新猎手获得丰富的感性知识。

男孩子从十几岁就开始跟随父兄和其他长辈狩猎。按传统习惯,初次猎获的野兽不能独自占有。肉要分给邻里乡亲,内脏慰劳猎狗,意在感谢邻里长辈对自己狩猎技术的言教身传。

在狩猎生产过程中,鄂伦春人有许多禁忌。如出猎前,不许说这次要猎取什么野兽,认为这样说就会一无所获;在猎取貂及松鼠这类小动物前,引火时不能用长木柴,认为烧长木柴野兽就会吓跑,不易猎取;在猎取鹿、犴等大动物后,开膛时舌头、食道和心脏必须连在一起,直到煮熟食用时才能割断。出猎时第一个野兽,要祭祀山神"白那恰",以祈求山神保佑。同时,一般出猎前,长辈要烧烧狍的肩胛骨,占卜一下出猎时的吉凶。

鄂伦春人的狩猎生产是带有季节性的,而且有一定的规律。除了鹿以外,其他野兽一年四季都可以打。冬季落雪之后是打皮子的好季节,同时也是打肉的好季节,一般称为"红围期",意为打猎的好季节。

夏季打猎主要是蹲碱场和泡子。碱场多分布于山沟里,地面覆盖一层盐碱。鹿、犴尤其喜欢到较固定的盐碱地舔食盐碱。它们通常是夜间到碱场。鄂伦春族猎人就是利用这一规律来捕杀它们。泡子里生长一种宽叶草,是犴、鹿、狍喜爱吃的食物,它们也多是夜间到泡子边上吃这种草。

猎人夜间蹲碱场时一般把马拴在两里之外,卸下马鞍,打点蚊烟。猎人带上御寒的毯子以及当垫子用的马屉、枪、刀、枪架。到了碱场选下风处一个地点把枪准备好等候。如果是两人、相互间隔一米左右,可以轮流等候。发现动物时,轻轻推醒对方,支上枪同时开火。天亮以前打到的野兽一般不马上剥皮,继续等待,若天亮时才打到的,就不等了。

冬天打猎主要是寻找踪迹,然后跟踪寻找,若发现动物,猎人要顺风慢慢靠近,临近时下马架枪射击。

居住在呼玛河流域的鄂伦春人在夏季打犴时还有一种特殊的办法,即利用桦皮船打犴。首先选好犴经常出没的河流边上,夜间猎手便乘桦皮船去寻找犴,划船时要轻。倘若河水较浅,船可以划快一些,水深时犴饮水耳朵完全浸在水中,反之河水若浅,犴耳露在外面饮水,船要划得轻些,发现犴时慢慢靠近,用枪射击。

在鄂伦春人的狩猎生活中,捕鱼是其狩猎生产中不可缺少的补充,

图 9-1 冬季狩猎 摄影：张林刚

是其赖以生存的重要食物来源之一。因此，鄂伦春人不仅喜欢捕鱼，而且积累了丰富的捕鱼经验。鄂伦春人在很早以前就学会了捕鱼技术。捕鱼的工具有鱼叉、鱼钩、鱼网、鱼盾、弓箭、枪、桦皮船、鱼梁子等。鱼叉是自己用废铁打制成的，有三齿叉和倒钩叉两种。过去没有鱼网，只是近几十年才开始使用。

长期的渔猎生活使鄂伦春人掌握了各种鱼类在不同季节的活动规律，熟知什么季节捕什么鱼。春季是哲罗、细鳞交尾鱼子的季节，这时鱼很肥，不愿意咬钩，所以采用的捕鱼方法一般是叉鱼或用网打；夏季，各种鱼游入大小河流的上游，这时鱼较瘦，很容易咬钩，所以这个季节也是垂钓的好季节。秋天，各种鱼类顺河而下，游回黑龙江过冬，这时可以采用挡梁子的办法捕鱼。挡梁子就是用柳条编篱笆，在小河中打桩，用柳条篱笆拉一道坎，在坎的中部或顶端留一小口，在留的缺口处放一柳条筐，鱼游来时就会掉在筐里。

鄂伦春猎人有时偶然见到大鱼，在没有其他捕鱼工具的情况下，一般是用枪射击，即便打不死鱼，也会将鱼震昏。

鄂伦春地区的河流均为公有，无论到哪条河流捕鱼都不受限制。

过去捕鱼主要供个人食用,由于工具简单,打的野兽很少,粮食也极少,所以人们晒干很多的鱼储备起来,以备猎荒时食用。后来和俄国人作交易时才开始大量捕捞大马哈鱼,换回各种生产和生活资料。

二 狩猎工具

鄂伦春马

鄂伦春人已经告别狩猎经济 20 多年了,为什么还有很多人养马?比如,鄂伦春族民营企业家关晓志,饲养的鄂伦春马竟然有上百匹。鄂伦春人对马的"柔情"深入骨髓,有些人很难理解。鄂伦春马对鄂伦春人而言,不仅是一个高贵的存在,也是他们精神和灵魂的重要依托。

鄂伦春马原产于我国大小兴安岭地区,产区属亚寒带大陆性气候,冬季最低气温 -40～-50℃。目前,纯种的鄂伦春马仅有数千匹,主要分布在鄂伦春族聚居区和鄂伦春族居住的周边地区。

鄂伦春马体型中等,毛长腿粗,行动敏捷,步伐稳健,耐力超强,通灵温顺,是鄂伦春人狩猎生活中不可或缺的忠实伙伴。鄂伦春马精悍韧性,习惯在山地和沼泽地奔驰,就是驮上一只四五百斤重的猎物照样奔走如飞。遇到独木桥,稳健通过。尤其是爬陡坡、钻密林的时候十分通人性,乖巧地驮着猎人自动绕枝躲树,寻隙窜空,猎人从不担心挂到树枝。据鄂伦春猎人讲,鄂伦春马有着特殊的性能,饿了没有草,马可以吃兽肉;渴了没有水可以喝兽血;冬天还可在几尺深的雪底下扒草吃,冰封大地,没有水流,马靠吃雪解渴。在发现猎物时,猎人只管下马远走搜寻,马不跑不跳,悠闲等待。一旦听到枪响就会朝着猎人的方向奔驰而去。不管猎人开枪时和马的距离有多近,久经考验的马只是微微抖动。只要看到猎人做射击的动作,马会竖起耳朵,静等枪响,很少有受惊的时候,一切听从猎人指挥。在出猎途中,马比人更清楚什么地方可以走,什么地方不可以走。比如经过沼泽地的时候,只要马自动调头,猎人就知道前方有深没马身的"鬼沼",万不可走进去。有时猎人不慎被马掀下，马就会停下来等待主人重新上马。如果猎人在狩猎途中生病而掉下马，马就会背着空鞍子回村报信。鄂伦春马具有团结协作精神，公马护群，母马护驹，能与野兽搏斗。同时，鄂伦春马也喜欢争强好胜，群马赛跑时，没有一匹马甘心落后。

鄂伦春马要想成为一匹出色的骏马，必须经历魔鬼般的训练。鄂伦春猎人驯马的办法有多种，常见的一种是找长有塔头草墩的沼泽地去驯马。他们骑上要驯的马，很艰难地在塔头墩子上走上一个春天才能驯好一匹马。这样驯出的马奔跑时很平稳，而且还能驮运重物。

马是鄂伦春人不可缺少的狩猎工具与交通工具，鄂伦春人无论进山打猎，还是运载货物，几乎都由马来包揽一切，因此他们对马"爱如至宝"。

过去，鄂伦春人一直把马当作财富，男方到女方家订婚所带去的彩礼就是马匹和白酒。鄂伦春人尽管很爱马，但对马匹的放牧和饲养还是比较原始的，说他们"马放南山无人管"也是事实，有时整个夏天都可以不去管它，一切信马由缰，马长得也很肥壮。

鄂伦春人对马有着非常深厚的感情。马从出生到死亡，都始终随着山林的脉搏而飞跃奔腾。它是那样的顽强，又是那样的优雅，是森林生灵中最珍贵的记忆。它与鄂伦春人相伴相随，经历着山林的风霜雨雪、春花秋月，体察着鄂伦春人的喜怒哀乐和悲欢离合。一个真正的鄂伦春人，一生都不会去伤害马和猎犬，更不会去吃马肉和狗肉，因为，鄂伦春马早已成为鄂伦春人的"家庭成员"了。鄂伦春马老了以后，一般是自然死亡，有的老马也会被送到军马养老院，使其有尊严地回归大自然。

尽管鄂伦春人爱马养马，但是，由于多种因素的影响，鄂伦春马的总体数量在下降，种群质量也在退化。以黑龙江省黑河市鄂伦春族聚居区为例，目前，全市鄂伦春纯种马存栏不足 400 匹，基础母马不足 200 匹。鄂伦春马的独特之处是灵活敏捷，善于爬山和穿越密林，耐寒韧性，不择食，耐饥渴，是严寒森林地带的优良品种，是护林防火的交通工具，更是鄂伦春人心中神圣的象征。因此，鄂伦春马值得保护，值得关注，值得研究。

图9-2　鄂伦春马　摄影：关晓志

猎犬

从文献记载来看，鄂伦春人最早饲养的家畜是狗。据《黑龙江外记》描述："布特哈田犬各擅长，精于兔者不扑野猪，精于野猪者不扑兔。"猎犬是鄂伦春人的可靠"助手"，既能保护主人的安全，又能追逐野兽和寻找野兽。

大约在清朝晚期，鄂伦春人才开始使用火枪，在此之前，狩猎工具主要是弓箭和扎枪。由于弓箭和扎枪这些狩猎工具比较落后，不易命中要害，这就十分需要猎犬参与追捕或与猎物搏斗，以便使猎人获得再次射杀的机会。尤其是捕获凶猛的大动物，猎犬显得十分重要。据史料记载，很早以前，鄂伦春人的马匹并不是很多，猎人大都靠步行狩猎。由于人的体力有限，步行速度慢，猎犬的帮助就显得很重要。此外，居住条件也促成了鄂伦春人和猎犬的紧密关系。过去鄂伦春人是以"乌力楞"和"自然村"的形式居住在深山里，在荒僻的自然条件下，猎犬不仅是鄂伦春人的生产助手，同时也是鄂伦春人的生活伙伴。根据猎人们的经验，在山里一条狗可以擒住狍子，两条狗可以斗野猪，三条狗便可以缠住熊和犴。因此，在鄂伦春人中就有"好狗不换马"的说法。

鹿哨

鹿哨是中国北方以及东北亚地区游猎民族广泛使用的一种拟声狩猎工具,历史上契丹、女真各部及近现代的鄂温克、鄂伦春、达斡尔、赫哲等族都曾使用鹿哨,而且有的民族至今仍在使用。鹿哨的创造与使用源于中国北方及东北亚狩猎民族对野生动物的深刻认知,是人类多种知识与技能的集中体现,是狩猎工具进步与狩猎技巧提高的实物佐证,具有鲜明的地域文化色彩。

大小兴安岭的深山密林,熊嘶狼嗥、虎啸鹿鸣。鄂伦春人凭着聪颖的天赋和对自然的认知,从神话传说中得到启迪,从禽言兽语中唤起灵感,揭开了象征吉祥的鹿鸣之谜。

挂在鄂伦春猎人腰间的鹿哨,主要由有经验的猎人自己制作,制作技艺凭借口耳相传,以桦树皮、桦木、松木等为制作材料,弯如弦月,状似牛角,长短不定,亮铜镶嵌,十分奇特。鹿哨不是用嘴吹响的,而是用嘴含着细头,往肚子里吸气,随着吸进气流的大小,发出"嗷嗷"或"噢噢"的声响。

初春四五月,青草长出来了,盎然生机催出雄鹿之角,含苞带血、毛茸茸惹人喜爱。猎茸时节,当猎手对着云屏雾障的峰峦吸响鹿哨,发出鹿鸣的声音时,"藏珍匿宝"的雄鹿就会一只又一只地窜到猎人的面前。

金秋九月,山林果实累累,大自然为獐、狍、野鹿选定了"婚期"。凌晨,山谷中鹿鸣声声,遥相呼应,悦耳动听,令人神驰。这时的鹿鸣声调,听起来和初春又有不同,粗犷中带着温柔、豪放中渗着羞涩,鹿哨响处,正是聪明的鄂伦春猎手在用鹿的语言,同它们传递着信息,联络着感情。

象征美好吉祥的鹿哨,随着鄂伦春人生活的脚步,其价值与功能也在发生变化,并不断得到丰富和完善。

定居以后,鄂伦春人从猎鹿转向养鹿,养鹿姑娘每天踏露披霞放牧鹿群,用鹿哨指挥它们闲散碧野。暮色来临,呼唤它们归来入圈。如今,已放下猎枪的鄂伦春人依然在使用鹿哨,鹿哨已由拟声工具演变成演奏乐器和手工艺品,鹿哨制作也成为鄂伦春族狩猎文化中最具民族特色的一项传统技艺。2011年,鄂伦春族青年白劲鹏,经过拜师学艺,荣获鄂伦春自治旗鹿哨传承人称号,鄂伦春族狩猎文化得到完整保护和传承。

图 9-3　鹿哨传承人白劲鹏　摄影：刘晓春

滑雪板

滑雪板是用煮过的桦木或松木制成的,长约七尺,宽约六寸,厚约五分,前端尖而上翘,后端平头,底钉鹿皮令毛尖向下朝后,滑雪板中间两边各设一皮圈来系住双脚。到了冬天大雪封山时,猎人们便戴上用马尾编成的眼镜避开强光的耀目,拴上滑雪板,两手各撑一竿,便飞一般地往来穿梭于白雪皑皑的森林树丛中。

桦皮船

桦皮船是中国北方渔猎民族以桦树皮制成的用于渔猎生产及水上

交通运输的工具。此外,也是清代八旗边卡士兵巡逻时用以渡河的战斗工具。满族称"威乎",鄂温克族称"佳乌",赫哲族称"乌末日沉",鄂伦春族称"奥木鲁钦"。

夏日的兴安岭,红霞满天,河面泛着野葡萄一样的紫色光芒。一艘黄褐色的桦皮船,像金线鱼一样划过水面,野鸭惊飞,水草轻摇,一曲鄂伦春小调穿越山崖与水岸。桦皮船是鄂伦春人智慧的结晶,无论是从外形上,还是从工艺上,都堪称完美的艺术品。

桦皮船轻便灵巧,一个猎人可以毫不费力地扛着走。它是用松木做架,并在外面包上桦树皮,接头处用柳条缝好并涂上松油,船长两丈多,宽约2.5尺,船两头尖而上翘。这种船在水上行驶,顺水用桨,时速可达50里,逆水行驶,时速可达20里。桦皮船既用于捕鱼,又用于打猎,是水上的主要交通工具。由于这种船轻便又无声响,因而很容易接近动物,而且载重量大,是鄂伦春人理想的狩猎工具。

白桦林,北方亮丽的风景线。白桦树用她美丽轻盈的外衣,装点了桦皮船的精致与灵动。鄂伦春人用他们天才的创作,升华了白桦树的爱与美,并以桦皮船的方式诉说森林的传奇与故事。

图9-4　桦皮船传承人郭宝林　摄影:张林刚

十　鄂伦春自治旗
文化产业的创新与发展

随着市场运作机制的逐步完善,国家政策扶持力度的逐步加大,民众消费水平的逐步提高,鄂伦春自治旗文化产业逐步形成,部分文化产业初具规模,文化市场日益活跃,并显现出良好的经济效益和社会效益。协调相关部门,整合文化生态资源,深入挖掘鄂伦春族传统文化精髓,建立生态保护区,打造度假、养生、四季旅游等文化产业,将成为自治旗未来发展的系统工程。

一　文化资源与文化产业现状

（一）自然资源与文化资源概况

鄂伦春自治旗位于内蒙古呼伦贝尔市东北部、大兴安岭南麓、嫩江西岸,辽阔的林海、丰厚的资源和独具特色的民族文化,使这块土地充满了无限的魅力和生机。鄂伦春自治旗于1951年4月7日建立,是新中国成立后建立的第一个少数民族自治旗,素有"鲜卑民族发祥地""狩猎之乡""天然氧吧"和"避暑胜地"之美誉和优越环境。同时生活着鄂伦春、鄂温克、达斡尔和蒙古等众多少数民族,优越的自然环境和丰富的文化资源是鄂伦春自治旗经济社会发展的基本依托。全旗总面积59880平方公里,南北长261公里,东西宽280公里,是呼伦贝尔市面积最大的旗市。鄂伦春自治旗下辖8镇2乡:阿里河镇、大杨树镇、吉文镇、甘河镇、克一河镇、乌鲁布铁镇、诺敏镇、宜里镇、托扎敏乡、古里乡;82个行政村,其中5个猎区乡镇,7个鄂伦春族猎民村。境内驻有内蒙古大兴安岭重点国有林管局所属的6个林业局、大兴安岭农场局及所属4个国营农场、黑龙江省大兴安岭农工商联合公司;设有黑龙江省大兴安岭地委、行署、林管局及所辖的加格达奇、松岭两区,加松两区面积为 18910 平方公里。目前,自治旗已被国家和自治区列入国家重点生态功能区、国家优质粮生产基地、绿色农业示范区及自治区粮食安全生产先进旗县、杂豆生产基地、旅游重点旗县。全旗公路总里程 2790 公里,其中,国省干线 331 公里,县级公路 707 公里,乡级公路 176 公里,专用公路 1131 公里,村级公路 445 公里。10 个乡镇道路全部通畅,各乡镇已建设客运站,82 个行政村全部通畅。

鄂伦春自治旗地域辽阔,拥有丰富的地上地下资源。自治旗地上资源以耕地、草地、林地、水资源和动植物为主。有耕地面积 413 万亩,占全市 22.9%、全区 3%;天然草场有 1890 万亩,其中,宜牧草场 300 多万亩,仅占全市 2.5%;林地面积 4340 万亩,占全市 18%、全区 15.3%,森林覆盖率达到 65.8%;水资源总量 126.4 亿立方米,其中地表水资源总量 113.4 亿立方米,占全市的 35.8%、全区的 22.9%,水能资源理论蕴藏量达 16.38 亿千瓦时,装机容量 61.56 万千瓦。林下资源十分丰富,野生动物 180 多种、植物 500 种以上,其中,中草药、山野菜、食用菌、蓝莓等产量可观、经济价值较高。自治旗位于大兴安岭有色金属成矿带,地下资源以有色金属、煤炭等矿产为主,综合评价为大型、特大型矿床 10 余处,开发潜力巨大。

自治旗旅游资源得天独厚,有大兴安岭森林生态、拓跋鲜卑历史、鄂伦春民俗风情、第四纪冰川遗迹、远古彩绘岩画、火山地质地貌、军事基地等资源类型。现有 4A 级景区 2 家、2A 级景区 2 家;3 个国家级森林公园、1 个自治区级森林公园,并建立 2 个自然保护区。其中,全国重点保护文物鲜卑旧墟石室遗址嘎仙洞,是北魏王朝的鲜卑民族发祥地,1988 年被列为国家重点保护文物,2006 年被评为内蒙古自治区十大历史名胜之一。

自治旗总人口 28 万人,现有鄂伦春、汉、蒙古、达斡尔、鄂温克等 23 个民族,其中鄂伦春族 2537 人,鄂伦春族猎民 1072 人。鄂伦春族是国家重点扶持的 28 个 30 万人口以下较少民族之一。1951 年鄂伦春自治旗建立,1958 年鄂伦春民族从游猎生活实现了定居,实行社区化管理;1996 年在全旗范围内实施禁猎,走上了现代产业发展道路。

1949 年,中华人民共和国成立时,整个鄂伦春族仍生活在大小兴安岭的密林深处,以狩猎为生。自 1951 年开始,政府在鄂伦春族地区逐步推行建立自治旗和猎民乡镇,定居、转产、禁猎、务农,直至目前的以农为主和多种经营,在这 70 年的时间里,鄂伦春族发生了巨大的变化,其生存的自然环境和人文环境日渐变迁。作为森林民族,鄂伦春族在长期的生活实践中,创造了独具特色的游猎文化。20 世纪以前,鄂伦春族基本保持着比较完整的传统社会组织和生活方式,较好地保留了历史文化遗存,构筑了爱护自然、敬畏自然以及"万物有灵"为核心的文化体系。

(二)文化产业发展现状

按照国家文化产业分类标准,自治旗文化产业主要有文化演艺、文化休闲娱乐业、网络文化游戏服务业、文化旅游业、文化用品设备销售业、印刷业等六大类。据 2016 年工商注册数据,全旗共有文化企业 106 个,占企业总数的 5.1%。其中,个人独资企业 36 个,占文化企业的 34%;有限责任公司 53 个,占文化企业的 50%;其他文化企业 17 个,占文化企业的 16%。文化企业注册资金共计 5777 万元。从业人员 1025 人。具有产业发展基础和规模的文化企业主要集中在文化旅游业领域,包括拓跋鲜卑民族文化园区、布苏里北疆军事文化旅游有限责任公司等 13 个代表性的文化企业。目前,自治旗文化产业发展良好,基本形成政府引导、部门服务、政策推动、消费拉动、民营主体、开发有序、经营规范、发展势头强劲的局面。

自 2014 年文化体制改革工作实施以来,自治旗紧紧抓住改革的机遇,创新文化产业发展的制度建设,为文化产业发展营造良好的市场环境。在 2014—2016 年文化体制改革规划的 34 项任务中,涉及文化产业改革的内容共 5 项:

一是完善新闻出版许可准入制度和年审年检制度,细化标准,严格管理,对达不到标准的,责令期限停业整顿或者由原发证机关吊销许可证。二是设立文化产业发展专项扶持资金,按照"抓大扶小"的发展思路,推动文化产业做大做强。根据国家和自治区、呼伦贝尔市相关政策,结合自治旗文化产业发展实际,自 2015 年开始,自治旗财政设立文化产业专项扶持资金每年 100 万元。为规范资金管理,提高使用资金效益,制定了《鄂伦春自治旗文化产业发展专项资金管理暂行办法》。《办法》确定了文化产业扶持范围,对自治旗培育的重点文化产业集聚区和示范基地、文化与科技融合示范基地、骨干文化企业、重点文化产业项目和小微创意文化企业、成长性好的新兴文化产业项目及具有发展优势的地方民族特色文化产业项目,通过贴息、担保等方式,对文化企业利用银行、非银行金融机构等渠道融资发展予以支持。对文化企业开展高新技术研发与应用、技术装备升级改造、数字化建设、传播渠道建设、公共技术服务平台建设等予以支持。《办法》确定专项资金扶持方式采取贷款贴息、以奖代补、项目补助等多种方式。同时对资金申报管理、监督检查作出明确规定,确保财政扶持资金切实发挥促进文化产业发展的作用。三是贯彻落实自治区文化产业统计办法,加强文化产业统计工作。文化产业属于国民经济领域新列的独立统计产业体系。目前,文化产业统计已经初步建立起统计体系,统计部门设立了专门机构,配备了专业技术人员,但根据目前文化产业统计办法,纳入统计的指标尚不完善。四是组建文化产业协会。五是采取政府引导和市场运作相结合的方式,对自治旗文化资源进行合理开发、整合和利用,积极推进文化产业园区建设,对重点文化企业的成长型、带动型文化产业项目采取多渠道扶持。2013 年,通过积极争取和项目打造,自治旗拓跋鲜卑民族文化园获得自治区 1000 万元文化产业专项资金扶持;乌力楞民族手工艺品作坊得到自治区文化产业专项扶持资金 40 万元。鄂伦春自治旗拓跋鲜卑民族文化园管理委员会办公室和鄂伦春自治旗莫日根民间艺术有限公司加入了内蒙古自治区文化产业促进会。为进一步支持自治旗文化企业的发展,2015 年 12 月下发了《关于印发〈关于支持文化企业在市场准入、资金支持、土地使用、人才政策方面的相关具体办法〉的通知》(鄂党宣发[2015]54)号文件。在 2016 年自治区文化产业资金申报中,"鄂伦春自治旗拓跋鲜卑民族文化园"和"鄂伦春自治旗布苏里北疆军事文化旅游有限责任公司"申报专项扶持资金共计 5260 万元,两家企业申报项目已经通过自治区评审。

目前,自治旗文化产业发展仍处于起步阶段。演出娱乐,文化旅游,艺术品等文化市场类型初步形成。但产业总量小,水平档次低,对全旗国民经济的贡献及在第三产业中的比重极小,还没有形成产业优势。虽然自治旗在政策、机制等方面加大了对文化产业的重视和投入,但由于文化产业具有涉及面广、效益周期长、市场拓展难等特点,因此还需要长期的培育和发展。一是文化产业数量少,规模小,发展速度缓慢。目前规模文化企业不多,大多分布在服务业领域,具有成长前景、市场拓展、规模经营的龙头企业不多。二是缺少专业技术人员。文化产业在项目谋划、产品研发、生产经营等方面都需要专业技术人才的支撑,目前自治旗缺少这方面专业人才。三是尚未建立起完善的文化产业统计监测体系。目前,自治旗文化产业的统计工作只局限于自治区下达的推算工作,在旗县级没有代表性,对文化产业的监测和分析不足,无法全面掌握全旗文化产业发展动态,预测发展趋势,难以为政府决策提供科学细致的参考。文化产业涉及门类广,需要统计部门按照相关规定进行专业的分类调查统计。四是传统文化产业比重高,集约化程度低,缺乏有效融资手段。五是从业人数较少,综合素质较低,管理理念陈旧,不能适应规范化管理模式的创新和发展。

二　文化资源与旅游产业融合发展情况

(一)旅游资源与问题分析

鄂伦春自治旗主要旅游资源有 4A 级景区 2 处(布苏里景区、达尔滨湖国家森林公园),2A 级景区 3 处(拓跋鲜卑民族文化园、阿里河国家森林公园、鄂伦春民族博物馆),国家级森林公园 3 处(阿里河国家森林公园、兴安国家森林公园、达尔滨湖国家森林公园),拥有 7 个自然保护区。独特的气候加良好的生态使鄂伦春自治旗拥有了发展避暑旅游的条件,而在地形适宜的地方,则可发展出冰雪娱乐及滑雪度假产品。鄂伦春民族民俗文化与大兴安岭的独特地理环境、生态、生物资源有着密不可分的关系。作为我国唯一的鄂伦春自治旗,鲜明的鄂伦春民族民俗文化在一些较为偏远的乡镇得到充分保存,依然可见原始的萨满宗教活动、驯鹿驯养、桦树皮生产生活制品等。尽管拥有较为丰富的旅游资源,但鄂伦春自治旗旅游业还处于大发展初期、产业基础相对薄弱。近年来,当地政府加大了对旅游产业的投入力度,旗域旅游产业发展前景十分乐观。目前,自治旗主要旅游产品情况如表 1 所示。

表 1　鄂伦春自治旗主要旅游产品情况

旅游产品类型	旅游产品名称
4A 景区	布苏里北疆军事文化旅游景区
4A 景区	达尔滨湖国家森林公园
2A 景区	拓跋鲜卑历史文化园
2A 景区	阿里河国家森林公园
2A 景区	鄂伦春民族博物馆
非 A 级景区	库图尔其广场
非 A 级景区	大杨树多布库尔猎民村
国家森林公园	兴安国家森林公园
节庆活动	兴安杜鹃节
节庆活动	鄂伦春族篝火节
节庆活动	冰雪伊萨仁

　　经过几年来的不懈努力,鄂伦春自治旗的旅游业得到了长足的发展。已经初步形成了以嘎仙洞历史文化中心旅游区为龙头,以 111 国道及其沿线为旅游发展轴,以达尔滨湖自然生态旅游区、诺敏山森林科普旅游区为动力支撑的“一心、一轴、两翼”的旅游发展格局。虽然全旗旅游业呈现良好的发展态势,但是同发达地区相比仍有较大差距。

　　旅游商品依然匮乏。由于现代旅游业是一种自愿的消费活动,它具有天然的市场经济个性。纵观鄂伦春旗旅游市场,既没有叫得响的本地品牌,也缺乏富有特色的旅游纪念品,各主要景点、景区销售的旅游商品很少,旅游消费品则品种单调,缺乏高质量的新颖产品,不能引导旅游消费,使游客有无物可购的感觉。目前,鄂伦春旗的旅游商品主要存在的问题体现在以下三个方面:一是无法满足游客的需求层次。一般旅游者大都来自城市,他们需要的旅游纪念品具有差异性;二是产品在制作、宣传上没有和文化性、民族性、纪念性、独特性、礼品性、艺术性、收藏性有机结合,使得这些品牌旅游商品鲜为人知,难以形成品牌效应。三是旅游纪念品大多深度包装不够。以当前来说,土特产、手工艺品等依然存在商品单一、包装简陋等情况。

旅游基础设施相对落后。由于投资少,全旗旅游发展存在着旅游基础服务设施滞后、"软硬"环境都不够完善、服务质量差等问题,难以吸引大量的客源,这些都严重制约着全旗旅游业的发展。

旅游业组织结构不合理,缺乏市场竞争机制。由于鄂伦春旗在管理体制上的原因,直接导致在为数不多的旅游投资上各自为政,市场分割,重复建设,分散了旅游业竞争力,没有形成合力,导致鄂伦春旗旅游业发展缓慢。

鄂伦春民俗是鄂伦春自治旗最为重要的旅游品牌之一,也是游客来鄂伦春旅游最想看到、体验到的旅游产品。目前全旗能够提供游客参观、参与的民俗旅游几乎为零,令大部分游客满怀希望而来,却扫兴而归。为了满足旅游市场需求丰富旅游产品,挖掘和传承鄂伦春民族文化,建议在游客较为集中的阿里河地区建设鄂伦春民俗参观体验区—鄂伦春部落[①]。

(二) 旅游市场分析

1. 旅游市场现状

自治旗坚定不移地把旅游业作为扩大消费、增加就业、聚集人气、提升形象的重要产业、亮点产业来抓,积极推进旅游业各项事业发展,《鄂伦春自治旗旅游发展总体规划(2011—2025)》编制完成,布苏里北疆军事文化旅游景区晋升为国家4A级旅游景区,拓跋鲜卑历史文化园被列入自治区落实中央民族工作会议精神十大工程之一,"兴安旅游

---

① 内蒙古联烽工程咨询有限责任公司:《鄂伦春自治旗阿里河镇阿里河村乡村旅游扶贫基础设施建设项目可行性研究报告》,2016年。

联盟"引领区域旅游一体化发展,鄂伦春族篝火节荣获"2014 中国优秀民族节庆最具民族特色节庆奖",自治旗被评为"中国最美生态文化旅游胜地"。2015 年全旗共接待国内外游客 54.64 万人次,同比增长24.2%;实现旅游收入 4.37 亿元,同比增长 25.7%。现有二星级宾馆3 家(嘎仙宾馆、阿里河林业宾馆、鑫磊商务宾馆),旅行社 5 家(森林骄子旅行社、岭上行旅行社、兰天旅行社、大鲜卑山旅行社、天意旅行社),旅游纪念品厂家 4 家(呼伦贝尔鄂伦春自治旗豫蔺山产品有限责任公司、敖日情民族服饰工艺品研究中心、鄂伦春自治旗原生态制品有限责任公司、大兴安岭诺敏绿业有限责任公司),民族手工艺品作坊 8 处。

2. 客源市场分析

总的看来,鄂伦春自治旗旅游产业处于发展初期。长期以来,由于远离国内三大主要客源地,周边市场通行成本太高,本地居民数量过少,全旗旅游市场一直较为弱小。近年来,随着对外交通好转,特别是加格达奇综合交通能力提升,鄂伦春自治旗的旅游市场迎来突破性转变,特别是中远程市场方面;另一项长期趋势是随着国民收入的增加,整个中国旅游市场有了质变性突破,从过去的小众化、单一化发展到大众化、多元化、体验化、个性化、度假化。这对于鄂伦春自治旗这样文化古远、地理气候环境独特、大众尚未踏足的旅游地具有重大意义。

3. 客源市场定位

鉴于本地市场总量一直较小,周边市场的通行时间在短期内难有突破性改观,项目最应关注的是时间、经济双宽裕的中远程、中高端市场。在中远期,当接待设施配备完善时,可适当关注海外华侨客群以及注重文化探索的国际游客。此外,加格达奇作为大兴安岭地区行署所在地,商旅游客较集中,应大力培育中转市场,同时将项目地融入哈尔滨—漠河以及呼伦贝尔大旅游环线上,带动更多远程夜宿游客。

核心客源地。航空直通区域中高端游客,包括哈尔滨及其他黑龙江重点城市、京津地区、江浙沪地区。主要进行休闲度假、野生动植物观赏等观光旅游。

基本客源地。周边城市,包括鄂伦春自治旗、海拉尔、以加格达奇为核心的周边市场;自驾出行五个小时左右城市。主要进行生态旅游、民族餐饮、体验原生态的鄂伦春民族风情等。

机会客源地。主要为文化寻根情节浓厚、存在特殊情感联系的地区,包括港澳台及东南亚华侨聚集区;大同、洛阳、广东高要等地(或为北魏都城所在,或与鲜卑有血缘关系)。主要进行探究鲜卑文化、萨满文化、考察学习等。阿里河镇是鄂伦春自治旗旗政府所在地,具有重要的旅游集散功能,周边分布有国家 4A 级景区—布苏里北疆军事文化旅游区,国家 4A 级景区—拓跋鲜卑民族文化园、阿里河国家森林公园、鄂伦春民族博物馆等,这些景区与项目区地缘相近,具有较强的旅游吸引力,客源有保障。阿里河村地处旗政府所在地中心区,市场定位为鄂伦春民俗文化旅游、观光旅游、农家体验旅游等,凭借区位优势以及差异化旅游产品,分流上述客源。随着乡村旅游、休闲旅游、生态旅游升温发展趋势,为项目区的发展带来了较好的市场机遇。

游客量预测。由于所处地理位置,决定了鄂伦春自治旗地区的气候具有冬长夏短特点,季节限制比较严重,适宜旅游的季节短暂,尤其是旅游旺季持续时间短,游客流量主要集中在气候条件比较舒适、自然景观丰富的夏季,即每年的 6—10 月份为旅游旺季,旅游天数约 100天。近年来,自治旗凭借丰富的农业资源、独特的民俗风情和周边重点旅游区的带动功能,重点发展乡村旅游业,旅游知名度逐渐提高,游客接待量必定有所增加。

(三)旅游业成就与经验

近年来,自治旗紧紧抓住国家鼓励旅游产业开发和重点扶持人口较少民族发展的历史机遇,突出拓跋鲜卑历史、鄂伦春民俗、大兴安岭森林生态、军事品牌 4 大特色,着力打造民族历史文化旅游品牌。目前,自治旗拥有二星级宾馆 3 家(嘎仙宾馆、阿里河林业宾馆、鑫磊商务宾馆),旅行社 5 家(森林骄子旅行社、岭上行旅行社、兰天旅行社、大鲜卑山旅行社、天意旅行社),旅游纪念品加工销售企业15 家。

1. 经济指标完成情况,如表 2 所示。

表 2   鄂伦春自治旗 2010—2018 年旅游人数与旅游收入

年份	旅游接待人数(万人次)	旅游收入(亿元)
2010 年	18.92	1.15
2011 年	24.1	1.92
2012 年	29.7	2.39
2013 年	36	2.79
2014 年	44	3.48
2015 年	54.56	4.37
2016 年	60.35	4.80
2017 年	79.3	6.20
2018 年	97.07	7.93

2. 旅游业发展情况

鄂伦春自治旗逐步培育旅游业为自治旗国民经济的战略性支柱产业。旅游重点项目建设、基础设施建设成效显著,编制了《鄂伦春自治旗旅游发展总体规划(2011—2025)》;自治旗"十三五"规划当中将旅游业列为国民经济支柱产业和第三产业的先导,旅游业收入持续高位增长,呈现出强劲的发展态势。鄂伦春自治旗结合实际,突出五张文化名片:鄂伦春民族文化、拓跋鲜卑历史文化、森林生态文化、冰川遗迹地质文化、远古彩绘岩画,着力打造民族历史文化旅游品牌。

3. 旅游重点项目推进情况

拓跋鲜卑民族文化园。2011 年拓跋鲜卑民族文化园由市政府投资 3068 万元完成一期项目工程,竣工开放。2013 年,自治旗政府决定续建拓跋鲜卑民族文化园二期工程。该项目以拓跋鲜卑旧墟石室嘎仙洞为依托,总规划面积 159 平方公里,核心规划区为 16 平方公里,总投资预计 1.78 亿元。截至 2016 年底,文化园二期规划中,已经建设完成了祭坛、中国北方少数民族研究中心、环景区木栈道等基础设施。拓跋鲜卑历史博物馆已经完成框架主体和装修工作。2017 年,为丰富拓跋鲜卑历史文化园内涵、增加游客参与体验内容,在文化园内实施建设了"鄂伦春乌力楞"项目,包括游客服务中心、狍子、鹿、生态、熊、萨满、渔猎、演艺、弩箭、鄂伦春非遗传承基地等木结构单体建筑和萨满广场神偶雕刻、斜仁柱搭建、铜雕像群及奥伦等民俗设施。完成景区主干道、停车场、通讯、亮化、绿化、广播、背景音乐、标识牌、景观小品等设施。

布苏里北疆军事文化旅游区。自 2012 年起,布苏里景区累计投资1.3 亿元。2013 年该景区成功申报国家 4A 级旅游景区,景区建有游客服务中心、多功能厅、军湖小筑、军事营房特色住宿区、特色蒙古包餐饮文化区等配套设施已完工,该景区已经于 2014 年 6 月 18 日正式开园营业。

达尔滨湖国家森林公园。毕拉河林业局共计投入 1.04 亿元用于对达尔滨湖国家森林公园进行改扩建。2014 年企业自筹资金进行景区东西两侧门区广场及游客服务站建设,在达尔滨湖建设 6000 平方米游客服务中心、4000 平方米双姊广场、4000 平方米停车场,四方山祭祀广场以及相思树杜鹃林、四方山、石海黄菠萝、神指峡景区栈道等工程,满足基本接待需求。

4. 发展规划与创新思路

完成全旗旅游规划编制工作。一是 2011 年自治区旅游局聘请中轩(北京)旅游景观设计院专家为自治旗编制全旗旅游发展总体规划;二是 2015 年 6 月 2 日,鄂伦春自治旗人大常委会审议通过《鄂伦春自治旗旅游发展总体规划》(2011—2025)。2019 年 10 月制定旅游扶贫产业规划。

借助网络媒介全面宣传旅游资源。开通鄂伦春旅游政务网、鄂伦春旅游微博,鄂伦春旗旅游公众号等网络平台宣传自治旗旅游资源。成立兴安旅游联盟,打造旅游区域一体化。2013 年 7 月,鄂伦春自治旗、加格达奇区、阿里河林业局、加格达奇林业局、南瓮河国家级自然保护区管理局及松岭林业局横跨 2 省的六地(部门)"兴安旅游联盟"成立,共同打造无障碍旅游发展环境。

重点项目改造升级。一是积极对拓跋鲜卑历史文化园景区进行改造升级,按照 4A 级标准进行景区基础配套设施建设,争取晋升为 4A

级景区;二是 2013 年布苏里北疆军事文化旅游景区经过两年时间改扩建,成功晋升为国家 4A 级景区;三是 2014 年达尔滨湖国家森林公园基础设施建设全面竣工,已经成功晋升为国家 4A 级景区。

旅游服务设施显著提升。一是 2012 年 8 月成立了鄂伦春民族工艺研究发展协会,逐步形成了旅游行政主管部门强化管理和指导、旅游企业自主经营、互利共赢的旅游业发展体制;二是 2014 年 1 月 4 日鄂伦春山野户外旅游协会成立;三是 2013 年 6 月 18 日成立了鄂伦春自治旗旅游咨询接待中心,为各地游客免费提供旅游咨询服务,切实提高自治旗旅游咨询服务水平。

荣获国家奖项数量增多。一是鄂伦春族篝火节荣获"2014 中国优秀民族节庆最具民族特色节庆奖";二是 2014 年 9 月 13 日,第二届旅游业融合与创新论坛暨 2014 最美中国榜发布会在北京举行,自治旗凭借文化旅游、特色魅力荣登 2014 最美中国目的地城市榜;三是 2015 年 6 月 15 日,由亚洲旅游文化联合主办的"第二十一届亚洲旅游业峰会暨 2015 金旅奖大中华区旅游文化榜"发布会在北京举行,鄂伦春自治旗荣获"亚洲旅游业金旅奖·首批最富文化魅力旅游目的地"称号;四是 7 月 25 日鄂伦春自治旗前往湖南长沙参加由国际休闲经济促进会、中国旅游媒体联盟、中国休闲旅游文化研究中心共同主办的"中国旅游时代——2015 品牌推介暨旅游项目融资大会",被评为"中国最美生态文化旅游胜地""中国特色民族文化旅游目的地"荣获两项大奖。布苏里北疆军事文化旅游区、拓跋鲜卑历史文化园、达尔滨湖国家森林公园、鄂伦春自治旗民族博物馆荣登 2016 内蒙古名片优秀文化旅游景区品牌榜;鄂伦春族篝火节、鄂伦春冰雪伊萨仁荣登 2016 内蒙古名片优秀文化节庆品牌榜;鄂伦春族篝火节被中国民族节庆委员会评为最具民族特色节庆奖;多布库尔猎民村荣获国家农业部授予的"2016 中国美丽休闲乡村"特色民俗村称号。2017 年获得"中国特色民族文化旅游目的地"。2019 年多布库尔猎民村跻身全国首批旅游重点名录。

实现冬季旅游破题。2014 年 12 月 24 日成功举办首届中国·鄂伦春冰雪伊萨仁,到 2018 年已成功举办五届,破解了自治旗冬季无旅游的瓶颈,进一步丰富和扩大了鄂伦春冬季旅游项目和规模。

图 10 - 1　篝火节现场　摄影：刘晓春

（四）推进寒地冰雪经济发展战略

为贯彻习近平总书记考察黑龙江时关于"冰天雪地也是金山银山"的重要指示精神，自治旗充分挖掘鄂伦春冰雪资源、民族文化资源，通过文化与旅游融合，促进资源向产品转化，强力打造鄂伦春"旅游无冬天"的产品，大力改变"冬闲半年"的不利状况，实现了"冷资源变热效应"，繁荣了鄂伦春自治旗冬季旅游市场。

1. 寒地冰雪经济的内涵及意义

寒地冰雪经济涵盖旅游与文化、体育、教育、时尚、商贸、装备制造等多种产业。在自治旗推动寒地冰雪经济发展，能够延长旅游季节，拉动高端旅游消费，以解决当地适宜旅游的时间较短、淡季大量旅游设施闲置、产品结构不合理、客源分布不均衡、夏季过旺、冬季过淡，难以吸引高端游客等状况。拓展客源市场的同时，积极通过"请进来"提升吸引力，使鄂伦春自治旗在新一轮的东北振兴中加快产业升级，提升产业内涵，从而使自治旗成为投资关注的焦点。

鄂伦春自治旗地处中国的最北方，坐拥良好的资源禀赋，地形地貌适宜，能够从容体验户外冰雪活动。自 2014 年以来，自治旗依托冬季旅游资源,开展以冰雪体验、弘扬冬季民族文化为主要内容的冰雪"伊萨仁"活动,截至 2018 年为止,鄂伦春冰雪"伊萨仁"已经成功举办了五届,同时衍生自治旗各乡镇冰雪"伊萨仁"系列活动同步展开,活动的有效开展,不仅破解了自治旗冬季无旅游的瓶颈,还进一步丰富和扩大鄂伦春冬季旅游项目和规模。在大力发展寒地冰雪经济的同时、对鄂伦春自然资源推广、民族文化宣传,都起到了积极的推动作用。凭借鄂伦春族篝火节、冰雪伊萨仁等特色民族节庆,自治旗已经被国家民委授予"中国品牌节庆示范基地"荣誉称号。冰雪伊萨仁活动包括:一是民俗旅游体验产品,主要包括鄂伦春民俗部落展示,鄂伦春民俗技艺展演,重建鄂伦春"仙人柱",力争用最真实的方式展示鄂伦春族原生态的生活,由猎民做向导带领游客骑马巡山等活动,让游客体验"当一天鄂伦春猎民"。每天在固定时间组织鄂伦春马队在阿里河镇区巡游。二是冰雪体验产品,包括雪滑梯,雪橇、雪上冲浪、冰爬犁、冰雪娱乐项目,大人们可以带上孩子来体验自己儿时玩过的冰雪游戏,可以和孩子们一起堆雪人、打雪仗,感受大自然带来的无穷乐趣。三是观光类产品,包括冰雪艺术景观,主要指观赏雪景、雾凇、雪松、冰河、冰溶景观、林海雪原、冰雪园艺等。在冰雪的世界里游冰雕、雪雕童话王国,赏千里雾凇。四是体育竞技文化交流产品,包括极具鄂伦春民间趣味的足球赛,拉棍、押加等活动和冰上游戏(冰上拔河、滑冰、冰面抽陀螺)等其他活动。

2017 年 12 月 26 日,自治旗在嘎仙湖隆重举行了鄂伦春自治旗冰雪"伊萨仁"活动启动仪式。启动仪式由旗旅游局局长何元成主持,副区长林雪楠致辞,各区主要委办局领导参加了启动仪式。在启动仪式上进行了拉棍、押加、雪地足球赛,民俗表演、马队表演等节目。项目设置以趣味形式为主,淡化竞技,从而提高群众的参与度。

2. 寒地冰雪经济发展存在的制约因素与对策建议

鄂伦春自治旗冰雪产业发展存在着很多制约,与其他省份相比较还有一定差距,主要问题是:一是旅游基础发展相对滞后,未形成初步旅游市场,至今尚未纳入呼伦贝尔市常规、热点旅游线路。二是冰雪资源发展和管理存在分散的体制制约。三是发展冰雪经济的综合交通瓶颈和环境制约较大,距离主要客源地较远,如海拉尔、大庆、哈尔滨等城市。四是未形成品牌或区域内拳头产品,尚未形成规模,缺少相关技术和人才,市场知名度、社会影响力低,宣传力度不够。

全面提升冰雪产业层次。要靠冰雪旅游牵动发展,着力打造精品景点、精品线路、不断提升知名冰雪旅游品牌形象,高标准办好鄂伦春旗冬季冰雪"伊萨仁",要靠冰雪文化提升内涵,让冰雪成为艺术创作的重要源泉。搞好冰雪文艺创作和文化演出,推出"鄂伦春旗冰雪秀"驻场演出精品,用冰雪文化来提升冰雪产业层次、提升美誉度。举办冰雪温泉节,让游客在温泉中欣赏大兴安岭雪景,感受冬季鄂伦春魅力。积极拓展交流与合作。借鉴兄弟省份的成功经验,积极开展调研。加强与旅行社及旅游企业的交流。要深度营销,广泛宣传,使鄂伦春自治旗寒地冰雪经济成为呼伦贝尔市名牌产品。完善基础设施,大力营造良好冰雪旅游环境。要完善冰雪旅游景区的基础设施,完善旅游行业服务水平,提升游客满意度。

图 10-2　鄂伦春冰雪伊萨仁　图片提供:张子成

提高认识,树立"白雪换白银"的发展理念。将鄂伦春自治旗冰雪旅游纳入呼伦贝尔市旅游规划、热点旅游线路中。旗政府应高规格、大视角、系统性地研究部署发展以冰雪旅游为龙头的冰雪产业,注重冰雪旅游与文化、体育、教育、时尚、商贸、装备制造等产业有机深度融合发展。

将冰雪产业进行高起点的规划、高强度的投入、高标准的建设、高效能的管理以及高水平的宣传,要靠冰雪体育有效推动,加大对专业性和群众性冰雪场地、运动场馆的投入,提高承办冰雪赛事的能力,调动更多群众参与冰雪运动,鼓励社会资本建立青少年冰雪教育机构、扩大嘎仙湖冰雪乐园规模、成立冰雪体育俱乐部,培养冰雪运动师资力量和冰雪运动人才。开通旅游专线,增加航线,建设铁路、公路,增加客源流动,使游客往来更为便捷。

发展冰雪经济,要勇于创新。要打造出具有地域和民族特色的品牌,要让"到大兴安岭体验冬季鄂伦春人生活""感受80度的温差"这些语汇,成为鄂伦春冬季旅游卖点。自治旗可以利用冰雪为核心的资源优势,科学谋划冰雪经济,发展壮大冰雪产业,广泛开展群体性冰雪活动,建设冰雪经济大有可为。

三　总体设想和建议

一是提高发展文化产业思想认识。当前,自治旗民族文化产业发展后劲不足,不能形成规模,首先应该在思想认识上有大的提高和转变。准确认识文化产业对文化建设,经济建设和社会进步的巨大推动作用,从过去由政府"包办"文化的惯性思维中解脱出来,树立抓文化生产力就是抓经济,抓社会生产力的意识。努力形成全社会参与支持文化产业发展的良好局面和有效机制,大胆尝试发展文化产业的新路子,推动经济社会和谐发展。

二是突出文化优势和特色的发展定位。要想发展民族文化产业,必须进行准确的定位,突出地域特色,打造文化品牌,发挥比较优势,追求最大效益,从而促动产业发展。打造文化品牌,传播鄂伦春传统文化,提高其知名度,是当前需要解决的首要问题。建议通过政策引导、产业运作、学术研讨和媒体宣传等手段,扩大鄂伦春传统文化的社会影响,吸引社会各界人士的广泛关注。以鄂伦春旗为中心,通过文化和资源的整合,打造"鄂伦春旗——兴安岭森林文化"的名片,"鄂伦春旗——北疆避暑天堂"的招牌,"鄂伦春旗——中国北方动植物王国"的优势、"鄂伦春旗——新中国少数民族第一旗"等品牌,通过政策扶持、电视、报纸、网络、广告牌等媒体进行宣传,为文化产业的开发和提升奠定基础。

三是坚持走民营化和可持续发展的发展模式。实践证明,自治旗个体民营经济的发展具有广阔的前景,同样,走民营文化发展模式也具有广阔的前景。这就要立足旗情,积极面向市场,大力培育壮大以民营企业,民营资本和文化产品,文化服务为主的文化产业。同时,在确立发展模式时要坚持可持续发展,自觉走全面,协调和可持续发展的道路,使文化资源得到永续利用。

四是整合与创新鄂伦春传统文化。在经济全球化的背景下,只有8000余人口的鄂伦春族传统文化正在快速消失,抢救挖掘和整理保护越发显得紧迫。然而,传统文化的保护和弘扬并不意味着原汁原味的保存,而是要整合出精神层面的文化精髓,通过艺术加工和内涵升华,使之更具有应用价值和教育价值,并能够为社会服务,为大众服务,使狩猎文化更具有生命力。近几年,在鄂伦春旗政府的大力支持下,以旗乌兰牧骑和古里乡莫日根民间艺术团为代表的文化团体唱响祖国大地;以鄂伦春民族文化研究会、博物馆、广电局、文化馆和作家协会为代表的文化部门,组织和开展了各种形式的活动,极大地促进了鄂伦春族传统文化的保护和传播。但是,在财力、物力和人力等方面明显不足的情况下,仅仅依靠鄂伦春旗自身的力量去传播和发展传统文化是不够的,必须加强与国内外文化专家、文艺团体、高等院校的合作,通过整合与创新才能打造出更为优秀的文化和艺术作品。特别强调的是,人才的培养是文化艺术团体走向成功的基本条件,建议通过向自治区和国家民委等上级部门递交申请,建立与中央民族大学、民族歌舞团等高校和艺术团体的联系,请进来、走出去,构架人才交流和培养渠道,不断提升文化艺术产品的质量,为发展文化产业做好铺垫。依靠自治旗丰富的旅游资源,借助"鄂伦春民族博物馆""乌力楞景区""拓跋鲜卑民族博物馆""国家森林公园"

"乌兰牧骑"等文化品牌,把文化与旅游紧紧融合起来,用文化品牌丰富旅游业的内涵,提升旅游产品的档次和水平,用旅游发展为文化发展搭建平台,促进文化产业发展,为经济社会发展注入新的活力。

五是建议组建文化教育和森林知识传授基地。近代以来,大兴安岭自然环境受到了很大的破坏,无情的森林火灾曾带来灾难性的后果。大兴安岭是寒温带动植物的摇篮,是人们认识森林和爱护自然的重要场域。作为森林民族,鄂伦春人在生态环境和森林保护方面的作用无法替代。鄂伦春猎民具有丰富的地方性知识和技能,可以在护林防火方面发挥其重要的作用,森林资源管理机构应当充分发挥他们的优势,保护森林和各种野生动物资源。为此,那种认为"狩猎活动是破坏自然环境和滥杀动物的野蛮原始的落后文化"的观点是错误的,必须扭转。鄂伦春族狩猎文化的传承是国家软实力和文化多样性的重要体现,也是各民族共同繁荣和发展的标识。国家和地方政府机构在森林资源管护的现实功用上,可以发挥其在防火护林方面无可替代的作用,在制定其他发展的规划目标和具体实施规划的方式上,也需要尊重他们的主体性、文化认同权利和自由拓展空间。建议通过科学普及工作和民族文化教育工作的开展,建立森林文化保护基地。

六是研发高端生态产品,提高产品附加值。大兴安岭地域辽阔、物产丰富,不仅有各种各样的野菜野果,同时还有很多珍稀的中草药。通过与科研部门合作,可以开发出高端的农副产品和医药产品,从而带动经济产业的发展,增加就业渠道。丰富的自然资源和文化优势,是鄂伦春旗的经济社会发展的基础,整体设计、人才培养、技术引进和资金投入,是促进鄂伦春旗经济社会发展的根本途径。

七是出台优惠政策,扶持产业发展。因地制宜地适时放宽文化市场准入关口,并在土地征用、金融扶持、证照办理、税收征收等方面给予适当政策倾斜。特别在保障农村文化市场建设上要有硬投入。政府部门应把自治旗文化产业建设纳入当前经济社会建设的总体目标,进行统筹规划,采取硬措施,加快自治旗文化产业建设步伐,把文化产业建设纳入自治旗经济建设重要范畴,纳入乡镇党委政府的重要议事日程,纳入各有关部门年终目标考核责任制,对公益性较强的文化产业发展进行重点支持。要引导和鼓励企事业单位、社会团体和个人投资兴办文化产业,吸引民间资本和民间文化精英参与文化产业建设,形成以私有制为主的共同发展的文化产业格局。开辟一系列规模化专业化的文化产业园区。在众多的园区建设中,文化产业园区理应有一席之地,要将文化产业园区建设纳入发展规划,组织进行可行性考察论证,加快文化产业园区建设步伐,做到"筑巢引凤",带动文化产业发展。整合优化现有文化产业。按照集群化组合、集约化经营、科学化管理的总体要求,做好文化产业升级换代各项基础工作,力促现有文化产业上规模、上水平、上档次,使文化产业真正成为全旗经济社会发展的有效增长点。

八是建议建立鄂伦春族传统文化生态保护区。鄂伦春族是典型的森林民族,适当给予鄂伦春人对森林资源的使用权,赋予鄂伦春人护林和防范偷猎者的职责,是有可能获得保护鄂伦春传统文化和保护生物多样性双赢的。创新的基础在于保护,尤其鄂伦春狩猎文化之系列遗存,更是如此。文化产业的发展需要与之相适应的环境,在城镇化快速发展的过程中,鄂伦春族传统文化失去了生存和传承的环境,逐步走向衰落就成为不可避免的现实。面对经济社会发展的困境,鄂伦春旗政府、国有林业和农垦等部门应该联合起来,共渡难关,打造富有地方特色的文化产品,通过招商引资、整合资源等手段,不断进行创新和包装,开发文化产业。而建立鄂伦春族森林游猎文化保护区则是促进文化产业发展的有效手段。选取交通便捷、适合开发的一定面积的林区,通过政策支持、规划设计、资源整合和科学管理,不断完善生态保护区的建设,从而使鄂伦春族传统文化在这里延传。

九是发展生态旅游和养生产业。丰富的森林资源和文化资源是鄂伦春旗经济社会发展的依托。积极开发养生、避暑、度假和旅游等产业,利用地方优势条件,打造开发高端文化产品,促进消费,带动经济产业的发展。不断吸收相关少数民族地区文化产业发展的经验,充分利用生态旅游吸引投资,以此促进经济的全面发展。通过招商引资提高鄂伦春旗旅游基础设施建设,提高服务质量和服务水平,对旅游业进行整体的规划和设计,全面提高文化产业的发展。

十是建议在诺敏建立毕拉河、四方山或神指峡国际狩猎场。加格达奇机场已建成通航,为建设现代化国际狩猎场提供了有利条件。参照国际惯例建设面向全国和全世界的狩猎文化旅游区。毕拉河、四方山、神指峰一带自然景观丰富多样,加上狩猎文化特色,可以打造一流国际狩猎文化旅游区,满足现代人回味狩猎回归自然的梦想。在建设过程中应充分尊重鄂伦春族民族传统文化和权利,优先解决鄂伦春人就业。国际狩猎已有国内外经验可以借鉴,随着经济发展,解决温饱之后的中国人狩猎情结有可能复活,迫切需要光明正大的狩猎场所。中国潜在狩猎爱好者可能不会比美洲或欧洲少,狩猎旅游方兴未艾。[1]

十一是全域旅游要突出狩猎文化。鄂伦春自治旗有开展全域旅游的自然与历史民族文化条件,正在规划中的全域旅游应该突出狩猎文化。嘎仙洞是鲜卑统一中原的历史起点,正是擅长狩猎的鲜卑人从山林进入草原然后逐鹿中原统一北方入主中国。可以开辟嘎仙洞—牛川(呼和浩特)—盛乐(和林格尔)—平城(大同)—洛阳历史旅游线路,加深边疆与中原认识关系。

图 10-3　鄂伦春民族博物馆壁画　摄影:刘晓春

---

[1] 刘晓春主编:《中国民族地区经济社会发展报告·鄂伦春自治旗卷》,中国社会科学出版社 2018 年版,第 317 页。

十一　鄂温克族自治旗文旅
产业的创造性转化和创新性发展

习近平总书记在党的十九大报告中两次提及"推动中华优秀传统文化创造性转化、创新性发展"。为此,如何实现传统文化的创造性转化、创新性发展等问题,已成为当代中国重大的实践课题与理论课题。

鄂温克族是我国 56 个民族中人口较少的民族之一,据 2010 年第六次全国人口普查统计,全国鄂温克族共 30875 人。鄂温克族主要聚居于内蒙古自治区呼伦贝尔市、黑龙江省齐齐哈尔市和新疆伊犁、塔城等地,散居于全国各地(在俄罗斯远东、西伯利亚和蒙古国境内也有一定数量的鄂温克人分布)。内蒙古自治区呼伦贝市鄂温克族自治旗是鄂温克族人口最集中居住的地方,也是鄂温克语言和文化保存较好的典型地区。近年来,鄂温克族自治旗积极打造地方民族文化品牌,文旅产业发展势头强劲,在弘扬传统文化和兴边富民方面取得了丰硕成果。

一 鄂温克族自治旗文化旅游发展概况

鄂温克族自治旗成立于 1958 年,是中国三个少数民族自治旗之一,是鄂温克民族实行民族区域自治的地方。全旗辖 4 镇 1 乡 5 苏木,共 44 个嘎查、20 个社区,辖区以鄂温克族为主体,共 25 个民族组成,总人口 14.5 万。其中,少数民族人口占总人口的 42%;鄂温克族人口占总人数的 8.2%,是典型的民族地区、边疆地区、生态地区和资源富集地区。

(一)区位特点

地理区位。鄂温克族自治旗地处中国东北边疆、内蒙古自治区东部、大兴安岭西侧、呼伦贝尔大草原东南部。全境东西宽 173.25 千米,南北长 187.75 千米。东与牙克石市接壤,南与扎兰屯、阿尔山交界,西与新巴尔虎左旗为邻,北临海拉尔区和陈巴尔虎旗。总面积 19111 平方公里,占呼伦贝尔总面积的 7.39%。巴彦托海镇是鄂温克族自治旗政府所在地,镇区与呼伦贝尔中心城区(海拉尔区)连成一体。

交通区位。航空:鄂温克族自治旗政府所在地巴彦托海镇距呼伦贝尔市东山国际机场仅 10 公里,距巴彦托海镇约半小时车程。呼伦贝尔东山国际机场航线范围基本覆盖全国各大省会城市、港澳台地区以及东北亚地区日、韩、俄、蒙等国的首都城市。呼伦贝尔东山国际机场可吸引远距离的游客。铁路:旗内经过滨州铁路和两伊铁路,可承接中距离的大众游客。公路:公路是鄂温克族自治旗主要的对外交通方式,G332 和 S202 南北向、G301 东西向穿过境内,S307 位于东南部连接 S202,东南向进入牙克石市境内。可承接近距离的大众游客。

经济区位。呼伦贝尔市位于东北亚经济圈,是中俄蒙合作先导区的核心区域。国家发改委印发的《黑龙江和内蒙古东北部地区沿边开发开放规划》提出了以边境地区为先导带,绥芬河—满洲里铁路沿线地区为支撑带,其他地区为带动区"两带一区"的空间格局。鄂温克族自治旗是呼伦贝尔市重要的组成部分,在呼伦贝尔市经济发展中占据重要位置,是呼伦贝尔市打造中俄蒙合作先导区的重要组成部分。

旅游区位。呼伦贝尔草原是世界四大草原之一,鄂温克草原位于呼伦贝尔草原腹地,位于中俄蒙三国黄金旅游带、黑吉辽蒙旅游协同发展区,是内蒙古"乌阿海满"一体化发展区的重要节点。

(二) 自然资源

鄂温克族自治旗位于大兴安岭山地西北坡,处于大兴安岭山地向呼伦贝尔高平原过渡地段,属高原型地貌区,境内中山、低山、丘陵、高平原地貌自然融为一体,平均海拔高度 800～1000 米。属中温带大陆性季风气候,冬季漫长寒冷,夏季温和短促,降水较集中,年平均降水量为 350 毫米左右。年平均温度为 −5～−1℃,最高气温可达 38℃,最低气温可达 −45℃,无霜期在 100～120 天左右。

鄂温克草原是呼伦贝尔草原上充满神奇色彩的一块绿色净土。水草丰美、风光旖旎、河流纵横、湖泊密布,是未受污染、生态环境保护较好的一片绿色净土。林地面积 6462 平方公里,占总面积的 33.8%,五泉山旅游区拥有大片的桦树林,一年四季各有特色。红花尔基樟子松国家森林公园有四季常青的沙地樟子松和浩瀚无垠的草原湿地景观，是亚洲规模最大、中国唯一集中连片的沙地樟子松林带。辉河中下游两岸 150 公里广阔的沼泽地带，生长着集中连片、出浆多、质量好的天然芦苇。四季景色皆不同，春季可观天鹅、大雁、野鸭等飞鸟；夏季可观湿地中流水相伴的大片苇塘；秋季可观泛红的苇花随风起舞的金色之海；冬季可观银色世界与金河苇海冷暖相济的瑰丽场景。内蒙古维纳河自然保护区是森林草原过渡地带，大兴安岭西麓生物多样性的典型地段，区内有被当地人称为"神水"的维纳河矿泉，对心脏病、胃病、头疼等几十种慢性病都有很好的疗效。

鄂温克族自治旗土地总面积 19111 平方公里，其中草原面积 11900 平方公里，占全旗总面积的 62.3%，占呼伦贝尔市草原总面积的 12.76%，其中可利用草原面积 1720 万亩。全旗共有优质中产型草原面积 1201 万亩，中质中产型草原面积 704 万亩。天然草地主要分布于鄂温克族自治旗西部、北部地区。草地植被呈水平地带性分布，从西向东依次分布有草原—草甸草原—山地草甸—森林。水域景观独特，水资源丰富，以河流湖泊为主，有伊敏河、辉河、维纳河等大小河流 263 条，除伊敏河外，其他河流湖泊均为天然水质。流域长度 20 公里以上的河流有 31 条，较大的河流有伊敏河、辉河、锡尼河，各种湖泊 600 多个。地下资源以煤为主，保有储量在 300 亿吨以上。野生植物种类繁多，植物有 72 科 284 属 621 种。旗内栖息的野兽种类约有 4 目 14 科 49 种，鸟类有 16 目 34 科 140 种。[1]

（三）文化资源

一是历史积淀厚重浓郁。鄂温克族自治旗历史悠久。成吉思汗统一蒙古后，旗域为成吉思汗幼弟斡赤金封地。1732 年清廷派遣索伦部兵丁驻防呼伦贝尔，其中莫和尔图是索伦部驻防第一站。[2] 俄国"十月革命"以后，蒙古族布里亚特部落迁入旗域境内。1933 年成立索伦旗，1958 年撤销索伦旗成立鄂温克族自治旗。

---

[1] 鄂温克族自治旗草原旅游发展规划(2019—2030)说明书。
[2]《清世宗实录》，卷 117。

二是博物馆数量众多。鄂温克博物馆馆藏文物千余件,其中国家一级文物10件、二级文物24件、三级文物27件。部分苏木乡镇也结合地区特色建立了小型展馆,如巴彦嵯岗名人陈列馆、布里亚特博物馆、巴彦塔拉达斡尔民俗博物馆、巴彦托海镇历史博物馆、红花尔基森林博物馆、辉苏木民俗馆。

三是文物古迹遍布境内。鄂温克旗境内现有巴彦汗(日本)毒气实验场遗址、辉河水坝细石器遗址、巴彦乌拉古城遗址3个国家级文物保护单位,郭道甫故居、巴彦呼硕敖包2个自治区级文物保护单位,锡尼河庙、光远寺遗址、锡尼河西城址、大浩特罕城址、敖氏墓地、郭氏墓地6个旗级文物保护单位。

四是文化资源丰富多样。鄂温克族自治旗是以鄂温克族为主体,由蒙古、达斡尔、汉等25个民族组成的多民族集居区,在长期的生产生活中形成了独特的多元文化特点。经过多年包装打造,按照"一地一品牌、一地一特色"的原则,依托地域特色文体资源,自治旗已逐渐形成了具有广泛社会影响力的群众文化品牌。

"敖包"文化。鄂温克族、蒙古族、达斡尔族信仰"敖包"和"萨满教"。每年都以部落和居住地为单位举行敖包祭祀活动,民俗原始信仰形式延续至今。巴彦呼硕敖包是鄂温克草原上最大的官祭敖包,是内蒙古所有旅游景区唯一先有敖包后建景区的旅游区。

图 11-1　巴彦呼硕敖包　摄影:刘晓春

兽骨文化。以狩猎文化传世的鄂温克游猎民族,在长期与大自然和动物相互交融的过程中,在传统手工制作方面积累了丰富的经验,兽骨文化在鄂温克族民间艺术中占有重要地位。用兽骨制作鼓、首饰、装饰品、骨制玩偶以及实用的生活器皿都具有深厚的民族特色和艺术价值。

桦树皮文化。桦树皮器皿有造型及装饰艺术,又称之为"桦树皮文化",造型艺术有桦树皮器皿(具),木制器皿(具)工艺。还有民间刺绣、服饰、雕刻、绘画、建筑、美术等形式。

节庆文化。鄂温克族自治旗各民族在长期的生产生活中形成了独特的多元文化特点。按照"一地一品牌、一地一特色"的原则,依托地域特色文体资源,经过多年包装打造已逐渐形成了具有广泛社会影响力的群众文化品牌,如鄂温克"瑟宾节""伊慕讷节""冬季游牧文化节""伊敏河之夏"鄂温克民歌大赛"欢乐草原季",各苏木乡镇也形成了独具特色的群众文化品牌,如"悠扬的锡尼河""清澈的伊敏河""木库莲之声""霍乌都日""马文化节"等。作为全国唯一一支鄂温克族的专业艺术团体,鄂温克乌兰牧骑始终扎根草原,年均开展演出活动100场以上。创作大型民族歌舞剧《彩虹之路》获呼伦贝尔市第八届文学艺术创作政府奖—"骏马奖"、内蒙古自治区第十二届精神文明建设"五个一"工程(戏剧类)优秀作品奖和内蒙古自治区第八届乌兰牧骑艺术节集体金奖。瑟宾节是鄂温克民族的传统节日,有着悠久的历史和深厚的文化。节日活动有表演项目(祭祀活动、马术表演、抢枢、抢银碗)和竞技赛(围鹿棋、赛马、射箭、布龙、博克)。冬季游牧文化节是冬季草原牧区生活的集中展示。活动项目有骆驼赛、骆驼选美、拉雪橇,搭建蒙古包、清浩特、塔特勒等民俗比赛及鄂温克族自治旗非遗文化展示。

体育文化。鄂温克族自治旗全旗体育文化丰富,设施完备。旗内建有内蒙古民族体育中心,场内建有1800米赛马跑道、综合馆、马术训练馆、摔跤馆、射箭馆等多项基础设施。全旗人均体育场地面积达4.35平方米,社区室内外健身设施数量15个,苏木乡镇健身中心10个,行政村体育健身路径数量69个,公共体育场馆开放率达到100%,

学校体育场馆开放率 25.5%。① 鄂温克族自治旗每年举办的"瑟宾节",苏木、乡镇那达慕,嘎查那达慕,牧民丰收会,祭敖包等都有民族体育项目进行。锡尼东、西苏木地区的蒙古族牧民和在校大学生组建了锡尼河足球俱乐部,每年以嘎查为单位开展"锡尼河杯"足球赛,已举办30 余年。抢枢是鄂温克族同自然界搏击中流传下来的一项古老的民间传统体育竞技项目。是国家非物质文化遗产。抢枢中所用的器材有一根枢和一套"大轮车"的轮轴。比赛双方队员共 5 人以上,比赛场地以草坪为主。先将"枢"埋在指定地点,双方谁先找到"枢",便要喊一声"枢",随机开展激烈的争夺。最后以夺"枢"者,并能将"枢"敲打在终点的车轮上胜。

饮食文化。鄂温克族、蒙古族、达斡尔族饮食上创造了灿烂的饮食文化,形成了独具特色的饮食特点。奶食品有奶茶、奶皮子、马奶、稀米丹、酸奶等;肉食品有牛羊手把肉、马肉、血肠、鱼等。布里亚特包子、骨髓饼、南屯牛排等食品是鄂温克族自治旗的特色。

非物质文化资源。鄂温克旗现已公布非物质文化遗产保护项目名录和项目代表性传承人共有 6 批 109 项非物质文化遗产名录,其中国家级 2 项、自治区级 19 项、市级 42 项;全旗现有非物质文化遗产传承人 227 人,其中,国家级代表性传承人 1 名、自治区级代表性传承人 30名、呼伦贝尔市代表性传承人 113 名。非遗活动的开展以民族文化产业创业园为平台,充分展示非遗保护项目的衍生品及非遗技艺的传承和保护,基本形成了门类比较齐全、产业链比较完整的非遗文化产业体系。2008 年,《抢枢》和《鄂温克叙事民歌》被批准为第二批国家级非遗项目。

鄂温克族自治旗公共文体设施基本覆盖。建有苏木乡镇文体广电服务中心 10 个、社区文化室 17 个、嘎查文化活动室 44 个、草原书屋34 个、文化主题广场公园 20 余处。文体场馆相对健全,其中,旗图书馆建筑面积为 1700 平方米、博物馆建筑面积 4400 平方米、电影管理站建筑面积 1940 平方米。苏木乡镇文体广电服务中心面积均达 300 平

---

① 鄂温克族自治旗旅游局:《鄂温克族自治旗旅游发展概况》,2019 年。

方米以上,设有全民健身活动中心;室外活动场地 600—800 平方米,配备有篮球架、足球门、健身路径等;社区均配有文化活动室,达到 15 分钟文化圈标准;44 个嘎查综合文化活动室建筑均面积达到 150 平方米。①

(四) 旅游业发展概况

1. 鄂温克族自治旗文化旅游产业总体情况

近年来,鄂温克旗牢固树立"全域旅游、全民旅游、四季旅游"发展理念,把旅游业作为战略性支柱产业和结构调整的主攻方向,依托独特的生态优势、自然优势、资源优势、区位优势和民族文化特点,深化供给侧结构性改革,全力实施"旅游＋"战略,推进旅游业优先发展,促进一二三产业深度融合,以自然资源、服饰、民歌、传统体育项目为鄂温克族自治旗旅游业增添内涵,打造绿色转型发展总引擎。见表 1。②

表 1　文化旅游产业总体情况(2017—2019 年)

	2019 年	2018 年	2017 年
文化旅游产业产值(万元)			
其中:旅游总收入(万元)	5126	3588.2	2986.5
旅游旺季时间	6～9 月	6～9 月	6～9 月
接待游客总量(人次)	44.9 万	42 万	39.1 万
节庆或主题文化旅游活动次数(人)	冬季 0.4 万、瑟宾节 1.6 万、伊慕讷 0.13 万、露营节 0.4 万	冬季 0.35 万、瑟宾节 1.5 万、伊慕讷 0.12 万	冬季 0.34 万、瑟宾节 1.45 万、伊慕讷 0.12 万
旅游主打	自然风光、民族风情、体育赛事、休闲娱乐	自然风光、民族风情、体育赛事、休闲娱乐	自然风光、民族风情、体育赛事、休闲娱乐

① 鄂温克族自治旗草原旅游发展规划(2019—2030)说明书。

② 鄂温克族自治旗旅游局提供。

2. 旅游景区（景点）状况

鄂温克族自治旗紧邻海拉尔，距海拉尔机场10公里，交通便利；全旗拥有1家4A级旅游景区（红花尔基樟子松国家森林公园）、1家3A级旅游景区（巴彦呼硕旅游区）、2家2A级旅游景区（鄂温克博物馆、鄂温克旗民族产业创业园）。见表2。

表2　旅游景区（景点）状况（2019年）

景区（景点）名称	所属等级	景区属性	景区面积	景区门票价格	全年接待游客数（人）	营业收入（元）		景区从业人员数（人）	
						总收入	其中：门票收入	总人数	其中：本县/旗人数
红花尔基樟子松国家森林公园	4A	自然景观	167平方公里	60元	1.18万	83.83		20	
巴彦呼硕旅游景区	3A	自然景观		20元	10万	117.7		86	
鄂温克博物馆	2A	人文景观	5590平方米	无	6.38万			18	
民族文化产业创业园	2A	人文景观	29000平方米	无	3.1万	411.244		商户117公职3人	

3. 旅游接待能力

2家四星级宾馆（颐和温泉酒店、鄂温克宾馆）、2家三星级宾馆（伊敏河宾馆、红花尔基宾馆）、1家二星宾馆（银帆商务酒店）、7家旅行社（瑟滨旅行社、鼎吉户外旅行社、传奇国际旅行社、碧海金风旅行社、家之旅旅行社、指北针旅行社、塞北之约旅行社）。见表3。

表3　2019年旅游接待能力

	数量（个）	床位（张）	人均消费（元）	旺季入住比例（%）	淡季月份
5星酒店					
4星酒店	2	颐和温泉酒店245\鄂温克宾馆305	颐和温泉酒店150\鄂温克宾馆120	颐和温泉酒店98%\鄂温克宾馆94%	11月至次年5月
3星酒店	2	伊敏河宾馆100、红花尔基宾馆318	伊敏河宾馆130、红花尔基宾馆80	伊敏河宾馆97%、红花尔基宾馆50%	11月至次年5月
3星以下酒店	1	银帆商务酒店160	银帆商务酒店100	银帆商务酒店98%	11月至次年5月

　　近年来，旅游基础设施与服务设施不断完善，以政府补贴或企业自筹资金等形式建有旅游厕所39座，鄂温克族自治旗27号驿站也已投入使用，在此基础上，鄂温克旗不断提高旅游资源利用效能，深入挖掘文化内涵，打造民族特色类文化旅游产品，加快推进旅游产业从量变到质变、从粗放经营到质效提升。

图11-2　草原湿地　摄影：刘晓春

二 鄂温克族自治旗特色乡镇、嘎查民族文化产业创新模式

(一) 特色乡镇、嘎查总体情况

巴彦塔拉达斡尔民族乡以达斡尔族为主体,是呼伦贝尔兴安岭北唯一一个达斡尔民族乡;锡尼河东、西苏木主要居住着布里亚特蒙古族,民族服饰、生产生活有很多不同于传统蒙古族的特点;伊敏苏木是呼伦贝尔市唯一厄鲁特蒙古族聚集的苏木;巴彦嵯岗苏木和辉苏木是自治旗主体民族鄂温克族的聚居地,各民族都在历史发展过程中形成了丰富多彩的服饰、歌舞、民俗文化。目前,自治旗共有特色乡镇、嘎查12个。

1. 四个特色乡镇

巴彦托海镇是鄂温克族自治旗的政治、文化、经济中心,是呼伦贝尔市中心城区的组成部分。位于鄂温克族自治旗北部,镇区东临伊敏河,西延广袤草原与陈巴尔虎草原相连。全镇总面积546.82平方公里有丰富的草场资源,可利用草场面积456.42平方公里。镇区内主要旅游景区是独具特色的鄂温克博物馆、广慧寺、鄂温克族自治旗民族文化产业创业园、马产业园、汽车产业园、呼伦贝尔最大赛马场地就坐落在此镇。巴彦托海镇现有4星级宾馆2个、3星级宾馆2个、2星级宾馆1个,2A级景区1个。

红花尔基镇。红花尔基系鄂温克语"山林峡谷"之意,因镇区位于河谷盆地而得名。全镇面积292.01平方公里;其中林地面积256.28平方公里,草原面积29.78平方公里。红花尔基镇素有"樟子松的故乡"之美誉。镇域内有4A级旅游景区红花尔基樟子松国家森林公园。

伊敏河镇位于鄂温克族自治旗中部,土地面积98.94平方公里,其中镇区9.5平方公里。伊敏河镇具有丰富的煤炭资源,有独特的煤电联营景观及"七五三"高地展览馆。华能伊敏煤电公司自建设以来党和国家领导人曾多次莅临视察,在"七五三"高地展馆了解煤电联营发展历程,通过眺望台观看高大雄伟的厂房和现代环保的输煤管道,是开发

旅游项目的最佳去处。

巴彦塔拉达斡尔民族乡。巴彦塔拉系达斡尔语"富饶的草原"之意，因地处水草丰美的草原而得名。辖区面积 418.48 平方公里，其中可利用草场面积 388.25 平方公里，占全乡总面积的 92.78％。巴彦塔拉达斡尔民族乡是鄂温克族自治旗唯一的达斡尔民族乡，具有独特的民族风情和民族文化，环境优美、风景秀丽，交通便利。有独具特色的达斡尔民居、风味独特的达斡尔传统美食、华美的达斡尔民族服饰、欢快的达斡尔歌舞。乡内主要景区有达斡尔民俗博物馆、晨光生态园、恩阁乐达斡尔风情园。

2. 五个特色苏木

锡尼河西苏木因位于锡尼河西岸而得名。位于鄂温克族自治旗中西部、伊敏河畔。土地总面积 3013.45 平方公里，其中可利用草牧场 2179.6 平方公里，森林面积 586.93 平方公里。境内有"天下第一敖包"之美称的巴彦胡硕旅游区、国家级自然保护区辉河湿地、锡尼河庙。

锡尼河东苏木因位于锡尼河东部而得名。位于鄂温克族自治旗中东部，距旗政府驻地巴彦托海镇 37 公里。总面积 5869.61 平方公里，其中林地面积 1891.45 平方公里、草原面积 3774.26 平方公里。境内有丰富的旅游资源，有布里亚特博物馆、维纳河矿泉等。自治区级非物质文化遗产传承人 1 人、市级传承人 3 人、自治旗级传承人 9 人。举办"锡尼河杯"足球赛、"悠扬的锡尼河"文艺演出以及牧民春节晚会、服饰表演、少儿艺术团演出等。

伊敏苏木因伊敏河纵贯苏木南北而得名。苏木位于旗域南部，总面积 4399.65 平方公里，其中林地面积 1791.05 平方公里、草原面积 2552.3 平方公里。蒙古族厄鲁特部落绝大部分居住在鄂温克族自治旗伊敏苏木。在文化建设上鼓励提倡以弘扬鄂温克风情、厄鲁特民俗为主调的家庭式旅游产业。

辉苏木是因辉河在其境内而得名，苏木驻地"呼日干阿木吉"，鄂温克语，意为"院套式水泡"，因苏木驻地附近的水泡而得名。苏木位于旗域的西南部，总面积 2855.51 平方公里，其中草原面积 2006.16 平方公里,林地面积 489.83 平方公里。境内辉河两岸水草丰美,芦苇丛生,栖息着许多野生珍贵动物。在乌兰宝力格诺尔、乌日切希阿木吉湖里,春夏季节有上千只天鹅栖息繁衍,是得天独厚的自然风景区。独具民族特色的夏营地,让旅游者领略古老的鄂温克民俗文化。

巴彦嵯岗苏木位于鄂温克族自治旗北部,土地面积 920.12 平方公里,其中林地面积 152.20 平方公里、草原面积 713.45 平方公里。境内旅游资源丰富,极具开发潜力。现有景点有五泉山旅游景点、毛库来水库、莫和尔图国家湿地公园。

3. 三个特色嘎查

吉登嘎查位于伊敏苏木南部,距旗政府所在地 145 公里,距苏木所在地 75 公里,是鄂温克族自治旗唯一的鄂温克族猎民嘎查。嘎查民族文化底蕴深厚,这里的鄂温克族猎民仍然保持着自己古老的语言、独特的服饰、生活习俗等,并有着丰富的狩猎经验。吉登嘎查地处原始森林边缘,嘎查猎民有着传统的饲养驯鹿、狍子和野猪等野生动物的习惯,为发展猎民文化旅游奠定了良好的基础。

红花尔基嘎查位于鄂温克族自治旗南部,距旗所在地 110 公里。土地总面积 49 万亩,草场总面积 36 万亩。鄂温克民族语言与蒙古语言共同为嘎查主体语言,而且保存较完整。在丰收会、祭敖包等盛大活动中经常会看到抢枢、赛马、摔跤等项目表演、竞赛,具有丰富的人文历史资源。

莫和尔图嘎查为巴彦嵯岗苏木政府所在地,是全苏木政治、文化、教育中心,是杰出教育家郭道甫、著名作曲家通福的家乡。这里历史悠久、民风淳朴,因独特的历史文化渊源和名人辈出的秀美山水而被外界所熟悉、熟知。

(二) 特色乡镇、嘎查民族文化产业创新模式与意义

1. 巴彦托海镇鄂温克族自治旗民族文化产业创业园

(1) 一园区、多基地

鄂温克族自治旗民族文化产业创业园是鄂温克旗旗委、旗政府大力推动"以创业园建设为载体,构建全旗创业、就业大格局"的重要载体之一,是呼伦贝尔市创业园"一园区、多基地"创业发展模式的重要组成部分。产业园在展示鄂温克民族文化传承和发展的同时，依托蒙元文化，汇集达斡尔、鄂伦春以及北方各少数民族，以鄂温克旗为中心，打造集民族文化创业孵化、民族文化挖掘和传承、民族文化教育和研究、民族文化体验、旅游度假等为一体的民族文化创业孵化示范综合体。

园区于 2016 年 3 月开始筹建，建筑面积 30000 平方米，投资 1.9 亿元，是内蒙古自治区 102 个旗县中首家以少数民族特色为主题的创业园。创业园成立以来，其经济效益、社会效益、文化效益和示范效应不断增强。2018 年，全年创业园企业实现销售额 1875 万元，利润 520 万元，纳税 48 万元，直接带动就业 800 余人。接待上级领导参观、考察、调研 94 次，共计 3640 余人。2020 年 4 月，入驻企业已达到 121 家，直接带动就业 1000 余人。2016 年被自治区人社厅评为自治区级示范性创业园；2016 年被呼伦贝尔市人社局授予呼伦贝尔市少数民族工艺品创新基地；2017 年被呼伦贝尔市妇联授予呼伦贝尔市女性创业就业基地。

创业园由四个功能区域组成：创业孵化区、创新创业区、商机对接区、公共服务区。入驻创业园的企业享有一定的优惠政策，如创业培训、创业指导、创业担保贷款等"一站式"服务，同时为了鼓励扶持创业，改善创业环境，政府还会提供具有公益性质的服务，如房租减免、网络费用减免、交流平台免费使用等。入驻创业园的企业来自各行各业，例如，2018 年入驻企业 112 家。大学生 3 家，城镇 68 家，牧民 44 家，非遗项目 21 个，传承人 22 人。创业培训内容丰富多彩，比如各类传统技艺培训，打破了传承人以往从一而终的单一传承身份，社会角色的多元让传承得以延续，让创新成为可能。

创业园包括众创公共服务大厅、非遗展示区、民族文化产品展示区、民族文化体验区、科技企业孵化区、电商平台区六大服务功能区。众创公共服务大厅建设面积 1000 平方米，大厅一层包括创业园简介的介绍、党和政府对创业者的扶持政策的宣传、创业者故事及创业者咨询等一站式服务，二层为民族手工艺品展示体验、销售、培训等综合服务区。非遗展示区面积 3500 平方米，入驻非遗传承项目 26 个。从入驻的非遗项目来看，呈现出如下特点：一是以传承少数民族传统项目为主;二是传承项目种类繁多,且保存完好;三是传承项目包括多个民族,如蒙古族厄鲁特服饰,鄂温克族希温·乌娜吉,以及达斡尔族非遗项目等;四是入驻项目,无论是食品还是手工艺制品都没有重样的。全方位,多角度呈现地域生态和多民族文化现象,这在其他县域文旅个案中是少有的。

民族文化产品展示区面积6000平方米,入驻创业园50家。主要用于展示太阳花手工艺品、民族服饰、传统手工皮毛制品、木雕、皮画、景泰蓝工艺画等北方少数民族文化产品,向外界宣传少数民族技艺文化。民族文化体验区面积5900平方米,入驻创业者49家。体验区将民族特色文化和大众创业结合起来,通过亲子体验活动等形式,实现园区少数民族创业者互动交流,相互借鉴创业经验。在非遗时代,民族文化体验区为非遗传承人提供了传播传统文化的窗口。"非遗项目"不再是一个死板的符号,而是一个"看得见"的"文化"。通过传承人的解读,体验者对非遗项目的历史演变过程、文化内涵、象征符号等,有了更加深刻的认识和理解。

科技企业孵化区面积1700平方米,为17家入驻企业提供研发、经营场地及共享设施,提供政策、法律、财务、融资、市场推广和培训等方面的服务。电商平台区面积1800平方米,分为少数民族文化展示、体验、呼伦贝尔特色物产展示三大区域并配有电商运营、营销服务、数据展示、电商培训、视频直播、业务洽谈区等辅助区域。随着网络信息技术的发展和大众文化的传播,从追求经济效益的展演、文旅空间的构建、文化创意产品的生产,到追求社会效益的节庆活动、非遗媒体广告、抖音直播等,都展示了文化产业蓬勃的生命力。

鄂温克族自治旗文化产业园的实施和推进,不仅满足了当地各族群众改善生活水平的经济需求,而且维护和传承民族文化的意愿也得到加强。在产业园运营过程中,许多文化遗产得到了修复并申遗成功,民间的各种传统手工艺产品、手工艺技艺、民族特色饮食也因产业园的宣传逐渐让当地人和四方游客所熟知,尤其是当地少数民族的生态理念以及对生命的认知,为世人提供了一个人与自然、人与人、人与社会和谐共生的典范。在产业园运营过程中,各族群众在获得经济利益的同时也提升了对自身文化保护的自觉意识，幸福感、获得感、自豪感油然而生。而且在宣传、展示民族文化的活动中，当地民众渐渐对自己生活的地域文化产生了使命感和责任感，更加珍视自己的民族文化，民族自信心和中华民族共同体意识得到进一步增强。鄂温克族自治旗民族文化产业创业园的实践和经验，不仅为民族地区县域文旅产业的发展提供了借鉴，也为人口较少民族传统文化创造性转化、创新性发展提供了新的思路。

（2）成功案例访谈[①]

在民族文化产业创业园区里，不乏成功案例，"鄂温克太阳姑娘工作室"尤其引人注目。工作室负责人乌仁女士每天早上准时到岗，打扫卫生，制作工艺品，接待游客。乌仁身形健美，五官棱角分明，神情活泼热情，脸上总是挂着微笑。作为自治区级非遗项目"希温·乌娜吉（太阳姑娘）"代表性传承人，乌仁肩负着各种重任。

走进乌仁的太阳姑娘工作室，如同置身于通古斯女神的宫殿，作品多姿多彩、琳琅满目。特别是在暖灯的照射下，那些笑容可掬的女性人偶和太阳花艺术品，仿佛在轻轻悸动，好像要对你说什么，充满了奇异的灵动感，让人流连忘返。当我们用双手感受乌仁和女儿艾吉玛制作的一枚枚太阳花饰品时，真的体验到了一份深沉的温暖和爱心。这份温暖源自毛茸茸的饰品本身，也源自她们母女扎根于心底的民族情结。

1968 年 6 月 8 日，乌仁出生于鄂温克族自治旗伊敏苏木毕鲁图嘎查，受父母的影响，从小她就对绘画充满兴趣。1986 年高中毕业，1987 年在伊敏苏木乳品厂上班，一干就是好几年。当时，乌仁对自己的未来非常迷茫。2005 年，机会来了，鄂温克草原上兴起家庭牧户游，乌仁开始尝试接待游客。如何吸引游客，如何突出民族特色，如何增加自己的收入，是她想得最多的问题。意想不到的是，她亲手制作的太阳花饰品获得了游客的青睐和喜爱，在旅游旺季太阳花饰品卖得非常好。

---

① 访谈人：刘晓春；访谈对象：乌仁；访谈时间：2020 年 6 月 4 日；访谈地点：鄂温克族自治旗。

　　太阳花工作室最开始的时候设在南屯的一个平房里,创业初期困难重重,幸好有姐姐乌日娜的支持和帮助。最初,她设计的产品花样不多,图案单调,销路不是很好。后来,从创新各种"太阳姑娘"的设计、制作入手,产品种类由十几种发展到几百种,销路越来越好。创业期间,乌仁带着自己创作的产品,主动参加国内外各类展销会,经常代表内蒙古鄂温克族自治旗参展。凭着自己的手艺和勤奋,乌仁获得了可观的收入,率先实现了脱贫。此后,太阳花系列产品不断涌现,鄂温克手工挂件推陈出新。经过几年的打拼,乌仁把自己的工作室从小平房发展成鄂温克太阳姑娘文化发展有限公司。从公司创建之初,她就把公司定位在"保护民族文化、传承民族精神、服务旅游市场、解决牧民就业"上。

　　2015 年,"太阳姑娘(希温·乌娜吉)"制作技艺被列入内蒙古自治区级非物质文化遗产项目,乌仁也入选自治区级非遗代表性传承人。2016 年,鄂温克族自治旗民族文化产业创业园建成,乌仁将公司迁至园区,员工也由最初 1 人发展到 14 人。乌仁和她的团队一路走来,积累了很多经验,归纳起来,主要有如下几点:

　　一是她本人特别努力,专业技术相当过硬。在公司运营中,积极开展非遗文化保护传承活动,培养了 8 名"太阳姑娘"非遗代表性项目传承人。因此,公司生产的产品口碑较好。她拿给我们一组太阳花项链说:"你们看这个项链挂件,周围的皮毛只取驯鹿皮腿脖上那一片皮毛,其他部位毛太长,反而用不上,挂件的珍贵就在这,能让人第一眼见到它就会喜欢上。作品不在多,而在于精,一点一滴去用心琢磨"。乌仁走南闯北,到各地参观学习,借鉴、钻研、创新,让太阳花品牌逐渐成为呼伦贝尔市的知名品牌。

　　二是在传承发展本民族非遗保护项目的同时,还与兽骨文化、苏绣制作技艺、蒙古族毡艺制作技艺等项目传承人开展跨界合作,开发出多元化的文化衍生品,比如毡料电脑包、兽骨雕刻工艺品、苏绣挂件等。产品种类繁多,目前已达上千种。

　　三是为了将鄂温克族优秀文化延续下去,从祖先手中传承民族记忆,让更多的人了解本民族历史文化。乌仁走进各个旗县、苏木、嘎查、街道办事处,向本民族妇女传授"太阳姑娘"系列皮毛手工艺品的制作技能,并为她们解决原材料及销售问题。

四是她先后在阿荣旗、莫力达瓦达斡尔族自治旗、根河、扎兰屯等地开展培训,带动数千名妇女实现了家门口就业。以 2019 年为例,乌仁扶助当地建档立卡贫困户 12 名,每人每户增收近 3000 元。2020 年疫情期间,乌仁把一些活交给家庭作坊完成,让大家足不出户就可以赚钱。

五是乌仁还将非遗与旅游紧密结合,在当地率先建立了"太阳姑娘"非遗体验馆,与当地多家旅行社达成合作,吸引游客参与和关注,从"非遗 + 旅游"衍生出"非遗 + 研学 + 微商"模式,探索出文化传播与旅游产品融合发展的新途径。2019 年,她接待全国各地的研学团队 70 个,约 1500 人。女儿艾吉玛大学毕业后,回到家乡,和母亲一起创业,借助互联网平台做线上线下推广,拓宽了营销渠道,成为颇具知名度的民族文化产品推广"网红"。艾吉玛经常到外地参加各种活动,寻找机会展示自己的艺术作品。她设计的鄂温克文化元素笔记本、纸袋子,物美价廉,很受消费者欢迎。通过直播、抖音、小视频、地摊文化、文化集市等平台宣传推广希温·乌娜吉文化产品,让鄂温克文化得到更多年轻人的关注,自己也成为新一代民族文化传承推广者。

图 11-3　太阳姑娘工作室　摄影:刘晓春

乌仁团队的成功启示是：非遗传承人不仅要做传统文化的守护者、传承者，更要成为传统文化＋时尚＋高科技的创造者和引领者，只有这样，传统文化才能焕发出新的活力。

2017年，乌仁获得内蒙古"草原英才"荣誉称号。2018年，国家旅游部门把乌仁团队的产品列为全国旅游景点重点推荐产品。

2. 辉苏木的非遗传承与文化旅游

2020年，鄂温克族自治旗非物质文化遗产保护项目共有109个，其中鄂温克族非遗项目24个，占22％。①

2020年6月初，笔者来到鄂温克族自治旗民族文化产业创业园，恰好赶上展区有非遗项目展演，有幸遇见了鄂温克年俗（阿涅别）传承人——索伦鄂温克人乌仁巴图先生。目前，中国境内的鄂温克族分为三个部分，即索伦部、通古斯部与使鹿部，乌仁巴图先生属于索伦部。

第一眼见到乌仁巴图先生时，他正在穿戴民族服装，准备上岗讲解非遗项目。老先生身形清瘦高大，举手投足间带着一种草原牧民特有的风度，虽然已七十岁，但依旧帅气挺拔，一双细长的褐色眼睛炯炯有神，浑身散发着索伦鄂温克人特有的剽悍及刚毅的气质。

索伦鄂温克人过去是游猎民族，17世纪前曾居住在贝加尔湖沿岸、外兴安岭、黑龙江流域直至库页岛地区。雍正十年（1732），1363名鄂温克士兵被征调到呼伦贝尔草原驻防，从此在这里扎根。乌仁巴图先生说："年轻的时候，我也是一个猎人，在大兴安岭一带狩猎，1983年以后就不打猎了。我老伴也是鄂温克人，我们共有四个孩子，三个姑娘、一个儿子，都是牧民，他们都有自己的牧场。目前，我自己有1000多只羊、100多匹马、10多匹骆驼。"

说到民族服饰，乌仁巴图老人就打开了话匣子。从鄂温克人生活的地理环境来看，无论是大、小兴安岭，还是呼伦贝尔大草原，都是高寒地区，鄂温克人无论是过去，还是现在，民族服饰的制作材料都离不开动物的毛皮。早期，索伦鄂温克人主要用鹿皮、狍子皮、牛皮、羊皮等制作长袍。1903年，中东铁路通车以后，布匹和绸缎逐渐增多，鄂温克人

---

① 内蒙古鄂温克民族研究会：《鄂温克族自治旗非遗项目名录》，2020年。

的服饰制作材料也变得丰富起来。索伦鄂温克服饰美观独特，充满森林与草原的气息，至今一直保留着古老而神秘的文化符号。乌仁巴图先生说："我现在穿的这件袍子，就是一件会讲故事的袍子。它既是民族的标识，也是历史的记忆，图案造型和服装款式都很独特。"

乌仁巴图先生比较完好地继承了祖辈流传下来的服饰文化。他穿的服装，从头饰、帽子、袍子到靴子等，都是他自己设计的。老人还把这种传统服饰制作工艺及相关传说，传授给了妻子和女儿。女儿萨娜继承了老父亲的皮靴制作技艺，她制作的皮靴获得了国家专利。索伦鄂温克服饰分为四级服饰，男装颜色以素净淡雅为主，女装颜色多以艳丽生动为主。领子周边及袖口带有云卷图案，象征着吉祥安康。最令人动容的是，从袍子左肩部、交领底边至右衽的那黑、蓝、棕、绿、红五色条纹的含义，即代表着黑龙江、敖鲁古雅河、漠河、阿荣河、辉河等五条著名的河流。它记录着鄂温克人抗击沙俄、守卫疆土的悲壮历史，记载着鄂温克人艰难的迁徙之路和顽强的生命力。右胸大襟绿色的树形盘扣象征着鄂温克人对森林和草原的敬畏和依恋。

老人眯着眼睛，指着自己胸襟上两个一大一小的三角形说："这是兴安岭，大的是大兴安岭，小的是小兴安岭，鄂温克、鄂伦春族就像这山一样，永远也分不开！"一会儿，他像小孩子一样指着其中的一个三角形，并从三角形的侧面把手伸进去，掏出一盒香烟和打火机。动作有范，服装设计奇思妙想。

乌仁巴图是牧民心中公认的祭火主祭人，每次举行祭火仪式之前，他都会精心准备各种贡品，布置祭火台。每年腊月二十三，居住在鄂温克族自治旗辉苏木的鄂温克牧民都会穿着节日盛装举行祭火活动。对火神的敬畏，会使人们忘记严冬的寒冷。乌仁巴图带领众人在祭火台上摆上贡品，在火架四周点上盅灯，把5种颜色的布条分别搭在火架的四周，在火架里用木条搭成数层木框，放上羊的胸骨肉，由乌仁巴图引念祷文，众人一起生火，把木条框烧起，并把各种贡物投入火中。鄂温克人崇拜火，爱护火种，火在山林中从不熄灭，因为那是生命之火，是神灵的祝福。

乌仁巴图先生说，他的祖辈一直都是祭火主祭人。鄂温克族自治旗民族文化产业创业园举行非遗展演,他虽然七十岁了,但不辞辛苦劳顿,从牧场赶来参加非遗活动。他认为自己有责任有义务传承优秀的传统文化,愿意为草原和家乡的牧民祈福,祈求风调雨顺、家畜兴旺、牧民身体健康、平安幸福。

为了使祭火文化得到传承,他积极参与各苏木、乡镇、自治旗举办的各类那达慕大会和祭敖包等仪式。给年轻人言传身教祭火的文化内涵和仪式规则,并将整理出来的文字材料和图片资料无偿奉献,为保留传统文化做出了自己的贡献。

1994 年和 1998 年,乌仁巴图老人荣获辉苏木劳动模范,2008 年荣获鄂温克族自治旗劳动模范,2018 年被推选为呼伦贝尔市"最美家庭",2018 年参加鄂温克族自治旗欢度春节惠民演出,荣获荣誉证书。作为非遗传承人,乌仁巴图老人传承的是一份精雕细琢的匠心,传承是一份对生命完美的追寻,传承的是一份对民族文化的坚守,传承的是一份灵魂的信仰,是祖祖辈辈用血汗、泪水、生命和自强不息的精神铸成的民族魂。

鄂温克族作为游猎、游牧民族,在历史长河中创造了独特的非遗文化,他们的生态观、价值观、世界观无不体现在非遗文化遗产里。日前,内蒙古鄂温克族研究会研究报告显示,鄂温克族自治旗现有的 24 个(鄂温克族)非遗项目,主要集中在民俗、传统技艺等方面。有些项目需进一步细化,比如民间文学,其中的神话、民间传说、谚语等都应该申报非遗项目,尤其是音乐、宗教、医疗、医药、狩猎、自然知识等方面的非遗项目非常少,有待进一步挖掘。

3. 吉登嘎查的非遗传承与文化旅游

走进鄂温克族自治旗民族文化产业创业园区非遗展示大厅时,一位席地而坐,正在编织皮条的年轻人立刻吸引了游人的目光。他身材魁梧,鼻梁高挺,一双眼睛流露出草原牧民桀骜不驯的气质。紫红色的脸膛经历过草原劲风的洗礼,宽阔的臂膀记录着他驯服烈马时的坚毅,那双粗糙的大手此时却异常灵巧,盘扭的皮条花样翻新。当我们和他攀谈时才发现,他笑起来憨厚质朴,灰褐色的眼睛里透着一抹湖水纯净的淡蓝。这个小伙子名字叫敖德,来自伊敏苏木吉登嘎查,他是鄂温克

"乌希斡达刊拉米敖日"制作记忆"皮条编织"项目非遗传承人。

鄂温克族曾经是北方森林里勇敢善射的游猎民族,他们不仅饲养驯鹿,也骑马打猎。1998年以后,吉登嘎查的猎民不再狩猎,但马匹依然是他们日常生产生活中的好帮手,一套坚实耐用、美观大方的马具对鄂温克牧民来说是一个必不可少的重要装备。

1986年7月30日,敖德出生在鄂温克族自治旗伊敏苏木吉登嘎查。四五岁时,他就喜欢骑马,马是他最好的伙伴。十一岁时,敖德开始跟父亲学习制作马具。制作马具的一个最重要的材料就是牛皮。首先要把牛皮放在牛奶里浸泡,然后去毛,晾晒,最后放到特制的工具里转上三天,这样熟制的皮子才可以成为一等马具的材料。敖德二十岁时,已经非常熟练地掌握了这门手艺,可以独立完成一整套马具的制作工艺。他时刻铭记着父亲的教诲,不仅在技艺上精益求精,还把这门手艺无偿地传授给他人。目前,敖德有两个徒弟,但他说,年轻人都不太爱学。2019年成为传承人以后,敖德对传承传统文化充满了信心。敖德的妻子也是鄂温克族,他们有一个可爱的女儿。敖德在产业园区有工作室,有活动的时候他就过来。敖德的牧场,目前有牛28头,羊360只,马40匹,家里还配置了轿车和摩托。从猎民到牧民,敖德认为,猎人的后代不能忘本,狩猎文化必须传承下去。

作为马具传承人,敖德还是曦雯鄂温克猎民部落传统文化旅游有限公司的创始人。公司成立于2018年,位于鄂温克族自治旗伊敏苏木吉登嘎查。吉登嘎查猎民村距自治旗政府所在地145公里,距苏木所在地75公里,是鄂温克族自治旗唯一的鄂温克族猎民嘎查。嘎查民族文化底蕴深厚,这里的鄂温克族猎民仍然保持着自己古老的语言、独特的服饰、生活习俗等。吉登嘎查地处原始森林边缘,嘎查猎民有着传统的饲养驯鹿、狍子和野猪等野生动物的习惯,为发展狩猎文化旅游奠定了良好的基础。

公司成立以来,致力于传承濒危的鄂温克族文化,主要经营项目包括鄂温克族传统民俗文化展示、观光、文艺表演、传统特色饮食,挖掘开发鄂温克传统文化,制作销售鄂温克族传统手工艺品,在保护鄂温克族非物质文化遗产和挖掘鄂温克族非遗文化传承人方面有突出贡献。敖德说,曦雯鄂温克猎民部落传统文化旅游有限公司,一方面要让我们的下一辈和更多的游客了解我们的传统文化,体验到鄂温克文化的独特魅力。另一方面,通过公司这个平台,打造猎民点特色嘎查,创建鄂温克精品民宿,提升狩猎文化展馆内涵,带领牧民快速走上致富之路。

图 11-4　马具传承人敖德　摄影:刘晓春

三　鄂温克族自治旗旅游业存在的问题与对策

(一) 主要问题发现

1. 基础设施薄弱和服务设施不足

一是旅游景区基础设施配套不完善。草原旅游景区分散、规模小,造成基础设施及服务设施建设很难形成配套。供水、排水、供电等在区域间难以协调,容易造成游客需求的瓶颈。二是旅游服务人员素质参差不齐,缺少专业旅游的培训,粗放经营对游客体验感和自身发展都形成一定制约。三是旅游住宿接待能力不强,自治旗所在地巴彦托海镇、红花尔基镇、伊敏河镇有星级宾馆外,其他苏木乡镇无星级宾馆;餐饮接待设施服务水平较低,娱乐设施中高端产品缺乏,文化优势在旅游发展中不能充分发挥。

2. 区域草原旅游资源同质问题突出

尽管鄂温克族自治旗旅游资源得天独厚,自然和文化旅游资源类型多样、地域组合性好,但从本质上看,与陈巴尔虎旗、新巴尔虎左旗、新巴尔虎右旗都属于草原为主的景区,旅游资源具有较强的同质性。一是自然景观以生态草原观光为主要特色,对长时间跨区域游览造成审美疲劳;二是人文景观以蒙古族文化风情为主,民俗演出和娱乐活动基本上大同小异,容易造成自身的内耗和重复建设。

3. 鄂温克形象不突出

鄂温克族自治旗民族多元化,属于鄂温克族区域自治,但鄂温克民族文化凸显得不明显,对比根河市敖鲁古雅鄂温克驯鹿文化品牌方面上不突出。鄂温克族猎民文化、牧区生产生活方面文化体现不充分,缺乏关键的记忆点。

4. 冬季旅游发展滞后

旅游季节性问题是困扰我国大部分地区,特别是北方地区旅游业发展的重要因素之一,旅游经济效益因季节交替而深受影响。鄂温克族自治旗季节性旅游现象明显,主要集中在 6～9 月,为旅游旺季。旅游旺季旅游团队和散客人数呈井喷式增长,旅游酒店和车辆供不应求,旅游市场便会出现"一床难求"和"一票难求"现象。

冬季漫长,冷空气活动频繁,地面积雪时间长。冬季漫长不利于旅游资源及设施的充分利用,四季草原旅游发展较为困难。旅游淡季,所有星级饭店为吸引游客而降价经营。以 2018 年为例,呼伦贝尔市旅游旺季的四星级酒店每晚的住宿价格高达千元,而到了旅游淡季每晚住宿的价格只有 500 元左右;三星级酒店在旅游旺季每晚高达 400～500

元,而在淡季只需 200～300 元;二星级酒店以内的价格涨幅不大,旺季每晚价格一般在 200 元左右,淡季每晚价格约在 100～200 元之间不等。① 家庭旅馆、民宿经营状况的季节性就更加显著。

5. 草原旅游品牌效应宣传不到位,资源开发碎片化

旅游市场营销手段少,旅游对外宣传吸引力不足,"被世界传唱的地方、敖包相会的地方"是鄂温克族自治旗的旅游名牌,但还未形成强有力的吸引力。旅游产品多以草原观光、民俗风情为主,对游客深层次需求不充分,忽略了区域草原旅游开发的整体性,使草原旅游产品组合开发处于低水平状态。与呼伦贝尔草原区域旅游产品的同质化,缺乏明显的特色和突出优势。旅游产品较为单一,草原上景区虽然名称不同,但其内部活动雷同现象明显,未形成自己的特色和风格,项目重复建设,没有形成品牌效应和规模效应。重点发展的民族文化创业园和马文化产业园旅游项目还处于起步阶段。

(二)发展战略与对策

1. 生态优先战略

绿色是整个呼伦贝尔的底色,树立"绿水青山就是金山银山"的理念至关重要。在鄂温克族自治旗草原旅游发展中,切实守住生态底线,实施严格的保护措施,保护国家北疆生态屏障。对现有景区进行规范整治,严格规范草原旅游用地、完善草原环保设施;遵循草原合理承载力度,严控新增草原景区数量,合理划定游览区域,开发绿色草原旅游产品业态。

建立监控机制。环境影响监控。规划实施过程对生态环境和社会文化环境造成的影响进行监控。通过现场调查和研究,及时发现任何应该纠正的负面影响,找到应该加强的正面影响,评估总的环境质量,并及时采取措施加以控制。旅游危机监控。对危机事件,如自然灾害、流行疾病、动植物侵入、环境污染、交通事故、社会事件等危机事件对旅游业和旅游规划实施产生的重大影响进行监控,适时进行调整。

---

① 呼伦贝尔市旅游局提供。

2. 实施"鄂温克旗"招牌发展战略

鄂温克族自治旗是呼伦贝尔牧业四旗之一,鄂温克草原在呼伦贝尔大草原中占有重要的位置,处于草原与森林相结合的地段,鄂温克草原植被品种多样、地形地貌单元丰富,水资源充裕,环境优良。鄂温克族自治旗是中国三个少数民族自治旗之一,地方少数民族文化特色浓郁,传承下来的游牧文化、狩猎文化、民歌文化、非遗文化、信仰文化等赋予了鄂温克草原的独特性。要深入挖掘民族文化内涵和地域资源特色,创新推出属于鄂温克草原旅游的项目和特色产品,打造"鄂温克"这张独特的旅游招牌。

3. 以市场需求为导向的综合发展战略

鄂温克族自治旗位于海拉尔东南侧,旗所在地巴彦托海镇属于呼伦贝尔市中心城区的一部分,特殊的地理位置决定了其旅游市场的特殊性,海拉尔及其周边以及承接海拉尔来自全国各地的游客是鄂温克草原旅游市场研究的重点地区。根据旅游市场的特点,结合鄂温克草原旅游资源,开发和打造与客源市场相匹配的旅游项目、旅游产品以及游线设计。通过市场导向,探索、总结鄂温克旅游发展模式、创新旅游产品类别,打造有别于其他草原的旅游目的地,实现鄂温克草原旅游的大发展。

草原旅游的发展要与全旗森林旅游、湖泊旅游等相结合,建立健全综合性的旅游产品、主题旅游线体系、综合旅游营销体系,构成鄂温克族自治旗整体旅游格局,促进全旗旅游产业发展,增强全旗旅游发展竞争力。

4. 品牌发展战略

树立地方旅游品牌、深入挖掘旅游资源的潜在价值,积极培育本地旅游品牌已经成为旅游发展的重要竞争力。着力塑造特色鲜明的旅游目的地形象,打造主题突出、传播广泛、社会认可度高的旅游目的地品牌,建立多层次、全产业链的品牌体系,提升鄂温克草原旅游的品牌影响力。以"多彩鄂温克·唱响全世界"形象宣传为总揽,集中打造鄂温克草原旅游总体品牌形象,努力构建以鄂温克草原旅游自然资源与文化资源相融合的旅游品牌体系。依据全旗现有草原旅游景点(区)的建设情况和草原旅游发展优势以及民族文化特色,避免与呼伦贝尔市其他草原旗县旅游产品的内容同质化,采取差异化发展思路,对旗域内现有草原旅游景区马文化产业园、民族文化产业创业园、汽车产业园、红花尔基樟子松森林公园、民族文化博物馆群、巴彦呼硕旅游景区等重点景区进行培育,打造以互动体验、教育研学、康养度假、非遗传承为特色的草原旅游精品线路与旅游产品建设,构建核心精品化草原旅游景区,提升塑造鄂温克族自治旗草原旅游形象,增强全旗精品旅游的核心竞争力,构成鄂温克族自治旗草原旅游的品牌代言产品。

5. 体制机制保障

建议政府部门制定对荒地、河滩、草原等未利用土地的用地政策,科学调整供地结构,在年度用地指标中优先支持旅游项目,有效落实旅游重点项目新增建设用地,对符合相关规划的项目,按照项目建设时序及时安排新增建设用地计划指标。

自治旗人民政府及相关单位成立领导和工作机构,研究制订推进鄂温克族自治旗改革发展的方案和政策措施,及时协调解决实施中的困难和问题。研究在旅游景区发展上严格以旅游规划为引领,强调旅游规划的权威性和创新性;研究推进规划实施的具体措施,明确工作机构以及管理机构的管理范围和职责,充分授权、放权;积极做好协调工作,争取各方面对鄂温克族自治旗草原旅游建设发展的全面支持,形成合力;建立健全规划实施监督和评估机制,监督和评估规划的实施和落实情况,协调推进并保障规划的贯彻落实。

6. 冬季旅游开发战略

呼伦贝尔市旅游旺季各种资本间的过度竞争,使当地旅游服务质量下降,影响当地旅游业的健康发展。因此,构建"大旅游"管理机制,实行大门票制来解决旅游资本的过度竞争、引导当地旅游市场有序发展。其关键在于加强政府在旅游中的作用,增大国有资本的比重,以此平衡各种私有和个体资本在旅游旺季的无序竞争。呼伦贝尔旅游业资本的可持续性积累,必须将淡季作为全年获取超额利润的主攻方向,通过开发冬季旅游项目,加快淡季旅游资本的周转速度,以此获得高于年度平均利润的超额利润。

7. 人力资源保障

建立专家智库，集聚多方智慧科学谋划发展。成立鄂温克族自治旗草原生态旅游发展专家智库，培养或引进专业化、高水平、经验丰富的专业人才。具体培育或引进具有国内先进水平的旅游业领军人才、起到骨干和核心作用的行业领路人、高级管理人才和高级康养专业技术人才、旅游基层管理人员和专业技术人员（如草原向导、专业导游、非物质文化遗产传承人等）、专业基层工作人员。通过合作开发、承接课题、项目指导等"柔性引才"方式，吸引人才。突出与专业院校、优秀旅游企业的交流合作，引进更多高层次人才。建立人才信息库，吸引各类人才加入旅游行业，为旅游人才的自由流动提供平台。

8. 加强非遗文化与文旅结合的市场化运作

非遗文化有着鲜明的地域精神和民族文化内涵和特质，蕴涵着丰富的文化资源如民间文艺资源、饮食文化资源、工艺美术资源和医疗技术资源等，市场化运作是促进其实现自我发展和自我保护重要途径之一。要加大文化科技创新与整合力度，树立正确的产业发展观，制定合理的发展战略，着力培育民族非物质文化遗产品牌，为非遗文化资源转化为文化产业提供保护基础。要从政策上继续扶持传统手工艺，在遵循传统手工艺生产规律和运作方式的同时将其融入现代社会实践，生产贴近市场需求的产品作品，以产品消费促进经济提升。持续推进非遗与旅游融合发展，整合现有的制作加工作坊、非遗传习所、非遗展示基地资源，向游客开放活态传承展示场所、非遗衍生品销售基地，拓展非遗旅游线路，推进传统文化资源、文化元素向旅游产品转化，构建非遗科学保护新格局。

9. 强化旅游娱乐设施建设

拓宽旅游项目类型，增加冬季游览项目，丰富夜间活动内容，突破草原旅游季节发展的瓶颈。构建草原主题活动、草原休闲、游牧文化体验等的游乐设施，形成"白＋黑"娱乐体系。深入挖掘体现鄂温克民俗文化和地方特色的旅游项目，依托内蒙古民族体育中心、民族文化产业创业园、巴彦呼硕旅游景区等开展丰富多彩的鄂温克瑟宾节、敖包相会、伊慕讷活动、那达慕等节事活动，积极引导地方民俗活动推陈出新，挖掘、弘扬鄂温克民歌等少数民族歌舞特色演艺。打造草原主题夜景,增加草原夜间演艺,举办特色敖包相会篝火晚会等娱乐活动。在民族文化创业产业园增加文化体验园区,传承发展鄂温克少数民族文化,塑造民族文化主题体验园;在马产业园等地丰富四季主题活动,特别是冬季游牧文化节、专项赛事,削弱淡旺季。结合当地游牧民族的文化与习俗,依托鄂温克族草原人家、厄鲁特人家、布里亚特人家设置草原"牧民的一天"系列体验活动,让游客真正参与体验牧民的原生态生活,感受游牧文化的发扬光大。开展鄂温克草原旅游冬季的旅游类型,结合马文化产业园、巴彦呼硕旅游区、策划冬季马文化节,举办银色鄂温克旅游赛事、冬季那达慕等活动;依托巴彦塔拉达斡尔文化民俗村开展雪乡体验游等。

图 11-5　呼伦贝尔草原　摄影:刘晓春

十二　鄂伦春
非遗项目与传承研究^①

① 刘晓春、关小云:《鄂伦春非遗项目与传承研究》,《黑龙江民族丛刊》2018 年第 4 期。

鄂伦春族是典型的森林民族,在漫长的狩猎、迁徙,发展和实践中,创造了丰富多彩的非物质文化遗产,内容深厚而独特,几乎涵盖了生产生活的各个方面。随着我国非物质文化遗产的不断深入,鄂伦春非遗保护得到高度重视,鄂伦春族的摩苏昆、古伦木沓节、赞达仁、桦皮船制作技艺、兽皮制作技艺、桦皮手工艺制作等,均列入国家级非遗保护名录。但在现代化发展进程中,以及外来文化的冲击下,非物质文化遗产赖以生存的文化土壤逐渐缺失,文化遗产消失地越来越快。因此,建立科学、有效的保护和开发体系刻不容缓,如何有效保护传承和开发,则是更为迫切的问题。

一　非物质文化遗产项目和特点

　　鄂伦春是满通古斯语族诸民族之一,是森林民族的典型代表。她以狩猎为主要生存方式,繁衍生息于东北亚广袤大地,东至库页岛,北至北极边缘,都印有其清晰的足迹。一个生命力如此顽强的民族,面对当代飞速发展的世界、日新月异的中国,将如何融入和保留特性并传承狩猎文化,是摆在鄂伦春人、专家学者乃至各级政府面前的一个不可回避的话题。

　　鄂伦春族是中国56个民族之一,历史上,狩猎是鄂伦春族最重要的生产活动。鄂伦春族只有语言,没有文字,语言属阿尔泰语系满—通古斯语支,一般通用汉语。1951年,内蒙古鄂伦春自治旗人民政府成立。1953年,黑龙江省鄂伦春族全部下山定居,结束了传统单一的狩猎生活,开始从事农业和林业生产。改革开放后,鄂伦春人走上了"以农为主,多种经营"的发展道路,经济社会发生了巨大的变化。鄂伦春族主要分布在内蒙古自治区鄂伦春自治旗、扎兰屯市、莫力达瓦达斡尔族自治旗和黑龙江省黑河市、爱辉区、逊克县、呼玛县、塔河县、嘉荫县等地,2010 年统计,总人口为 8659 人。

非物质文化遗产是各族人民世代相承,与群众生活密切相关的各种传统文化表现形式和文化空间,非物质文化遗产既是历史发展的见证,又是珍贵及具有重要价值的文化资源。

鄂伦春族在长期的生产生活实践中创造了丰富多彩的非物质文化遗产,狩猎文化、兽皮文化、桦皮文化和萨满文化等具有独特内涵,是鄂伦春族智慧和文明的结晶,是联结民族情感的纽带和维系国家统一的基础。2014 年,鄂伦春族现有国家级非遗项目 6 项(其中,内蒙古 3 项,黑龙江 3 项),分别是鄂伦春族摩苏昆、赞达仁、桦皮船制作技艺、古伦木沓节、狍皮制作技艺等项目。省级(自治区)一至五批非遗项目共 34 项,其中,黑龙江省 27 项,内蒙古 7 项,详见表 1、表 2、表 3。

鄂伦春非物质文化遗产的范围:一是口头传承,包括作为文化载体的语言,即在鄂伦春民间流传的口头文学、故事、传说及相关濒危的语言。二是传统表演艺术,即在鄂伦春民间流传的音乐、舞蹈、说唱艺术等。三是民俗活动、礼仪、节庆,即反映鄂伦春族区域习惯和风俗的重要礼仪、节日庆典活动、游艺活动等。四是传统手工艺技能,即世代相传的技艺精湛,具有鲜明的鄂伦春风格和地区特色的传统手工技艺等,如鄂伦春族的桦皮船,精美的桦皮工艺品,桦皮镶嵌画及兽皮制作技艺等。五是与上述表现形式相关的文化空间,即集中体现或展现某种特定文化传统的区域,场所和文化生态保护区等。

鄂伦春非物质文化遗产的特点:一是具有特定的民族性,鄂伦春与其他民族一样,在文化遗产方面都有自己民族的特点,这些特点通过鄂伦春族的语言,思维方式,行为方式等表现出来,以特有的语言进行口头表述,以特有的民族风格表演自己的艺术成果,以特有的方式展示自己的具有历史传承的手工艺技能。二是具有以口传身授的方式体现传承性,以口头形式通过人们的视觉器官和听觉器官在成员内部传播,演绎与发展。并以口耳相传的形式世代传承和演进已有的口头传说、表演艺术、社会礼仪,有关自然界和宇宙的知识传统和手工艺技能,从

而使文化内涵不断丰富。三是具有活遗产性。它不仅向人们传递出鄂
伦春族在一定时期的发展而形成的特有文化传统信息，而且更具有世
代传承的可能与必要，因而也就具有了"活遗产性"。因此，鄂伦春族非
物质文化遗产具有历史传承性和民族性。

表1　国家级鄂伦春非遗保护项目

序号	项目名称	申报地区或单位	时间
1	鄂伦春族摩苏昆	黑龙江省黑河市	2006 年
2	鄂伦春族赞达仁	内蒙古鄂伦春自治旗 黑龙江省大兴安岭地区	2008 年
3	鄂伦春族桦皮船制作技艺	黑龙江省大兴安岭地区	2008 年
4	桦树皮制作技艺	黑龙江、内蒙古	2006 年
5	鄂伦春族古伦木沓节	黑龙江	2006 年
6	鄂伦春族狍皮制作技艺	黑龙江省黑河市爱辉区 内蒙古鄂伦春自治旗	2008 年

表2　第一至五批黑龙江省级非物质文化遗产保护名录

批次	项目名称	申报地区或单位	文号
第一批	鄂伦春族桦皮镶嵌画	黑河市爱辉区、 省民间文艺家协会	黑政发 〔2007〕22 号 黑文发 〔2008〕121 号
	鄂伦春族赞达仁	大兴安岭地区	
	鄂伦春族摩苏昆	黑河市爱辉区	
	鄂伦春族吕日格仁舞	大兴安岭地区	
	鄂伦春族兽皮制作技艺	黑河市、大兴安岭地区	
	鄂伦春族桦皮船制作技艺	大兴安岭地区	
	鄂伦春族狩猎文化	大兴安岭地区、黑河市、 省民研所	
	鄂伦春族萨满舞	大兴安岭地区	
	鄂伦春族古伦木沓节	黑龙江省	

续　表

批次	项目名称	申报地区或单位	文号
第二批	鄂伦春族口弦琴	黑河市爱辉区	黑政发〔2009〕49号 黑文发〔2009〕205号
	鄂伦春族斗熊舞	嘉荫县	
	鄂伦春族刺绣	大兴安岭地区塔河县	
	鄂伦春族剪纸	呼玛县	
	鄂伦春族传统斜仁柱	黑河市爱辉区、呼玛县	
	鄂伦春族萨满祭祀	呼玛县	
	鄂伦春族传统服饰	呼玛县	
	鄂伦春族萨满服饰	呼玛县	
	鄂伦春族狍皮制作技艺	黑河市爱辉区文物管理所	
第三批	鄂伦春族剪纸	呼玛县文化馆	黑文发〔2012〕196号
	鄂伦春族刺绣	呼玛县文化馆	
	鄂伦春族狍皮制作技艺	黑河市爱辉区文物管理所	
	鄂伦春族斜仁柱	呼玛县文化馆	
	鄂伦春族萨满祭祀	呼玛县文化馆	
	鄂伦春族萨满服饰	呼玛县文化馆 逊克县博物馆	
	鄂伦春族传统服饰	塔河县文化馆	
第四批	鄂伦春族篝火舞	伊春市嘉荫县	黑政发〔2013〕8号
第五批	鄂伦春族乌勒尔	黑河市	黑政发〔2016〕2号

表3　一至四批内蒙古自治区级非物质文化遗产保护项目

批次	项目名称	申报地区或单位	时间
第一批	IVMⅡ—5 鄂伦春族赞达仁	呼伦贝尔市鄂伦春自治旗文化馆	2006.06.15
	NMVⅢ—6 鄂伦春兽皮制作技艺		
	NMVⅢ—7 桦树皮制作技艺		

批次	项目名称	申报地区或单位	时间
第二批	NMVⅢ—13 鄂伦春族斜仁柱制作技艺	呼伦贝尔市鄂伦春自治旗文化馆	2009.06.03
	NMX—47 鄂伦春族篝火节		
第四批	NMVⅢ—21 鄂伦春族舞蹈（黑熊搏斗舞）	呼伦贝尔市鄂伦春自治旗文化馆	2013.10.25
	NMVⅡ—24 鄂伦春剪纸		

除国家级和自治区级以外，还有呼伦贝尔市级非遗项目共 9 项，分别是：鄂伦春族赞达仁、鄂伦春兽皮制作技艺，桦树皮制作技艺、鄂伦春斜仁柱制作技艺、鄂伦春族篝火节、鄂伦春族剪纸、鄂伦春族斗熊舞、鄂伦春狍角帽制作技艺、鄂伦春族考浩捞制作技艺等。此外，鄂伦春自治旗有旗级非遗保护项目 12 项，自治区非遗传承人 5 名，自治旗级非遗传承人 36 名。[1]

鄂伦春自治旗非物质文化遗产中心即将成立，自治旗文化馆要做的事情很多，工作量很大。如出版相关图书、剪辑研究成果、剪接影像资料；建立非遗数据库、档案馆；征集非遗物品、非遗图片，等等。但是，非遗保护方面，面临的困难也比较多。比如，鄂伦春兽皮制作技艺，自1996 年禁猎以来，拍摄狍子皮大衣制作过程遇到很多问题。首先，原材料不足，没有狍皮，皮条、狍子筋线就更不用提了。有人提议，能不能用羊皮替代？毫无疑问，绝对不可以。再比如，鄂伦春桦树皮制作技艺，也面临同样的困境，原材料不足。而最终根源，是鄂伦春自治旗没有林权证，桦树皮不让剥。

鄂伦春族民歌、语言面临消失。为了让孩子将来能考上大学，家长都不愿意让孩子花太多的时间学习母语，认为学好英语更实用。民歌与语言有关，语言不过关，想学好民歌不可能。自治旗文化馆举办过一次民歌学习班，开始有 4 个人学，后来都不学了。目前，只能以鄂伦春广场舞的形式传承。2016 年 6 月 19 日，举办过广场舞大赛，涌现了一

---

[1] 刘晓春主编：《中国民族地区经济社会发展报告·鄂伦春自治旗卷》，中国社会科学出版社 2018 年版，第 233 页。

批精品舞蹈节目和民歌歌手。从民间信仰来看,萨满教传承不容乐观。鄂伦春自治旗目前既没有萨满,也无传承人。文革时期,萨满被打倒,萨满服被烧毁,因萨满无行医许可证,跳神和治病功能也随之丧失。因此,宗教传承已失去原生态和实用性。鄂伦春桦树皮制作技艺,传承人愿意无偿提供,但愿意学的年轻人不多,主要是经济效益较差。原生态(手工)桦树皮工艺品不如衍生(胶粘)工艺品效益好。总而言之,很多传统工艺,细节层面已面目全非,包括针法,图案,用料,文化内涵,概莫能外。以前用马鬃、柳木、桦木等制作的生活用品,如今堪称寥若晨星。

尽管如此,自治旗文化馆多年以来仍克服困难,努力进取。在非遗保护方面,积累了很多经验,也取得了较好成绩。据宏雷介绍,"鄂伦春口述史"做得扎实而集中,分别以定居、20世纪80年代、90年代为节点,相互衔接,层次分明。还陆续将口述史涵盖范围扩大到敖鲁古雅鄂温克人、白银纳鄂伦春人、俄罗斯爱斯基摩人,可谓彼此呼应,相得益彰。而桦树皮制作技艺,则由鄂伦春、鄂温克两个地区共同保护。

目前,鄂伦春非遗生产性保护,一是难在市场,二是营销渠道不畅。由于禁猎、禁伐和没有林权证,狍皮制品、桦树皮工艺品很难产业化。文化方面,可操作性很差。建立非遗传习馆,非遗档案馆,缺乏专职技术人才。[1]

二 非遗项目代表性传承人及社会影响

根据国家和黑龙江省《关于非物质文化遗产项目代表性传承人认定与管理暂行办法》的有关要求,各地积极申报非遗传承人,严格履行

---

[1] 2016年7月24日,课题组采访了自治旗文化馆馆长宏雷,他向我们介绍了自治旗鄂伦春族非遗保护工作的基本情况,以上为访谈内容。

申报、审核、评审、公示、审批等程序。在国家和黑龙江、内蒙古几次审批中,鄂伦春有 30 多位传承人脱颖而出。截至 2016 年 12 月,原有国家和省级(自治区)非遗传承人 39 人,其中 5 人已去世。现有 34 人(有 3 人是多个项目的传承人)。目前,有国家级传承人 3 人,省级 32 人。年纪最大的是 86 岁,最小的是 30 岁。这些传承人分别代表着鄂伦春的民间美术,传统音乐、传统曲艺、传统舞蹈、传统手工技艺、传统技艺、民俗、生产商贸、民间文学等 11 个类别,20 个非遗项目。他们熟练地掌握并承续非物质文化遗产,并在各项目领域内被公认为具有代表性和影响力。这些传承人热爱本民族文化,自觉自愿地承担着鄂伦春传承文化的重任。在实际生活中,不仅积极地搜集、整理即将消失的民族手工技艺,还担当起传授下一代挖掘民族文化的重任。在他们的努力下,年轻的鄂伦春人逐步掌握了制作技艺,还通过传承人的努力,提高了鄂伦春族的知名度和美誉度。这些传承人有的擅长桦树皮工艺、桦皮船制作、兽皮制品制作,有的擅长摩苏昆说唱艺术以及民歌赞达仁的演唱,吕日格仁、萨满舞、斗熊舞、口弦琴演奏及讲述民间故事、民族手工艺品制作等多种技能。他们是一直活跃在民间的歌手、舞者、绣娘、说书人、他们是智慧之人、才华在身、技艺高超、担负着民间众生的文化生活,自觉而严格地恪守着文化传统的种种规范,他们是民间文化的"活化石"。

　　传承人是非物质文化遗产的重要承载者和传递者,他们以超人的才智、灵性,储存着、掌握着、承载着非物质文化遗产相关类别的文化传统和精湛的技艺,他们是非物质文化遗产"活"的宝库,在非物质文化遗产代代相传的"接力赛"中,是处于当代起跑点上"执棒者"的代表性人物。鄂伦春族传承人所传承的不仅是智慧,技艺和审美,重要的是一代代先人们的生命情感,让人们直接、真切和活生生地感知到古老而未泯的灵魂,是用生命相传的文化,是鄂伦春族薪火相传的民族精神,它的意义是物质文化遗产所不能替代的。

表4 国家和省级(自治区)鄂伦春非遗传承人

项目类别	项目名称	姓名	性别	出生年月	级别	名录保护单位
传统音乐	鄂伦春族赞达仁	额尔登挂	女	1931年	第二批国家级第一批内蒙古自治区级	内蒙古鄂伦春自治旗文化馆
		葛淑贤	女	1945年	第一批黑龙江省级	大兴安岭群众艺术馆
		延楚林	女	1963年	第二批内蒙古自治区级	内蒙古鄂伦春自治旗文化馆
		关金芳	女	1956年	第二批黑龙江省级	呼玛县文化馆
	鄂伦春族口弦琴	吴瑞兰	女	1947年	第二批黑龙江省级	黑河市爱辉区文化馆
传统手工技艺	鄂伦春桦皮船制作技艺	郭宝林	男	1945年	第二批国家级第一批黑龙江省级	大兴安岭地区群众艺术馆
		郭洪强	男	1964年(已故)	第三批黑龙江省级	
	鄂伦春族桦树皮制作技艺	阿基伦	女	1950年	第四批内蒙古自治区级	内蒙古鄂伦春自治旗文化馆
传统曲艺	鄂伦春族摩苏昆	莫宝凤	女	1936年(已故)	第二批国家级第一批黑龙江省级	黑河市爱辉区
		孟淑珍	女	1951年	第一批黑龙江省级	黑河市爱辉区
民间手工艺	鄂伦春族兽皮制作技艺	孟兰杰	女	1948年	第二批国家级第一批黑龙江省级	黑河市爱辉区文物管理所
		孟淑卿	女	1943年	第一批黑龙江省级	大兴安岭地区群众艺术馆
		满古梅	女	1956年	第二批内蒙古自治区级	内蒙古鄂伦春自治旗文化馆
传统技艺	鄂伦春族狍皮制作技艺	葛长云	女	1947年	第一批黑龙江省级(扩展)	黑河市爱辉区文物管理所
		关红英	女	1975年	第三批黑龙江省级	黑河市爱辉区文物管理所

项目类别	项目名称	姓名	性别	出生年月	级别	名录保护单位
传统舞蹈	鄂伦春族吕日格仁舞	关扣尼	女	1935年	第一批黑龙江省级	大兴安岭地区群众艺术馆
		关金芳	女	1956年	第二批黑龙江省级（扩展）	
	鄂伦春族萨满舞	关扣尼	女	1935年	第一批黑龙江省级	大兴安岭地区群众艺术馆
		关金芳	女	1956年	第二批黑龙江省级（扩展）	
	鄂伦春族斗熊舞	杜玉兰	女	1971年	第二批黑龙江省级	伊春市嘉荫县文化馆
民间美术	鄂伦春族桦树皮镶嵌画	莫鸿苇	女	1966年	第一批黑龙江省级	黑河市爱辉区文化馆
传统美术	鄂伦春族刺绣	关小云	女	1958年	第二批黑龙江省级	塔河县群众艺术馆
		孟晓华	女	1948年	第三批黑龙江省级	呼玛县文化馆
	鄂伦春族剪纸	关金芳	女	1956年	第二批黑龙江省级	呼玛县文化馆
		孟金红	女	1946年	第四批内蒙古自治区级	内蒙古鄂伦春自治旗
		葛尔依尔·妮安佳	女	1987年	第三批黑龙江省级	呼玛县文化馆
传统技艺	鄂伦春族斜仁柱	莫彩强	男	1959年	第二批黑龙江省级	黑河市爱辉区文化馆
		孟淑卿	女	1943年	第二批黑龙江省级	呼玛县文化馆
		关爱民	女	1970年	第三批黑龙江省级	呼玛县文化馆
生产商贸习俗	鄂伦春族狩猎习俗	吴福兴	男	1944年	第一批黑龙江省级	黑河市民宗局民族政策研究中心
		葛庆福	男	1937年		
		孟玉林	男	1928年		大兴安岭地区群众艺术馆

续 表

项目类别	项目名称	姓名	性别	出生年月	级别	名录保护单位
民俗	鄂伦春族萨满祭祀	关扣尼	女	1935 年	第二批黑龙江省级	呼玛县文化馆
		孟淑卿	女	1943 年	第三批黑龙江省级	呼玛县文化馆
	鄂伦春族萨满服饰	关金芳	女	1956 年	第二批黑龙江省级	呼玛县文化馆
		孟淑荣	女	1952 年	第三批黑龙江省级	呼玛县文化馆
		莫秀芳	女	1945 年	第三批黑龙江省级	逊克县博物馆
	鄂伦春族传统服饰	关金芳	女	1956 年	第二批黑龙江省级	呼玛县文化馆
		吴秀华	女	1945 年	第三批黑龙江省级	呼玛县文化馆

图 12-1 鄂伦春族省级狩猎传承人吴福兴 摄影：张林刚

三 非物质文化遗产传承面临的危机和挑战

（一）文化遗产是不可再生的珍贵资源。随着社会的发展以及外来文化的冲击，尤其是自然生态的破坏，生产生活的转变，鄂伦春民间传统文化赖以生存的环境急剧变化，一些具有历史、艺术、文化和科学价值的文化遗产受到自然或人为的破坏，有的重要文化遗产，如狩猎文化、兽皮文化、桦皮文化、萨满文化等随着生态的破坏，尤其是大兴安岭的开发，森林过度采伐，野生动植物失去了生存的空间，导致鄂伦春赖以生存的生态环境逐渐损毁或消亡，一些民族语言或依靠口头和行为传承的各种技艺、习俗、礼仪、民间文学等文化遗产正在消亡或失传，鄂伦春区域特色文化消失的速度非常惊人。

（二）狩猎文化是鄂伦春族得天独厚的资源。历史上，大小兴安岭有着丰富的森林、河流和动植物，这样的生存环境为鄂伦春人提供了足够的生产生活来源，"食肉衣皮"丰富了鄂伦春人的生活。而如今大自然、大森林遭到了人为破坏、森林没有了，动植物也面临绝迹，鄂伦春族生产生活方式的转变，文化的变迁，有些还没有解读的狩猎文化也随之消失。

（三）语言是人类学习交流的重要媒介，人们不论做什么事情都离不开语言。目前，鄂伦春语言濒临消亡的处境，导致人们依靠语言传承的民间文学、说唱艺术、手工技艺等都面临着传承的危机。以鄂伦春摩苏昆说唱艺术为例，当年的民间艺术家，如魏林祥、孟德林、李水花、莫海亭、莫宝凤等都相继离开了人世。他们的语言风格及说唱的天赋没有人能够代替，这个遗产项目处在人亡歌灭，人终曲散的境地，对鄂伦春摩苏昆说唱艺术来讲，是鄂伦春文化的悲哀。像鄂伦春赞达仁、传统民歌以及依靠语言传承的手工技艺，如兽皮加工、兽皮工艺品、桦树皮工艺品制作、民间文学等，都因本民族母语的濒危而面临失传的境地。

（四）萨满文化后继乏人。20 世纪 50 年代，在"破除迷信、解放思想"的感召下,鄂伦春族送走了神灵,停止了一切萨满祭祀及神事活动。半个多世纪以来,许多有威望有名气的萨满,相继离开了人世。目前,我国唯一健在的老萨满关扣尼,女,鄂伦春族,古拉依尔氏。1935 年夏,出生于大兴安岭溪尔气根河流域,她仍然深深地热爱鄂伦春文化。几十年来,致力于鄂伦春文化传承,且多才多艺、唱歌跳舞、刺绣剪纸、桦皮兽皮制作,萨满祭祀,神歌神调样样精通。她是黑龙江省级三个项目传承人(吕日格仁舞、萨满舞、萨满祭祀),2007 年被中国文联、中国民协授予"中国民间文化杰出传承人"称号。如果她老人家不在了,在鄂伦春地区再也看不到智慧渊博的老萨满了。因此,每一位老人的离世,都是鄂伦春文化消亡的危机。

(五)传承人大多年事已高,且体弱多病。如著名的鄂伦春族赞达仁传承人额尔登挂,萨满祭祀和萨满舞传承人关扣尼,年逾 80 高龄;还有孟淑卿、葛淑贤、郭宝林、孟兰杰、葛长云都是 70 多岁的老人。她们都是"国宝"级的人物,她们的技艺、语言使用都是一流的水平,她们是本民族的精英。为此,爱护和照顾好他们的晚年生活已迫在眉睫。

(六)桦皮船制作技艺难以传承。由于森林过度采伐,在林中很难找到所需要的桦树和樟子松原材料,做桦皮船所需的原材料要精挑细选,树龄在百年左右,才能够满足桦皮船壳体的厚度、宽度和长度,树干笔直、光滑、无结节。无结节很关键,确保树皮没有洞眼和坑洼,同时还需桦树皮柔韧性强,如果缺乏柔韧性,桦树皮就会发生断裂。樟子松除需要树龄之外,质量很重要,不要弯的或拧劲的樟松。现在已经没有可心的桦皮和樟子松的原材料,目前,铁皮代替了桦皮,桦皮船成了铁皮船。

四 传承鄂伦春非物质文化遗产的对策建议

(一)政府和有关部门应高度重视鄂伦春非物质文化遗产的保护工作。贯彻"保护为主,抢救第一,合理利用,传承发展"的方针。在有效保护的前提下合理利用,防止对非物质文化遗产的误解、歪曲或滥用。使鄂伦春非物质文化遗产在全社会得到公认和尊重,并不断弘扬其文化精神,坚持保护文化遗产的真实性、原生性和完整性,坚持依法和科学保护,正确处理经济社会发展与文化遗产保护的关系,正确处理抢救保护与利用的关系,统筹规划,分类指导,突出重点,分类实施。

(二)积极抢救珍贵的非物质文化遗产。相关部门要建立科学有效的非物质文化遗产传承机制,对列入国家、省、地名录的非物质文化遗产代表作,可采取命名、授予称号、表彰奖励、资助扶持等方式,鼓励代表作传承人(团体)进行传承、培训等活动,确保珍贵非物质遗产的顺利传承。对于濒危珍贵的非物质文化遗产项目,如鄂伦春摩苏昆、赞达仁、桦皮船制作技艺、兽皮(狍皮)等制作技艺、狩猎文化等,要切实做好抢救规划和保护方案,不能任其消亡。对具有历史、文化和科学价值的非物质文化遗产实物和资料,要按照分组负责的原则,完善征集和保管制度,使鄂伦春珍贵的非物质文化遗产得到有效保护。

(三)加强鄂伦春非物质文化遗产和文化生态保护区建设。对鄂伦春文化遗产丰富且传统文化生态保护较完整的区域,要进行动态的整体性保护,建立鄂伦春族生态文化保护区、鄂伦春风情园区、传习馆,适时举办民俗文化节庆活动,如鄂伦春古伦木沓节(篝火节),不断丰富生态文化的内涵,并结合非遗保护发展的时代要求,努力打造具有鄂伦春鲜明特色和独特魅力的鄂伦春生态文化品牌。

(四)鼓励和支持非遗传承人开展各项传承工作,采取收徒弟、办班培训等方式,传授技能、项目操作,规范技术和技艺要领,培养后继人才,开展行之有效的传承工作。鼓励传承人积极参与展览、演示、研讨、交流等活动,使非遗项目进社区、进校园、传递文化正能量。同时,建议政府和文化部门对做出突出贡献的代表性传承人给予表彰和奖励,使传承人发挥更大的作用。

(五)关心照顾好传承人的生活。对于年事已高,具有特殊技艺的传承人,可适当给予其经济资助,改善生活条件,让这些传承人的生活无忧无虑,让他们在文化舞台上大放光彩。同时,培养更多年轻一代的传承人,使鄂伦春非物质文化遗产代表性的传承后继有人,发扬光大。

（六）安排专项资金，做好鄂伦春非遗保护项目工作。各级政府要加大对文化遗产保护资金的投入，将鄂伦春文化遗产保护经费纳入本级财政预算，切实保障重点文化遗产经费专款专用，要公开透明，不侵占挪用和串项，确保鄂伦春文化遗产进行收藏、保护、研究和展示的投入使用。

（七）要强化国际间的交流与合作。国际间的非物质文化交流对保护世界人类文化生态的完整以及我国文化安全，都有着非常重要的作用。近年来，黑龙江省与俄罗斯已举办了七届"中俄文化大集"交流活动，我国的鄂伦春与俄罗斯埃文基等民族互访交流取得了较好的成绩，开展了双边文化合作，获得了国际社会的赞誉与肯定。今后应进一步加强有深度的国际间合作与交流。从非物质文化遗产传承人。艺术理论家和文化遗产研究等几个方面，共同开展国际间交流，推广中国鄂伦春非物质文化取得的成就。同时，借鉴国际学术先进的研究理念和专业技术，更好地保护非物质文化遗产，为更深入、更广泛地研究、创新、传承、推广做努力。

（八）加强旅游和文化产业发展。鄂伦春族地区，风景优美、文化资源丰富，通过打造文化品牌，不断发展旅游和文化产业。对文化和环境资源进行深入的挖掘和整合，以旅游为契机，加大养生、休闲、探险和度假等模式发展，通过产业化发展带动经济社会的全面发展。

总之，对于鄂伦春非物质文化遗产保护项目及传承人，要以发展的眼光重构适合非物质文化遗产传承和发展的文化生态系统，制定更

图 12-2　鄂伦春族赞达仁传承人葛淑贤
摄影：刘晓春

加有针对性的方针政策,维护其稳定、平衡,是目前非物质文化遗产保护与开发中特别需要解决的重点问题。

图 12-3 非遗传承人图书 图片提供:刘晓春

十三　鄂伦春族的生活习俗

一 居住习俗

斜仁柱和高脚仓库

房屋建筑是人类的基本活动之一,也是人类物质文化的一个重要组成部分。鄂伦春族搭盖"斜仁柱"(圆锥形的原始住所)和"奥伦"(高脚仓库)等房屋,是由于世代游猎生活,使他们选择了这种便于拆搭、迁移的建筑方式。

"斜仁柱"的建造方法是,首先砍回二三根较粗、结实、带杈的支杆,把它斜立起来,搭成人字型,起到支撑、固定的作用,然后用 20 根左右的木杆依次交叉搭在人字架上,"斜仁柱"的骨架便搭起来了。"斜仁柱"直径约为 4~5 米,斜度为 85 度左右,呈圆锥形。

"斜仁柱"门口处,选两根结实的支柱当门框,门朝南。"斜仁柱"的大小、宽窄是根据不同季节而建造的,冬季因御寒的需要比夏季建得大些。鄂伦春人搭"斜仁柱"时既不用钉,也不用绳,而是利用木杆本身的枝杈交叉而成。

"斜仁柱"骨架搭好了,接下来便是制作覆盖物了,覆盖物有几类。第一类是皮制的"额伦",鄂伦春族妇女将五六十张狍皮精心熟制加工,再缝制成两块大的扇形围子,一块小的做门帘,上面绣上美丽的图案。狍皮围子一般是毛朝外,皮子朝里覆盖在"斜仁柱"上。狍皮围子是专在冬季时覆盖的,起保暖、防风、防雪作用。人们在狍皮围子顶端缝上一块皮子,像一顶帽子扣在"斜仁柱"顶上,白天把皮子掀开,使光线射入"斜仁柱"内,晚上再将皮子扣上,很保暖。

覆盖物的第二类是"铁沙",是用桦树皮制作的扇形围子。春至夏初大多在"斜仁柱"上覆盖桦树皮,先把桦树皮放在水中浸泡两三天,然

图 13-1　鄂伦春族传统建筑群　摄影：刘晓春

后用开水煮两三天，待平整、阴干后再一块一块地缝制起来，否则就会变形。

覆盖物的第三类是用草或苇帘子作围子，用草覆盖通风透气好，室内凉爽宜人，光线也好，是夏季理想的覆盖物。当布匹输入鄂伦春族地区后，开始用布帘覆盖。

"斜仁柱"一般在东南面留门，内侧悬挂一张狍皮门帘，遮挡风雨，并防止蚊蠓入室。在室中央支个吊锅，既可以生火做饭、取暖，也可以驱逐蚊虫。为了便于排烟，在苫盖"斜仁柱"时，要在顶端留出个空隙。为防止雨水熄灭篝火，在空隙下做一个桦皮水槽，使雨水流出室外。

"斜仁柱"内部，正面对着门的位置叫"玛路"，意为"神位"，上面挂着祖先神、马神等神像。下面是铺位，铺着用各种兽皮缝制的褥子，上面叠放着狍皮被。要让身份高贵的客人或长辈坐在这里，禁止妇女靠近，以保护神灵的圣洁。

"玛路"两侧的铺位叫"奥路"，右侧的铺位是年长夫妇的，左侧的是年轻夫妻及其子弟的铺位。一进门的右侧放置马具，左侧放置餐具。

这种原始的"斜仁柱"是游猎民族的典型建筑。鄂伦春人定居以后,"斜仁柱"逐渐被取消,人们普遍住上了砖瓦房。

"奥伦"(高脚仓库)也是鄂伦春族颇具特色的建筑。"奥伦"的四根柱子,是选择自然生长的四根呈长方形对角的树木,在高出地面 3 米左右的地方把树头砍去,然后在其上面横铺木杆,形成底座。底座形成后,在此上面再用木杆一层层地叠摞成类似"木刻楞"的小房。

为防止野兽破坏,特别是防备黄鼠狼等动物,人们将四根柱子的外皮剥光,使其光滑,动物不易爬上去。为了取东西方便,有特制的梯子,取东西时,梯子立起来,不用时搁放在地上。

"奥伦"的主要用途是存放物品,把暂时不用的衣服、被褥、肉干、粮食、野菜及子弹等储存在这里。"奥伦"一般搭盖在比较僻静的地方。这种仓库属于小家庭所有,但是当氏族内的人甚至外氏族的人在猎不到野兽时,可以到"奥伦"中取食物,事后告诉主人一声或如数还上就可以。人人都很守信用,没有人偷拿他人"奥伦"里的物品的现象。

土窑子和木刻楞房

这两种房子主要是为越冬避寒而建造的。这样的房子都要住上三五年,不宜频繁搬迁,尤其是一部分开始经营农业的鄂伦春人,都要盖这种房子。盖这种房子时一般要选择有山、有水,开地方便和离猎场近的地方。

土窑子有两种:一是在朝阳的山坡挖一个约 1 米多深的土坑,土坑内立几根柱子,钉上两根横梁,选较长的椽子摆在横梁上,并直接插入土坑的边沿,上面摆一层芭条,抹上一层泥,再粘上草。三面的墙壁便是坑壁,朝阳的一面安上门窗,屋内搭上两张或三张木架铺,屋中央生火。这种土窑子最大的特点是暖和,但较潮湿、昏暗,这是鄂伦春人较早期的居住法。另一种土窑子与第一种盖法相似,不同的是不挖土坑,而是在平地上搭盖,四面的墙都抹上泥,室内也不搭木架铺,而是搭火炕。这种土窑子比前一种有所进步,不仅明亮,而且也不潮湿。

木刻楞房,是整个房子都用大木垛起来。大小兴安岭木材很多,盖这种房子比较容易。盖房的木材要选直径 30 厘米左右粗的圆木,量好尺码,并把每根圆木的两面砍平,再把两端砍成同一规格的凹槽和凸形,然后把砍好的大木一层一层垛起来。要保证两端相接处咬合在一起并严丝合缝,把所有缝隙用泥封死,再搭盖上房盖,安上门窗,即可以住人了。这种房子既暖和又可就地取材,一直是鄂伦春人乐于修建的住房。

雪屋

大小兴安岭地处寒温带,结冰期长达 8 个月之久,9 月飘雪花,翌年 5 月雪止,积雪最浅 10 多厘米,最深 2 米,严冬气温可达 -45℃,白雪茫茫。

冬季,鄂伦春猎人远涉狩猎,夜晚筑雪屋歇宿,既简便,又抵御风寒。挖掘深雪坑,四角插立桦木杆,上罩一层熊毛皮。雪屋内生一小堆火,架上吊锅,饱餐一顿。火堆旁铺一张野猪皮作榻,猎马拴在雪屋外。

冬季是狩猎的旺季,狗熊冬眠了,各类野兽的蹄迹爪印留在了雪地上,易于寻觅和猎获。因此,鄂伦春猎人大部分时间都在猎场,雪屋则是必不可少的歇宿地点。

库米

鄂伦春族语意为"桦皮棚"。搭盖时先将拇指粗的桦树条或柳树条的根部插入土中,两排对称,梢部对折系结,使其成为拱形框架。一头留出出入的门,另一头也插树条,折弯后与拱形框架连接。上面覆盖桦树皮。库米是鄂伦春人夏季出猎时为了避暑热而临时搭盖的简易住房。

二 饮食文化

鄂伦春族饮食文化的价值

鄂伦春族传统饮食走过漫长的历程,形成了独具魅力的鄂伦春族饮食文化。制作工艺由火烤、炖煮到焙炒。制作用具一直沿用吊锅,直到1953年下山定居后使用现代炊具。鄂伦春族猎人在长期的狩猎生产和食肉生活中，不仅对各种野生动物的肉质可食性了如指掌，而且熟练地掌握了各种动物肉及其各部位的烹饪技能，形成了具有民族特色独具风味的传统饮食习俗。兽肉中食用最多的是狍子肉，其次是鹿、犴、熊和野猪肉。鄂伦春族食肉方法很多，主要有烤、煮、炖、涮等多种方法，像煮肉、烤肉、晒生肉干等，烤鱼、炖鱼、晒鱼干等。在婚礼、节日或款待贵宾之时，鄂伦春人还常常举行丰盛的狍肉宴，以狍肉为主制作美味佳肴，其中婚礼狍肉宴是最为讲究的。按照鄂伦春人的传统习俗，新婚的男女双方家均须举行一次。婚礼狍肉宴须由一名德高望重的长者主刀，所用狍子必须是生擒的一对。剥下的狍子皮要放在火上烤焦，据说这是为了让烟雾带着狍皮被烤焦的特殊香味弥漫整个猎乡，让所有的人都能分享婚礼的欢乐与幸福。鄂伦春人的饮料，主要是都柿酒和烧酒。过去，鄂伦春人不种蔬菜，野生的柳蒿芽、老山芹一直是他们非常喜爱的菜肴。清末民初，鄂伦春人有了米面，主要做面片、面条，也做成面圈放篝火里烤吃。鄂伦春人的米食，主要是"苏木逊"（稀粥）、"老考太"（粘粥）和干饭；而面食多为"高鲁布达"（面片）"卡布沙嫩"（油饼），有时也吃"谢纳温"（饺子）。

目前，鄂伦春族仍然完整地保留着传统美食习俗，这在我国少数民族中是比较罕见的。然而近几十年随着狩猎经济的解体，伴随狩猎生产的饮食习俗文化处于濒危状态。定居后虽然与其他民族融合，但仍然保留着传统的饮食习惯。鄂伦春族饮食文化是鄂伦春族民族文化的重要组成部分，鄂伦春族先民在长期的生产生活中，形成了席间载歌载舞的民族习惯，创造出了民族歌舞、口弦琴技艺、摩苏昆说唱等民族文化艺术，可以说鄂伦春饮食是民族文化艺术的孵化器，对传承和发扬民族文化具有重要的现实意义和历史意义。民以食为天，旅游六要素"游、行、食、宿、购、娱"中美食是不可或缺的一部分。保护传承鄂伦春族饮食习俗对鄂伦春族聚居区发展民俗旅游业具有重要作用，其独特的原始风味和魅力深受广大游客青睐，在鄂伦春族狩猎生产走到尽头和国家对野生动物保护高度重视的今天，可以利用鄂伦春族原始饮食技艺烹饪山野菜、山珍、冷水鱼、家畜和家禽，丰富旅游内涵，增加游客体验,对民族地区创造经济效益具有重要的作用。

晒肉干

如果你到鄂伦春族猎民家做客,好客的主人就会给你端上一盘味道香脆的狍子肉或肉干。其味道清香可口,令人难以忘怀。

晒肉干,鄂伦春语称"枯胡热"。其制作方法有两种:一是把肉切条放到锅里煮,待熟后捞出来切成小块,再放到锅里煮,并加入适量的盐、花椒、大料等佐料。待肉煮烂并且水煮干后捞出来晾晒。晒的方法是,把肉放到用柳蒿编织成的帘子上,用木架将帘子支起来,并在帘子底下生火用烟熏干。晒干之后就可以装入皮口袋里储存起来。另一种晒法是把肉切成条晒成半干,然后用火熏烤,待烤熟之后再切成小块储存起来。这种方法加工的肉干香脆可口,能保存几年而不腐烂变质。肉干可以直接拿来吃,也可以做肉粥或炖汤吃。

晒肉条,鄂伦春语称"乌尔嘎塔"。其晾晒方法是将狍肉切成长条,然后挂在一排排支好的横木上晾晒。为了使肉条干得快,还要在下面生一堆火,既是熏烤,又能驱赶苍蝇。这样晒出来的干肉条可储存3～4个月。一般肉条多用来炖菜或用火烤着吃。其味道又香又脆,是鄂伦春人待客的上等食品,备受人们喜爱。

风味独特的灌肠

灌血肠及灌香肠是鄂伦春人独特的饮食,亦是其待客的佳肴之一。

灌血肠,鄂伦春语称"布油色",是鄂伦春人很讲究的一种食品。其做法独特,味道鲜美。猎人猎获到犴、鹿和野猪之后,把胸腔打开,并用猎刀在肋骨上划几道,停放一小时左右,待鲜血慢慢积下来,上面便浮起一层透明的液体,这就是血清。然后将血清轻轻灌进收拾好的肠子里。并加上盐、野葱花等调料,将血肠系好口放入锅中煮熟,煮熟的血肠又白又嫩,是招待客人的上等佳肴。

灌香肠的做法是把犴肉、狍肉与野葱或老山芹菜一同剁碎,放入适量的盐,拌匀后灌入肠中。待煮熟后切着吃,是待客的佳肴。

清香可口的骨髓油

鄂伦春族独特的狩猎生活，培育了独特的饮食风格。冬季猎人出猎之前经常要喝一碗熊油，以此抵抗寒冷空气。而鄂伦春族儿童则更喜欢吃骨髓油。

骨髓油，鄂伦春语称"乌满"。在鹿、犴、野猪等大动物的腿骨里都有许多骨髓油，不仅好吃，而且营养价值极高。每当猎人猎到大动物时，都要把动物腿骨的肉剔光，放在火堆旁烤熟，或者放在锅中煮熟，然后砸碎取出骨髓来吃。而狍子前腿的骨髓油一般都是生吃，其味道清爽可口，香而不腻。骨髓油不仅有强身健体之功效，而且有护肤的作用。

犴鼻子与飞龙汤

如今，到鄂伦春族聚居区观光的游客，除了欣赏那里的秀美风光，了解鄂伦春族风情，还要品尝鄂伦春族的名菜——犴鼻子与飞龙汤。

犴也称犴达罕，学名驼鹿，是鹿科中较大的一种。它体大如牛，重六七百斤。犴的肉肥而不腻，尤其是犴鼻子是鄂伦春人待客的上等佳肴。吃犴鼻子有两种吃法：一是将犴鼻子割下来，直接放在炭火中烧烤，待其毛皮烤焦后，用猎刀将毛灰和焦皮刮掉，用水清洗后，放入吊锅里，用清水煮4个小时左右，煮烂之后捞出，切块蘸盐水吃，味道别具一格。另一种吃法是将犴鼻子用温火煮烂，捞出晾凉，形成"胶冻"，用猎刀切成小块，摆在桦皮盆里，蘸盐水吃。

飞龙，学名榛鸡。传说它是龙变成的。其体态较小，毛呈灰色，但起飞时声音极响。鄂伦春人经常讲："宁吃飞禽半两，不吃走兽一斤。"飞龙的吃法主要是熬汤。飞龙汤的做法十分讲究，首先要将锅擦洗干净，使其不沾一点油星。然后将洗净的飞龙剁成小块，放入锅中煮，约5分钟将汤从锅中倒出，加盐及葱末即可食用。还有一种做法是：一手拿着飞龙，另一只手不停地用勺子将锅里的沸水舀出来浇在飞龙肉上，边浇边转，烫至六成熟时，再将整个飞龙连同葱末一块儿放入锅中，在沸水中煮5分钟即可食用。飞龙汤清淡，色白无杂质，喝起来更是清香可口,别有风味。

桦树汁

桦树汁,鄂伦春语称"苏乌色",它是鄂伦春人的主要饮料。直到今天,鄂伦春儿童仍然喜欢吸饮它。每年春季的4～5月是桦树汁液最多的时候,只要在树根处轻轻地划一个口,树汁就犹如小泉般地流出,清澈透明,味道清甜,是极好的天然饮料。每到这个季节,孩子们便拿着桦皮桶去桦树林里采取桦汁,用刀轻轻划一个口,再插上一根草棍,桦树汁就会顺着草棍流入桶内,一会儿就能灌满一桶。

桦树浆亦是孩子们喜欢饮用的天然饮料。每年的5～6月是桦树浆分泌得最多的季节,这时,人们常把桦树的硬质树皮剥掉,然后用刀在树干上轻轻一刮,就能刮下一种乳白色黏稠状的树液,这就是桦树浆。其味道甘甜清爽,不仅是天然饮料,而且可以作食粮。过去,一无所获的猎人常常以此充饥。

鲜嫩诱人的手把肉

久居山林的鄂伦春人,在长期的狩猎生活中形成了独特的饮食习惯,手把肉是鄂伦春人最喜爱的佳肴之一。

手把肉一般选用野兽的胸腔部分,如肋骨、胸骨、舌、心等,这种肉贴骨吃起来十分香。煮手把肉必须注意掌握火候,一般煮八成熟就捞出,这时的手把肉老嫩适度,肉鲜味美。捞出的肉盛在桦皮盆里,吃肉时每人拿一把刀割着吃,同时要蘸些盐水。盐水是用煮肉的汤调制的,里面放入少许盐,再撒些野韭菜花和野葱之类的调味品,使肉的味道更加鲜香可口。如果舀上一碗肉汤,撒上盐及葱花,一边吃肉,一边喝汤,更是鲜香无比,且具有健身壮骨之功效。

每当宾客来临,好客的鄂伦春人都要以手把肉加以款待,并且将煮熟的狍头献给尊贵的客人先品尝。狍头肉的做法是将剥皮洗净的狍头放在吊锅里,加入清水煮,不加任何佐料。煮熟后捞出,趁热蘸放有调味品的盐水吃,味道鲜美,回味无穷。

烤肉与烧肉

鄂伦春族在长期的生活实践中,积累了丰富的烤烧野生动物肉的经验。

烧肉,鄂伦春语称"达干仁"。一般是出猎在野外没带锅时,把切好的肉片放在炭火上烧,并不时地翻动,烧熟后即可食用。这种吃法与手把肉味道截然不同,又香又脆,且不腻人。烤肉,也是在狩猎期间的传统吃法。一般将肉切成小块,上面撒上盐,然后用两端削尖的木棍把切好的肉穿上,插在火堆旁烘烤。待肉表面烤成焦黄、冒油并散发出肉香味时即可。

饶有风味的山野菜

美丽富饶的大小兴安岭为鄂伦春人提供了丰富的衣食之源,那遍及山坡、林间、河畔的山野菜,更是风味独特,营养价值极高。

老山芹,鄂伦春语称"坑苦乐"。它是最受鄂伦春人喜爱的野菜之一,无论炖菜、熬汤或包饺子味道都鲜美。每年5月份是采集老山芹的季节,这时妇女们纷纷上山采集,一部分老山芹随采随吃,一部分晒干储存,以备冬季食用。

柳蒿菜,鄂伦春语称"昆毕乐"。"昆毕汤"是鄂伦春人最喜爱的佳肴之一。"昆毕"属艾蒿类植物,其味略苦,有清热解毒之功效。每年5月份是采集"昆毕乐"的季节,妇女们纷纷到河边的柳树丛中采集。新鲜的"昆毕乐"主要炖汤吃。先将干菜用清水煮20分钟左右,然后用凉水洗几遍,将水挤干,就可以下到肉汤里一块儿熬,一般鄂伦春人更喜欢将"昆华乐"同狍腔骨、猪排骨一块儿熬成汤。每当有人熬"昆毕汤"时,很远就能闻到浓郁的清香。"昆毕汤"不仅能消除油腻,而且健脾开胃,增加食欲。

除了老山芹和柳蒿菜外,鄂伦春人还喜吃黄花菜、蕨菜、狍耳朵菜等野菜。

生吃狍肝与狍肾

生吃狍肝及肾是鄂伦春人独特的饮食习俗。鄂伦春人认为生食狍子的肝和肾,可以清热明目,滋补肝脏,强壮身体。每当猎人们在山上猎获到狍子后,首先要打开腹腔取出肝及肾,用清水洗一洗或用雪擦一擦就吃。据说这一饮食习俗是由魏拉依尔的祖先流传下来的。

传说中讲魏拉依尔的祖先视力不好,每次狩猎都是空手而归,于是人们皆嘲笑他是一个瞎子。后来他只要打到狍子,就生吃它的肝及肾,久而久之他的眼睛越来越亮,任何野兽都逃不脱他的双眼。于是他叫族内的猎人都吃生肝、生肾,果然鄂伦春族猎人皆成了弹无虚发的神枪手。这一饮食习俗一直流传至今。

沁人心脾的五味子茶

鄂伦春人喜欢喝茶,过去主要喝黄芪茶。黄芪多生于草地或山坡上,它不仅是饮料佳品,也是医药补品,具有止血、消炎等功效。每到秋季人们就采一些晒干存放起来,饮时抓一把扔进茶壶里烧开即可,其色浓味正,清香适口。

而沁人心脾的五味子茶则是鄂伦春族待客的上等饮品。五味子属中草药,每年秋季,在河岸、山坡上,红红的五味子成串挂在树上。妇女们则仨一群、俩一伙结伴去采摘,采摘的五味子多晒干储存起来。饮用时,将五味子放入茶碗中,用开水冲泡,味道呈酸甜。喝五味子茶可提神健脑,对治疗神经衰弱有显著疗效。

金钢圈

金钢圈,鄂伦春语称"布拉曼窝恩",是鄂伦春人十分喜爱的面制食品。传说吃了金钢圈,人就会变得聪明、勇敢。在民间故事《金钢圈》中就讲道:老猎人烤制的金钢圈儿自动从火炭里滚出来,寻找蟒猊替鄂伦春人报仇。它机智、勇敢,依靠一路上遇到的蝴蝶、针、虫子、蚂蚁、面糊、锤子等伙伴,一同齐心合力,终于把魔鬼蟒猊捉住、捆好、摔倒、击昏、杀死并烧成了灰,为乡亲们报了仇。[①] 因此,鄂伦春族儿童尤爱吃金钢圈,企盼自己长大成为机智、勇敢的猎人。

---

① 峻林、国富、宝华编:《鄂伦春民间故事集成》,内蒙古文化出版社 1997 年版,第 537 页。

金钢圈的制作方法简便快捷。先是用温水把面和好，然后用手捏成空心的圆圈形，最后埋在热灰里烧，隔十分钟左右翻一次，半个小时左右即可烧熟，拿出来用布将灰擦干净就可以食用。金钢圈外皮呈金黄色，里面则又松又软，越嚼越香。

图胡烈

图胡烈，是鄂伦春族喜欢吃的一种具有独特风味的面食。

图胡烈，鄂伦春语意为油面片，其制作方法十分细致。先将面粉用温水和好，揉均匀，擀成薄薄的面皮，然后切成几条，待锅中水开之后下锅。下锅时要一片片地揪，熟后捞出。将切好的熟肉片、盐和野韭花等作料拌在面片里，然后再将加热的猪油或熊油倒入面片里，顺时针抹匀即可食用。油面片清香可口，别有风味。

阿素纳

阿素纳是鄂伦春人十分讲究的一种传统吃法，亦是鄂伦春人待客的上等佳肴。

阿素纳的制作十分精细，先将狍心、狍肺、狍里脊肉下锅，加入清水煮熟。捞出后将它们切成小块，与煮熟的狍脑拌在一起，再将葱末及盐拌进去。最后在锅里放上野猪油或熊油，烧热之后将拌好的肉放进去，快速爆炒起锅装盘。一份色香味俱全的阿素纳就呈现在你面前。阿素纳营养丰富，且抗寒耐饿，据说，吃上一顿，可以三天不吃饭。

老考贴

老考贴，是鄂伦春族喜欢吃的一种具有独特风味的饭食。

老考贴，鄂伦春语意为粘饭，其制作方法十分独特。将洗净的小米或黄米放入锅中煮，待熟透后用铁勺将米粒捣碎，使之黏稠。然后将切碎的熟肉、野猪油、盐及葱末拌入粘饭中即可食用。粘饭是鄂伦春人冬季最爱吃的饭食。同时，在青年男女认亲、结婚的仪式上，亦经常用一双筷子同吃一碗粘饭。其含义表示新人婚后要相互恩爱，同甘共苦，白头偕老，永不分离。

木耳与猴头蘑

木耳是大小兴安岭林区的主要土特产品。木耳又名山耳、黑菜,是菌类植物。它营养价值丰富,含有对人体有益的蛋白质、维生素等成分。它可以做成炝菜、炒菜、凉菜,特点是香脆滑嫩,味道鲜美,食而不腻。它还有很高的药用价值。木耳的胶体有很强的吸附能力,能起到清洗肠胃和消化纤维等特殊作用,是纺织工人和理发行业人员不可缺少的保健食品。

早年,每到秋季,鄂伦春人就背上袋子或提上桦皮篓到原始森林中采摘黑木耳,有时一会儿就可以采满一篓。采下后阴凉晒干,供冬天食用。20世纪80年代以后,鄂伦春人走上了多种经营的道路,人工栽培木耳开始推广,家家户户的房前屋后都堆满了木耳段,鄂伦春自治旗古里乡还涌现出了"木耳大王",培植黑木耳已成为鄂伦春人发家致富的一条重要途径。

猴头蘑形似猴子头,因此得名。它含有蛋白质、维生素与矿物质,营养价值极高,风味独具一格,是鄂伦春人最喜爱的山珍。

猴头蘑野生在大小兴安岭的密林深处,通常长在柞树、胡桃树、榆树等阔叶树上,小的重几两,大的重几斤。有趣的是,它成双成对地生长,故有"采一得二"之说。

关于猴头蘑,还有一个有趣的民间传说。早年有一南方人因杀了贪官遭到追捕,便化装成耍猴人逃到北方。这个人病死之后,好心人将他的尸体架在树上风葬,与他朝夕相伴的两只猴子也依依不舍地守候在两枝树杈上静静地死去,化成树的蘑菌。后来,人们发现了这种生长独特的树蘑,就叫它猴头蘑。

山丁子与稠李子

山丁子,鄂伦春人叫它"木力克特",叶为椭圆形,花为乳白色,有清香味,果实如黄豆粒般大小。每当成熟时,红得晶莹透明,挂满枝头,远远望去,如火焰,似彩霞,把金秋的兴安岭装扮得分外艳丽。山丁子果风味甚佳,吃起来酸甜可口。鄂伦春人常把山丁子果晒干,磨成粉,用来做饼馅,或蒸馒头吃,别具风味。现在,除用山丁子果酿酒外,人们又逐步研究出新项目,用它的汁制作补品,还可以制汽水等饮料。

稠李子是大小兴安岭的又一物产,它生长在潮湿的河套地带,树干较粗壮,木质坚硬,枝杈交错如伞如盖。春季里稠李子树开花时,满树一片雪白,真可与梨花相媲美。秋季里满树缀满了珍珠般的果实,果实虽不如葡萄粒大,却一样地晶莹圆润。果实甜、酸、涩俱全,吃多了,满嘴都会被它染成紫黑色。鄂伦春人称稠李子为"依额特"。秋季,妇女们常采集大量的稠李子果,晒干后储存起来,留作冬季煮稠李子粥。此外,稠李子还能酿酒,做各种饮料和补品,有些乡镇还将它做成水果罐头。

都柿果

都柿果,生长在大小兴安岭的森林与山谷之间平坦的湿润地带,与其他野生植物成片混生,7月末~8月初成熟,采集期一个月左右。

鄂伦春人吃都柿果,不单纯是现摘现吃,而是集中采摘,加以储存。他们把都柿果采下来,装入桦皮桶,盖上盖,埋在树根下,以桦皮桶盖露出地面为宜,埋得太深会影响通气。再用一张桦树皮把桶盖好,用石头压上,在树上做个记号,以便落雪后取用。在食用时,鄂伦春人用都柿果酱蘸馒头吃,或把它捣碎做包子馅。除此之外,鄂伦春人还用都柿果酿造都柿酒。其酿造方法是:把一块干净的木板放入桦皮盆内,用纱布包好都柿果,两手在木板上不停地挤压,包好的都柿果皮破了,原汁自然流入桦皮盆里。这样酿造出来的都柿酒酸甜爽口,是招待尊贵客人的佳品。都柿果本身含有酒精,鄂伦春猎人曾抓到过吃都柿果醉倒的活狍子,人吃都柿果多了,也照样会醉倒。

铁锅传入前的熟食方法

17世纪中叶,居住在大兴安岭中的鄂伦春人,开始与外界有较多的接触,满、汉、达斡尔等族官员、商贾、群众开始和鄂伦春人接触和交往。这些外族人给鄂伦春人带来了各种铁器,如铁扎枪、猎刀、斧子和铁锅等,使鄂伦春人的生产、生活发生了很大变化。但在铁锅传入以前,以野生动物肉为主要食物来源的鄂伦春人是怎样做熟食的呢？这在一些历史文献中有过零星的记载,在鄂伦春人的传说故事中也有过叙述和反映。早期鄂伦春人的熟食方法既有人类远古时期共同采用的方法,也有自己独特的创造。概括起来大体有以下几种:

第一,用火直接烧烤。这是人类最早也是最普遍应用的方法,鄂伦春人也不例外。随着用火经验的积累,兽肉的烧烤方法越来越讲究。他们或把肉块投入炭火中,烧得外黑内红;或是用木棍叉着兽肉,在火堆上将肉烧得焦黄,到七八分熟,再蘸盐或盐水食用。

第二,用桦皮桶煮肉。大小兴安岭林区白桦树很多,鄂伦春人很早就开始利用桦树来为自己服务。煮肉时,鄂伦春人把肉和水盛入桦皮桶内,将火堆里烧得发红的石头投入桶中,把水烫热,反复多次。水开了,肉也熟了。

第三,用野兽的胃煮肉。这是鄂伦春人,也是鄂温克人做熟食的一种较特别的方法。鄂伦春猎人将兽肉连同水放入兽胃中,而后将兽胃吊在火堆上烧烤,其间不断往兽胃外表抹水或雪,防止兽胃被烧焦,直到兽胃中的肉被煮熟。

第四,用野兽头颅煮肉。这种方法是使用较大的野兽头颅,将兽肉和水放到头骨中,下面架火烧烤,直到头颅中的食物煮熟为止。

铁锅传入以后,鄂伦春人就用铁锅煮肉了。

三　服饰文化

精美的皮毛制品

鄂伦春族妇女心灵手巧,各种动物的皮张经过她们的熟制加工,就会变得柔软耐用、防寒保暖。

鄂伦春族妇女不仅可以熟制鹿、狍、犴等大动物的皮张,而且可以熟制松鼠、兔子、桦鼠等小动物的皮张。其中狍皮最为普遍。鄂伦春族妇女熟制狍皮的方法十分独特,把皮张从狍子身上扒下来后,晾晒至八成干,然后将煮熟的狍子肝捣碎涂抹在皮板上,并喷洒上一些水,包好闷上一天左右,再用熟皮工具鞣制。鄂伦春族妇女使用的熟皮工具有"莫担"和"克贺得热"。"莫担"是一种带锯齿,并稍有弧度的工具,2尺长左右。"克贺得热"也是2尺长左右,带有刀刃,稍有弧度。熟皮时要把皮张铺在两腿上,用脚夹住皮子的一角,然后用"克贺得热"把皮板上的油脂、肉丝刮掉,皮板略软之后再用"莫担"反复刮擦皮板,刮至皮板柔软并且有弹力为止。熟制好的皮张还要放在炭火上烤一烤,然后由五六个妇女各扯住一个角向四面抻拉,使皮张伸展平整。

皮张熟制好之后,就可以裁剪成所需要的面料,并用狍、鹿、犴筋捻成的线缝制各种所需要的皮毛制品。诸如皮被、皮袍、皮裤、皮袜子、皮口袋、皮包等。

狍皮被,鄂伦春语称"乌拉"。它多由冬季的狍皮制成,一般分两种:一种是用九张狍皮缝合成的,如棉被形状;另一种是直接缝制成的,如筒状。这种皮被使用起来十分方便,制作时要选用绒毛厚密的狍皮,按需要剪裁。为了携带方便,妇女们在皮被的背面及两侧缝有七至八根对称的皮条,叠被时用其将皮被捆扎成长方形被卷。猎人出猎时,将皮被放在马背上,晚间宿营时,使用起来十分方便。

狍皮褥子,鄂伦春语称"师克吐恩",多用冬季狍皮制作。一般是将熟制好的两张狍皮缝合起来即可。有些妇女还喜欢将狍腿皮子熟好后,一张一张地拼缝起来做褥子,十分美观。

用动物皮张加工的生活用品还有"猛格力",即皮口袋,多由犴皮、鹿皮缝制而成,可以用来装肉干、粮食、餐具等物品。出猎时,两个皮口袋用皮绳连在一起驮在马背上,很方便,而用狍腿皮、鹿腿皮缝制的烟荷包更是别具一格。

苏恩

"苏恩"是鄂伦春语,意为"皮袍"。多以冬季猎取的狍皮缝制而成,其式样美观大方,多分男女皮袍两种。男皮袍有长短之分,长皮袍多在冬季出猎时穿,短皮袍则是为狩猎方便而制作的。为了骑马方便,男皮袍除了左右开衩外,前后也开衩。年轻人穿的皮袍一般多染成黄颜色,染料是用腐朽的柞木熬水,然后将黄色的水涂抹在皮板上。女皮袍式样基本同于男皮袍,但多为长袍,一般是左右襟开衩。男女皮袍的大襟、襟边、袖口等部位都镶有黑色的皮边,有的甚至镶有猞猁或狐狸皮的皮领,既耐磨,又美观。男女皮袍的纽扣多以皮条拧成或以兽骨或硬木刻制而成。鄂伦春人穿上皮袍之后都要系上腰带,男子多系皮带,年轻的妇女多扎黄、紫、蓝等颜色的布腰带,老年妇女多系素色的腰带。

图 13-2　鄂伦春族妇女传统服饰　摄影:张林刚

灭塔哈

"灭塔哈"是鄂伦春语,意为"狍头帽"。它是由完整的狍头皮缝制而成。制作这种帽子是将狍头皮原样剥取下来,熟制柔软后将眼部的两个窟窿镶上黑皮子,把原来的两只耳朵割掉,用狍皮另缝制两只假耳朵,狍头上的角原样保留。在头皮下部常镶一圈皮子,作为帽耳,平时多卷在上边作帽檐,冷时将其放下来。"灭塔哈"帽子多为男子或儿童戴。妇女多喜欢戴猞猁皮帽子或戴吊有皮毛、绣有花纹的毡帽,毡帽的顶端多缝有红绿色的穗子,坠在帽子后面,十分美观。

图 13-3　狍角帽　图片提供：关晓志

额勒开衣

"额勒开衣"是鄂伦春语,意为"皮裤"。多以狍皮缝制而成,式样如老式宽裤腰的裤子,穿时折上一些。过去,裤长只过膝盖,下半边则需再穿套裤,现在多变成长皮裤。套裤鄂伦春语称之为"阿布素",多以夏季猎获的狍皮或鹿皮制作。套裤大多单独制作,没有裤裆,上下边角上多缝制一根皮条,上角的皮条系在腰带上,以防套裤脱落,下角的皮条系在靴腰上,以防止靴子里灌雪。女皮裤较男皮裤长一些,亦略瘦一些。皮裤的两侧和裤腿口处都镶有云字形花边。女皮裤其裤腰两侧有开衩,前裤腰上带肚兜。肚兜上缝有带子,系在脖子上,后裤腰一般比前面的肚兜低,两头缝带子,系在前面。

其哈密

"其哈密"是鄂伦春语,意为"狍腿皮靴子"。多由狍腿皮拼靴勒,狍脖子皮做靴底,男女均可以穿。"其哈密"轻巧保暖,便于在冰天雪地里穿行,是狩猎生活的理想鞋具。鄂伦春人穿"其哈密"时,里面要穿上狍皮袜子,并垫上"乌拉草",这样再冷的天也冻不坏脚。除了"其哈密"外,鄂伦春人还穿"温得"和"奥路其"。"温得"用熟制的鹿、犴的腿皮拼制成帮,犴皮做底,靴勒到膝盖,里面亦套狍皮袜子,冬季穿十分保暖。"奥路其"是将三至四层布纳在一起做帮,用狍脖子皮做底,春季时穿。鄂伦春族男子还喜欢穿一种叫"欧伦"的靴子。这种靴子用生犴腿皮缝制而成,靴勒多是布的,用手工绣上图案。制作时要把犴腿皮用水浸泡几天,然后用犴筋缝好,装满砂子,在强烈的阳光下暴晒,干后十分坚硬,上山狩猎时既不怕扎脚亦不怕硌脚。

狍皮手套

鄂伦春族的皮制品种类很多,而绝大多数的皮制品都是用狍皮制作的,其中皮五指手套及皮手闷子就是典型的代表。

"粉巴黑"即五个手指的绣花手套,多用秋冬季节的狍皮制作。其做工十分精细,手指背及五个手指上皆绣有各种花纹图案,手套口处则镶有灰鼠皮边和云字花边,尤其是妇女戴的手套更为讲究。

"考呼洛",即皮手闷子。它分大拇指和四指两个部分,皮手闷子的筒较长,筒口处缝有皮条,戴上后可以把筒套在衣袖上,并用皮条系住。手腕处有个开口,便于开枪或干活时自由伸手,既防寒又保暖。皮手闷子的表面常镶有黄、黑色图案,既美观又大方。

鄂伦春族妇女的头饰

鄂伦春族妇女喜戴头饰。一般少女的头饰精美别致,已婚妇女的则相对简单。妇女的头饰由 1.5 尺长、2 寸宽的黑底布精制而成。头饰布上排列四行花扣,正中间前方多缝制一个铜币,铜币两侧各缝制一个精致并且大小、形状相似的贝壳,贝壳左右再缝制各色花扣子。头饰的两侧,耳朵前用贝壳、珠子缝制并串成的穗子,下垂至肩部。耳朵后也缝制相同的一条穗子。鄂伦春族妇女除戴头饰外,还喜欢系各色绸子,佩戴金银首饰。女孩降生不久就要扎耳朵眼,稍大就给戴上耳环。鄂伦春族少女都戴项链,少则一条,多则几条。这种项链大多是用染色犴筋穿上各色玻璃珠子,每隔两个玻璃珠子又分出一条约 2 寸长的小穗子,底部系上一枚铜币,看起来十分别致。

图 13-4 妇女头饰 图片提供:刘晓春

鬃毛编织

鄂伦春族妇女是鬃毛编织的能手,她们用犴毛、马尾、马鬃编制的褥子、马屉、马肚带等毛纺品,不仅柔软而且耐用。

鄂伦春族妇女使用的编织工具叫"车尔故",是用桦树木或榆树做成的。它的结构是中间有个轴,穿过被弯成 U 形的托板,安在与托板两端相连接的一根横木条上,轴的另一端是把手。纺线时,将毛打成一个扣,套在横木条的一端,用手转动托板,托板和横木便在木轴上旋转。待线纺好一段后,把线绕在纺锤中间,再转动托板,就这样反复不断地一直缠绕到够用为止。最后将绕好的两个"车尔故"的线合为一股,并套在第三个"车尔故"的一端,然后再由两个人同时转动托板,就能纺出线来。纺出的线可以用来编织犴毛褥子、马肚带、马笼头等。其中制作马肚带需要有较高的编织技术,人们将红、黑、白三种颜色的毛织品巧妙地编织在一起,就可形成既宽又漂亮的马肚带。马尾眼镜也是鬃毛编织中有代表性的手工艺品。制作马尾眼镜的方法是:先用柳条制作扁圆框架,然后用马尾线绕框架编织成宽约 10 厘米、长约 5 厘米的网。最后放在水里煮,待干后将框架取出。这样处理后,网的弹性大,不易变形。冬季使用马尾眼镜狩猎可以预防雪光刺激眼睛。

鄂伦春服装设计师访谈[①]

访谈对象:阿丽艳,女,鄂伦春族,1963 年生人,鄂伦春服装设计师。

在清晨柔嫩的橙色光影中,狍子筋线镶嵌到皮子里的声音,在孩子们醒来的朦胧里跳跃着,唱着单调而温情的歌,勾勒出一幅精美的皮饰和一份母爱的云纹。

阿丽艳说:"母亲生了五个孩子,她太心疼自己的孩子了,怕我们上山拉柴禾太遭罪,就每天做皮活,用皮活换桦子。母亲的手艺好,找她做活的人也多,母亲就用精致的皮活换来整个漫长冬季烧火用的桦子"。

---

① 访谈人:刘晓红、刘晓春,访谈时间:2017 年 6 月,访谈地点:内蒙古鄂伦春自治旗。

在童年的记忆里,母亲细白的面孔在晨光的映照下,好像镀了一层金一样,"那时候觉得我的额妮特别好看",阿丽艳这样说,其实那就是小孩子的幸福和安全感吧,潺潺的母爱稀释了童年的苦难。

比阿丽艳小的人都叫她二嫂,总之,每个鄂伦春人好像都沾亲带故,就像生命树上那一片片丰盈的叶子一样,都来源于树的根系。

1963 年的冬天,阿丽艳出生在鄂伦春猎民乡,因为母亲的缘故,自幼就对民族服饰情有独钟,大一点就帮助妈妈缝制皮活。听话乖巧的小女孩为自己编织着虚幻的精灵世界,那些精灵们也都穿着她亲手缝制的漂亮裙子。年少时最愉快和美好的记忆是听母亲娓娓道来鄂伦春各种服饰的功能和美感。

1979 年,阿丽艳参加工作,成为鄂伦春族第一位大提琴手,优雅的琴声修炼了她的性格,平凡的生活在艺术中得到升华,一切都恰到好处,带着白桦树摇曳的风情。1996 年,她转调到税务局工作。身处全新的时代,用业余时间潜心研究和设计民族服饰。她创造的民族服饰,得到了鄂伦春各界朋友的好评。那些童年时的梦想,好像扇动着紫色翅膀的蝴蝶,就这样不经意间翩然而至。

鄂伦春女人拥有高超的女红手艺,各种动物的皮张经过她们的巧手,就会变成防寒保暖、柔软耐用的服装了。无论是鹿皮、狍子皮或犴的皮张,还是松鼠、兔子等小动物的皮张,都是她们艺术灵感发挥的领地。其中用得最多的是狍子的皮,因为兴安岭狍子很多,也比较容易猎取,冬季猎取的狍皮用来缝制冬装,有长袍和短袍,缝制皮袍的"线"是用狍子或犴的筋捻成的线,盘扣也多是用皮条拧成或以兽骨或硬木刻制而成,这样缝制的皮袍非常结实,并且在大襟、襟边和袖口等部位都镶有黑色的皮边,和整个服饰相映成趣。在年轻人的皮袍上多染成黄色,染料多用腐朽的柞木熬水涂抹,如果再戴上狍头帽,穿上皮裤,蹬上"其哈密"(狍腿皮靴子),再套上皮手套,挎上猎枪,骑上猎马,那就是超酷的莫日根(出色的猎手)装扮了。

女人爱美的天性就是在艰苦的山林里也无法阻挡。鄂伦春女人非常喜欢戴头饰,过去的服装和头饰都有地域的区分,现在也是多元时代,头饰也是越来越精美越来越别致。一般头饰由 1.5 尺长、2 寸宽的黑布打底缝制而成,中间是一个铜币,铜币两侧是贝壳,然后是各种花扣盘旋延伸到耳边,在耳朵前用彩线,珠子串成灵动的穗子,一直垂到肩上。

对于阿丽艳是如何走上制作民族服装这条路,她有自己的感悟。

刘:当初,除了受母亲的影响,还有什么原因让你喜欢制作民族服饰?

阿:母亲是第一个影响我的,她每天都会教我做各种饰品,经常说,你看我做的这个服装怎么怎么板正,这里怎么装饰,这里怎么剪裁,我就喜欢上了。做服装,是因为喜欢服装,然后家里孩子多,一个哥哥三个姐姐,他们都爱美,都会美,我就自然而然地加入这个爱美的队伍了。还有,喜欢自己做主,经常想,要是自己喜欢什么样的服装自己就能做出来那就太好了,穿出去美美的,别人看着你好看,自己也高兴。结婚以后,婆婆也是一个服装制作和审美高手,她会用最简单的方式告诉你,怎么样做出漂亮得体的服装,她做的许多服装,头饰,手套我都保存着,尤其是她做的手套太好了,也是受她的影响,对民族服饰有了更深层的认识吧。后来是我的好朋友曲云和白娟,作为民族歌唱家,她们经常参加演出,然后每次有了新的服装,就会征求我的意见,我会给她们俩各种意见和建议,这块少肉那块多肉,这块少东西了,那块弄得有点多余了,然后她俩后期就说,说得那么好听,有能耐你给我们做,给我们设计啊。我就做了一些,没想到反应还挺强烈,让我做服装的人越来越多。

刘:你是怎么想到要参加一些比赛的,获得了哪些成绩?

阿:2016 年,我们旗里有一个服装大赛,然后孟中和白娟就鼓励我说,去参加比赛呗,有那么多人认可你,肯定行。于是,我就补充了一些服装,加上原先做得也挺多的,就报名了。在鄂伦春自治旗民族服装服饰大赛获得了传统民族服饰第一名、现代民族服饰第一名。同年又获得中俄蒙服装服饰大赛的第一名。2017 年开始进行个性打造,每个服装都是独一无二的,预定的人很多,对鄂伦春民族风的生活装特别喜欢,参加聚会啦,婚礼啦,还有其他一些活动都会穿着我的私人定制,我也是很有成就感。一个会议厅里 70% 的人都穿我做的服装你说那是什么感觉。2017年,新生鄂伦春族乡传承人的服装都是我做的,每个人都特别满意。2017年黑河的一个舞剧,做了六个流域的服装,以后他们如果不用了,都可以放到博物馆里。

刘：对民族服装的创新和保留民族特色方面你有什么想法？

阿：在民族服装这块,鄂伦春民族花纹以云卷花为主,各个流域两边的花纹也都不一样。过去狩猎年代以皮袍为主,具有很强的实用性,现在总体都是时装性和表演性,只有节日或表演的时候才穿,那么我最主要的是把鄂伦春服装慢慢改良,改良成以短款为主,让大家穿简便一些,就是平时都可以穿。还有民族的花纹和民族的符号怎么样延续在这些短款的服装上。去年出了两款男士短款,很受欢迎,我家先生曲文非常支持我,他是我的第一个男短款模特,林刚哥对我的服装也非常认可,我就更有动力和自信了。今年给林刚哥做了一件,给乌日乌特也做了一件,我这两个鄂伦春模特都特别喜欢这个新款。流苏和短款比长袍更方便,下面可以穿牛仔裤和便裤,也可以穿皮鞋或者靴子,休闲鞋都行,平时也可以穿。短款的包括我们著名的鄂伦春博士刘晓春也是特别喜欢,只要有重要活动,她都会穿上我为她做的服装,这让我感到很骄傲。还有新生乡的乡长张慧,她的服装都是我做的,她特别相信我,觉得让我做她才放心。张慧的信任给了我更多的灵感,前年冬天我给她做了一件仿皮的,那个颜色特别适合她,她也特别喜欢。还有刘翠兰教授,她也很喜欢我给她做的服装。

刘：你从事服装设计工作,家人支持吗？

阿：我外甥女问我的先生(曲文),你和我老姨啥时候恋爱的？曲文就说,小时候他妈妈去甘奎开妇联大会,就把她放到我家,两个小孩在摇车里(摇篮)摇来摇去,我就把你姨给圈到脑袋里了,以后就娶她做媳妇儿了。这样的小故事曲文可会给孩子们讲了,她们都说,哎呀,那么点就会谈恋爱圈媳妇了,完了也都相信,可有意思了。过去我是一直支持曲文的工作,我们俩都是对鄂伦春特别着急,想保留更多的影像记忆,然后开始是照片,后来是录像,连他们电视台放的宣传片,都是我们自己掏钱,为了鄂伦春的文化宣传,一直做着我们力所能及的事,现在看到很多同胞都在一起努力,我们也很有信心。平常我们对鄂伦春的传统礼节也是很注意的,比如说男人在前面走啊,女人在后面走,我是从来不会在他前面走的,这些小小的礼节都不会乱的。服装这块,他和女儿都非常支持我,他也会给我提出很好的建议,然后我们俩也是互相鼓励,曲文曾是第九届全国人大代表,他是我的骄傲。我总夸他,他可美了。

刘:这次参加的活动是一个什么规格?自己做了哪些准备工作?

阿:这一次,我是带着鄂伦春10人团队应呼伦贝尔总导演的邀请参加内蒙古自治区成立70周年庆典活动,参加服饰表演。这一次我又新添了六套服饰,团队的伙伴们也是信心满满,能够代表鄂伦春参加这样的活动也是一个非常荣幸和骄傲的事情。这一次参加自治区的这个演出,大家也是很辛苦地排练,然后这次也是时间比较长,大约得20多天,希望有非常好的表现吧,为我们鄂伦春争光。

访谈结语

作为鄂伦春著名的服装设计师,阿丽艳有着鄂伦春人天生的敏锐和细致,她设计的服装有的俏皮,有的典雅,有的古典,有的时尚,对色彩和款式搭配有着独特的审美眼光,用服饰演绎着山林的诗意,猎人的情怀,女性的优雅浪漫,男子的阳刚帅气,各种元素精巧地结合在一起,穿上了这样服饰的鄂伦春人,就是一本百读不厌的经典,那里有人文、有故事,有高贵的精神。阿丽艳创立了自己的品牌——金色森林。金色森林,就是鄂伦春人。如今,她组建了自己的家园,就是我们生活的兴安岭,我们的祖先选择了这块神奇的土地,不仅仅是心灵的自我要求,更是伟大的自然选择。

所以,今天我们对森林的眷恋和热爱是血脉的流传,阿丽艳用"金色森林"为自己的品牌命名,就是表达着对鄂伦春血脉的感恩,对鄂伦春文化的敬仰,在创新中传承,是一种更好的守护!她所要展现的不仅仅是一件服装,更是一种充满希望的梦想。

四 婚姻习俗与姓氏文化

（一）婚姻习俗

婚姻

鄂伦春族实行一夫一妻的婚姻制度，严禁在同一氏族内部或辈分不等的男女间通婚。由于氏族间相距较远，往来也少，同时也不允许自由恋爱，婚姻一般都由父母包办。因此青年男女出于对这种包办婚姻的不满，逃婚和私奔的情况也时有发生。这被人们认为是大逆不道的，一旦被抓回来，往往都要遭到严厉惩罚，轻则遭到毒打，重则受到绞刑。也有个别娶妾的情况，但多发生在前妻不能生育或地位较高的富裕官员家庭。男子娶妾一般不娶妻妹，但姐姐死了妹妹可以嫁给姐夫。在鄂伦春族中有从表婚的习俗，认为从表婚是亲上加亲，正像汉族一句俗话说的那样"姑表亲，辈辈亲，砸断骨头连着筋"。这种现象与鄂伦春族人口少有关，人口少就很难找到更合适的婚姻对象。在鄂伦春族家庭中还有娶嫂的习惯，即哥哥死了，弟弟可以娶嫂子为妻；但弟弟死了，哥哥不准娶弟媳妇为妻。

如果只有女儿而无儿子时，可以招养老女婿，嫁女时不要彩礼。养老女婿到女方家不改姓氏，仍以原姓氏为姓，所生子女也仍随父姓。养老女婿到了女方家之后，很受女方氏族成员的尊敬和爱护，一旦遭到他人欺辱，女方的亲戚全都会出来保护。

鄂伦春族男女之间的关系很严格，如果发现有通奸行为，那么男女双方不仅要受到社会舆论的谴责，而且还要受到家族的处罚。如果氏族内部或辈分不等的男女间发生了性行为，则要受到更严厉的处罚。

求婚

鄂伦春族办婚事都要经过求婚、认亲、送彩礼和迎亲四个过程。求婚，鄂伦春语为"玛日那任"。如果邻近氏族有合适的姑娘，就由男方家

图 13 - 5　鄂伦春族新郎新娘　摄影：张林刚

的父母亲托媒人到女方家去求婚。在鄂伦春族中，门第观念较淡薄，只
要看中，不管是谁家的姑娘都可以求婚。女方也同样，只要小伙子是个
好猎手，身体健康人品好，婚事一般都成。充当媒人的一般都与男方家
有亲属关系，而且对女方家也比较熟悉，同时还必须具备能说会道、随
机应变、作风正派、辈分不高等条件。总之，是由在群众中有一定威信
的中年妇女来充当。媒人到女方家一般都要带些酒肉去，与女方的父
母边喝边谈。开始一般不提婚事，而是谈些别的家事。女方父母也知
道她来的意图，但绝不先提及。当话谈到比较投机而又十分高兴时，方
逐渐转移到话题上来。媒人首先要对姑娘的品行、长相夸赞一番，说姑
娘如何漂亮、能干、聪明、伶俐，如何深受男方家人的喜爱等。接着再夸
赞一番小伙子如何精明强干，如何忠厚老实，是一个少有的好猎手等，
然后才正式向女方父母提出求婚一事，希望女方父母能够答应这门亲
事。女方父母一般不轻易答应婚事，往往以姑娘还小，不忙婚事，或姑
娘如何蠢笨配不上小伙子等理由搪塞。媒人心里很清楚，按惯例不可
能一次就能应允，要来第二次、第三次才行。因而也就不强求马上答
复，只要求女方父母再考虑考虑，就离开女方家。只要女方父母不坚决

回绝,过些天之后还可再来。婚事成功与否,关键要看第三次,不成就不能再来了。媒人善于察言观色,如果女方父母态度平和,没有完全拒绝之意,就有成功的可能,即可继续谈下去。这时媒人就要拿出全部本事来,要说得女方父母直到无言以对,只好答应。媒人对此很敏感,只要女方父母稍流露出一点同意的意思,就赶紧斟酒磕头,求婚就算成功了。此后,还要和女方父母及舅舅等长辈们商定认亲和过彩礼的日期等具体事项。媒人完成了任务就立即回去通知男方父母,并通报全氏族成员,做认亲和过彩礼的准备。

在求婚的过程中,女方父母之所以不能马上答应,是因为他们也需要做许多工作。首先要征求女儿的意见,还要与女儿的舅舅、伯父、叔叔、姑姑等亲属商量。如果姑娘不同意,要由舅母、姐姐、嫂子等人来劝说,还要进一步了解小伙子及其家庭情况,待这些工作做完了之后才能表态。如果对小伙子很满意,就不必费更多的事。

在鄂伦春族的婚姻中,还有订娃娃亲和指腹订胎亲的风俗。娃娃亲即孩子很小就订下了亲事,有的甚至过完彩礼,等孩子长大后再办婚礼。胎亲即在双方妻子怀孕期便订亲事。双方商定如果生下的孩子是异性,这桩亲事就定下来了;如果是同性就结为干兄弟或干姐妹。

认亲

如果求婚已订妥,男方就要抓紧时间前往女方家举行认亲仪式。未婚夫要穿上新衣服,由母亲或婶母、媒人和其他亲友陪同,并携带一些好酒好肉到女方家去。举行认亲仪式时要摆设酒席,宴请女方亲属,女方家也邀请一些亲属参加。认亲仪式鄂伦春语叫"参突拉日恩"。在酒席间女婿要给女方的所有长辈敬酒磕头,但暂不给岳父母磕头。举行这种仪式后,双方就算正式订了亲,即订婚,从而不仅被社会所承认,也要受到氏族习惯法的保护。认亲仪式结束后,男方就可以回家了,如果路途较远还可以在女方家休息几天再走。据说在早期的一些鄂伦春人中有青年男女在婚前同房的习俗,即在认亲的当天就可以在女方家同房。这种习俗的来源,除保留有母系社会女娶男嫁遗风的成分外,主要与清朝时期的强兵拉丁有关。当时作为布特哈八旗组织成员之一的鄂伦春族,成年男子经常被强行拉去当兵征战,死生难卜。因此,已经求亲定妥的应征青年,经双方父母同意,便急忙带些礼品,前往女方家认亲并提前同房。目的是指望能留下一个后代,或因有家眷牵挂,还可以早日回来。同房的铺位要安排在住房的左侧,并由姑娘的嫂子或平素感情较好的妇女给安排好被褥。在同房前还要给他们盛一碗"老考帖"(肉粥)或"图胡烈"(油面片),两人要共用一双筷子,同用一个餐具,象征着双方要同甘共苦、白头偕老。认亲时男女双方都要穿上漂亮的新衣服,狍皮衣服要用黑皮子镶云图边,女婿穿的坎肩的肩上要缝上红布,并在背面和肩头要刺绣云字纹。姑娘要修鬓角,并要把头发梳成两条辫子缠绕在头上。男女双方的这种衣着打扮是为了以示和订婚前有所区别,别人一看就知道他们已经订了婚。

过彩礼

在过彩礼前,由男方派人通知女方具体时间,女方父母接到通知后,一般都要邀请男方的父母在过彩礼时来女方家做客,男方父母都会愉快地接受邀请。同时,女方的父母也要通知主要亲属,在过彩礼的那天来见亲家。过彩礼时,男方的父母一般都要和儿子、媒人一起到女方家去认亲家,过去的彩礼主要是马匹。彩礼的多少视家庭生活状况而定,稍富裕的要给两匹,多则四匹到六匹,家贫者至少也要给一匹。同时还要带些衣物、酒、肉等食物。彩礼送到女方家之后,要由女方的父母和亲属一一过目,一般都会满意地收下。个别也有不满意的,如果遇到这种情况,女方家就会通过媒人讲明,男方尽量给予调换或者增加数量,以满足女方的要求。对收下的马,女方家的小伙子们都要竞相骑上遛一遛,看看马的腿脚如何,有的还要与自己的好马赛一赛。彩礼过后,女方家要大摆酒席,宴请亲家。这时女婿方能拜认岳父母,斟酒磕头。待宾客散席以后,女方父母再另设酒宴专门招待亲家。亲家间十分亲热,开怀畅饮。酒席间双方商定孩子们的结婚日期及相关事宜,如果男方父母因某种原因不能来过彩礼时,女方父母则要将酒肉请别人捎去,或留下以后来了再宴请。有的地方过完彩礼后还允许这对未婚男女再次同房,过去还有的住上数月半年,甚至住到生了孩子再回去。

在这段时间里,未婚女婿要为岳父母打猎,一般要和岳父一起出去,打到的猎物全部留给岳父母家,岳父母借此了解未婚女婿的狩猎本事。

　　从求婚到过彩礼的这一过程中,媒人始终是主要角色,对婚事的成功起着很大的作用。因而男方的父母在过彩礼后,要向媒人酬谢,多以酒宴招待,同时还送一些衣物或皮张等以示感谢。

婚礼

　　婚事的最后一项是举行婚礼,鄂伦春语叫"乌也任"。过去结婚的年龄一般是女的十六七岁,男的十七八岁,只要男女双方到了这个年龄就可举行婚礼。结婚日期要选在双日(阴历),认为双日吉利。对于迎亲结婚这项议程,鄂伦春人非常重视,男女双方亲友都争相送礼品或帮忙,就是离得远的亲属也要前来参加。因而办喜事的几天里,男女双方的家中都异常热闹。尤其是男方家,十几天前就着手准备。在迎亲那天,所有的亲友邻里汇集到男方家来等候新娘。在正式举行婚礼前,新郎要到女方家去接新娘,不管路途远近,接亲时兄弟姐妹及其他平辈的年轻亲属都可以陪同前往,接亲队伍很大。每人都骑上自己最好的马,在一两名长辈的带领下,簇拥着新郎浩浩荡荡地直奔女方家。与此同时,女方家也由众多的兄弟姐妹们组成一个迎亲队伍,骑上快马到较远的地方迎接接亲的队伍,两队相遇,人欢马叫,十分热闹,并一起前往女方家。在前往男方家的路上要进行赛马活动,这实际上是两个氏族间的一次赛马较量,因而双方都是全力以赴,尤其是男方为了显示自己的强盛,预先都作好充分准备。老人也为此作一次动员,要求必胜,不能让女方家人耻笑。但女方家为了照顾男方家的自尊多少会让一些的,也因为传说女方家取胜以后对女婿不利,因而往往是男方取胜。如果路途较远,接亲队伍要在女方家住一宿,若不远则当日返回。由于新娘早有准备,随时都可以骑马随去。接亲队伍返回时,多由新娘的叔父、婶婶和伯父、伯母等长辈,在新娘的兄弟、姐妹和亲友们的陪同下一同随队伍相送。这个队伍通常要走慢一些,而新郎则要先走一步,通知家人做好迎亲准备。接送亲的队伍一路上一直都热热闹闹的,男女双方的长辈走在队伍的前面,相互间不断地交谈着他们感兴趣的问题。而跟在后面的青年男女则不停地嬉笑高歌，优美、嘹亮的歌声回荡在青山绿水间。当接送亲的队伍快到新郎家时，新郎便带领众亲友前去迎候。两队相遇，热闹非凡，人们互致问候慰问一路辛苦。好奇的人们争相观看新娘的容颜，欢声笑语不绝于耳。然后，新郎带领自家亲友还要和女方家送亲的亲友们再次赛马进入村落。五六十匹马，甚至上百匹马一起奔跑起来，其场面十分壮观。姑娘们及长辈们不参加赛马，而是缓缓进入村落。

迎亲的队伍进入村落后，立即开始举行结婚仪式。新郎、新娘要穿上一套新装，无论皮装或布、绸缎装都镶有各种云纹和各种花边。新郎要戴礼帽或戴镶有貂尾的猞猁皮帽子，帽子后面还飘着绣有各种花纹的飘带。新娘的穿戴则更讲究，从头到脚都是自己精心缝制的。不仅色泽艳丽，而且做工精细，尤其是头饰更为精美，上面镶缀着各种玻璃珠子、贝壳和纽扣等，在阳光下闪闪发光，珠子和贝壳间不时发出叮当作响的声音。从新娘的衣着上，人们就可以观赏到新媳妇高超的针线手艺了。结婚仪式开始之前，男方的父母及其他长辈和娘家来的长辈都被请到上方座位，其他人则在两侧坐着或站着。仪式开始，新郎、新娘在亲友的陪同下走进场地，在司仪的主持下先拜天地，即面向北跪磕三个头，再给父母及其他主要长辈们一一磕头。长辈们在受此礼时，都要简短地祝福几句，老人们每说一句，新郎、新娘都要发出"者！者！"的应答声。拜完后，司仪要致贺词，以幽默而生动的语言，滔滔不绝地说上一番，希望新郎、新娘婚后互敬互爱、生活美满、尊敬老人、生儿育女等。仪式后，酒宴开始，凡是来参加婚礼的亲友们自由组合，围着一堆篝火席地而坐，边吃手把肉，边喝美酒。这时新郎、新娘要向亲友们一一敬酒，敬给谁，就向谁"打千"行请安礼，长辈不还礼，平辈则要还礼。此酒必须得喝尽，如果实在喝不下，可找人替喝，并且每人必须喝两盅。忌讳喝单盅，据说喝单盅不吉利。喝酒时每个人都要先用手指蘸酒，左右弹三下，表示敬天地，同时还要对新郎、新娘说几句吉利话，表示祝贺。平辈的姑娘、小伙子们则乘机向新郎、新娘逗趣，祝福他们互相恩爱等。当夜幕降临时，篝火更加通明，也是酒兴正浓之时，婚礼主持人提议让新郎、新娘为大家表演节目，婚礼便进入了高潮。新郎、新娘为大家演出早已准备好了的拿手好戏,歌手们也都在这时竞相献出自己精彩的节目,优美的歌声、欢快的笑声此起彼伏。最后大家手拉手一同围着篝火跳起"罕贝舞",直到深夜。当新郎、新娘入洞房时,大姑娘、小伙子们还要闹闹洞房才罢休。新婚之后的十天左右,夫妻俩要骑马一起去娘家探亲,见到父母要双双磕头,还要一一拜访女方家所有的亲属,可住上十天左右再返回男家。

新娘出嫁时,娘家要陪送一些嫁妆。嫁妆的多少要根据家庭经济状况,还要看男方送的彩礼的多少而定,多送多带,少送少带,一般是姑娘所用的东西都要带走。舅舅、叔叔、伯父及哥哥、姐姐等近亲们所送的礼品都要带走。

离婚及再嫁

鄂伦春人结婚之后一般不许离婚,如果提出离婚,不仅要受到父母及其他长辈的责骂,还要受到各种舆论的谴责,他们认为离婚是一件很不光彩的事情。但是如果感情不合或因其他原因实在无法生活在一起,男女双方都同意离婚的,也允许离。过去要经氏族大会讨论同意才行,但要受到多方面的限制。如果男方先提出离婚,女方可分得家产的一半,还不允许退回已给女方的彩礼。如果女方提出离婚,不仅不分给其家产,陪嫁带来的东西也不准带走。如果女方不贞洁而造成离婚的,要退还所有的彩礼,只允许女方带走陪嫁来的东西,有的还要求女方赔还马匹,作为认亲磕头时的抵偿。离婚时如果已有了孩子,男孩留给男方,女孩经男方同意可以带走。如果男孩还小,要由母亲抚养,稍大后再送回父亲家。

如果丈夫死了,孀妇不到 20 岁,娘家可以将她许配给其他人。如果婆家不同意其改嫁,女方家可以联合新许配的男方家以突然袭击的方法抢回女子,只要抢出住房,婆家也就不再挽留了,但要从抢亲者骑来的马匹中任意选留一两匹马,以赔偿订婚时的彩礼。抢婚之后并不影响双方原有的亲家关系,他们继续保持相互间的友好往来。孀媳如果已有了男孩则一般不能再嫁。如果娘家坚决要她再嫁,本人也同意,得把孩子抚养大,并把孩子留给婆家才可以。订婚后如果女方死去,男方家不索还已出过的彩礼。

鄂伦春氏族内严禁歧视寡妇,寡妇不仅不受歧视,还会因其失去了丈夫而受到人们的同情,因而在生活等方面也会得到全氏族成员的帮助。

定居以后,鄂伦春族除了仍然实行族外婚制外,很多旧的婚俗都被革除了。父母包办婚姻已被自由恋爱所代替,旧婚礼中那些繁琐仪式和封建成分已被改掉,异族通婚者也越来越多。

(二) 姓氏文化

氏族及其分布

定居前,鄂伦春族的氏族约有十余个,主要分布在四个区域:

一是呼玛河流域有玛拉依尔氏族、吴恰堪氏族、葛佤依尔氏族、古拉依尔氏族和魏拉依尔氏族;

二是逊克、嘉荫一带有玛哈依尔、莫拉呼、杜宁肯、古拉依尔等氏族;

三是诺敏河流域有柯尔特依尔、白依尔两个氏族;

四是多布库尔河、甘河流域有柯尔特依尔、阿其格查依尔两个氏族。

当时一个氏族就代表一个姓,因此,鄂伦春族古老传统的姓就有10个,即孟、吴、葛、关、魏、莫、杜、何、白、阿。孟姓是由玛拉依尔氏族演变而来的;吴姓是由吴恰堪氏族演变而来的;葛姓是由葛佤依尔氏族演变而来的;关姓是由古拉依尔氏族演变而来;魏姓是由魏拉依尔氏族演变而来的;莫姓是由莫拉呼氏族演变而来;杜姓是由杜宁肯氏族演变而来的;何姓是由柯尔特依尔氏族演变而来的;白姓是由白依尔氏族演变而来的;而阿姓则是由阿其格查依尔氏族演变而来的。

五姓兄弟的传说

很早以前,兴安岭下有一条大河,传说在大河两岸住着许多勤劳勇敢的人家。他们有的开荒种地,有的上山打猎、采药,还有的下河捕鱼。

一天夜里,突然天降大雨,河水出槽了,转眼间,满草甸子全是无垠的大水。突如其来的大水，把许许多多的人都给淹死了，只剩下一个姑娘和一个男孩有幸活着。姑娘抱着根木头，男孩坐在一个大桦皮篓里。两个人漂呀漂，一直漂进大山沟里，好不容易上了山，保住了命。

姑娘领着男孩上山后，没吃没穿没住处怎么办呢？姑娘就把几棵小树绑在一起，找了不少树芯儿沤烂的大桦树皮，一张压一张地连在一起，搭了个撮罗子住在里面，总算是能挡风避雨了。没穿的，就把树皮扎在腰上，每天姑娘都领着小男孩在山上捡蘑菇吃，他们把吃剩下的晒成蘑菇干，留着冬天吃。

寒来暑去，日久天长，小男孩长成了小伙子，姑娘就和小伙子结成了夫妻。没几年时间他们接连生下了五个男孩。

一晃，又是一二十年过去了，五个男孩都长大了，五个小伙子一般高，脸庞一般大，鼻子、眼睛、嘴长得一模一样，连说话的声音都一般粗。

一天，五个小伙子缠住父亲，非让他给起名字不可。他想了一夜，终于想出个好主意。他把五个儿子召到一起，对他们说：

"你们五个都是男子汉，不能起花、草之类的名。从今天起，你们五个分头去办一件好事，三天后回来见我，那时，我再给你们每个人起一个好名。"五个小伙子一块儿走了，都做自己的事去了。

三天后，五个小伙子都回来了。

老大拿出了五张弓箭，放在父亲面前，父亲逐个地拿起来细细察看。只见这五张弓用一色红木做成，箭尾都缀着天鹅的羽毛，特别漂亮。父亲满意地点了点头，给他起了个名，叫"魏拉依嫩"，意为"红木头"。从此，老大就姓魏了。

老二把肩上扛的一只狍子放在父亲面前，父亲拎起来一看是只又肥又大的公狍子，心里很高兴。就给老二起了名，叫"古兰"，意为"公狍子"。从此，老二就姓关了。

老三拿出了一顶帽子，双手捧着递给了父亲，父亲把这顶用狍皮缝制成的帽子，翻过来掉过去地看了一遍。他发现两只猫耳朵原模原样地支棱着，跟真狍头没有什么区别，戴在头上十分舒服，连声称赞说："好！""真好！"于是给老三起了名，叫"葛钦"，意为"真聪明"。从此，老三就姓葛了。

老四把打来的狍子不慌不忙地放在地上,抽出刀"涮、喇"把肉切成六块。先把狍头献给父亲,然后把割下的四条腿分给四个兄弟,最后才把没什么肉的狍腔子留给自己。父亲心里十分激动,忙把狍头放在一边,拍拍老四的肩膀说:"你没私心,真公平啊!"就给老四也起个名,叫"吴恰堪",意为"没私心,办事公正"。从此,老四就姓吴了。

四个哥哥都有了名,只剩下老五了。他把三天中打来的猎物全堆放在一起,有狍子、野猪、飞龙、香鼠等,没等父亲开口,四个哥哥齐声称赞:"莫日根!"父亲也说:"好,就叫'莫日根'吧。"意为"打猎能手"。从此,老五就姓莫了。

此后,这五个小伙子各自成家立业了,鄂伦春人从此也就有了姓。

鄂伦春人的名字

鄂伦春族比较重视名,小孩一般生下来就起名,起名的范围很广。由于鄂伦春族是狩猎民族,而且长年生活在茫茫的大森林里,因此,女孩子的名大多是山花、小草、喜鹊、小兔子等,且女孩子的名又常常是以汉字"艳"音结尾,如魏拉艳、尔格艳、兰千艳、亏希艳等;男孩子一般多以打猎能手、石头、白桦树、老虎等为名,如莫日根、查班莫等。

鄂伦春族孩子的命名通常由祖父或外祖父来完成,也有父母亲自己命名的。命名时一般不举行什么仪式,但是,若孩子遇到了不幸,往往给孩子改名,这样的孩子就会得到全氏族的爱护。此外,若孩子一生下来就体弱多病,那么常常起一些不好听的名,如"牙答汗",意为"小瘦子",起这样的名被认为好养活,不生病。又如"鸡黑么",意为"小破烂儿",就是指孩子一点也不被人喜欢,该扔掉了,可其目的正相反。另外,倘若孩子生下来就聪明伶俐,父母亲反而会很担心,认为这个孩子太聪明活不长。倘若他的寿命长,则意味着父母亲或兄弟姐妹的寿命短,于是,常常给这样的孩子认一个干兄弟或干姐妹,再认干妈、干爸,这样做的目的是消灾。

以鄂伦春语起的名字有许多含义,具体可分成以下几类。

以某一特征取名:

浓突汗　　　　　(小个子)

帮地仁　　　　　（皮肤很白）

跑伦　　　　　　（矮胖）

鄂莫克成　　　　（摇篮形）

奇克图　　　　　（又瘦又高）

博格彦　　　　　（脸或身上有斑点者）

工达汗　　　　　（个子很高）

博博成　　　　　（弯胳膊）

绰布绰克　　　　（尖嘴巴子）

博恩巴铁　　　　（圆形之物）

阔汗　　　　　　（小孩）

绰尔克绰　　　　（小时吃乳常吐并从嘴边往外流）

普楚　　　　　　（脸像球那样胖）

以吉祥之意取名：

霍岔布　　　　　（富裕）

绰伦布库　　　　（像石头一样结实）

玛努彦　　　　　（劳动能手）

额根堤　　　　　（长寿）

安巴　　　　　　（小时候人人喜爱）

绍保　　　　　　（各方面都好）

代苏荣　　　　　（骄儿）

阿什库　　　　　（追兽技术高明）

乌热松　　　　　（聪明）

希克胜　　　　　（很精神的小伙子）

以本人性格取名：

安布伦　　　　　（安静）

钦巴　　　　　　（泼辣）

博恩巴　　　　　（笨）

吉若　　　　　　（古怪）

乌娜吉汗　　　　（活泼可爱）

彦扎布　　　　　（活泼）

岳有华	（灵巧）
乌那坎	（正派的姑娘）
托恩托元	（忠诚老实）

以动物、植物取名：

托恩莫诺	（鹧鸪名）
蒙坤保	（小鱼名）
其那哈	（小鸟）
岔班莫	（白桦树）
乌拉仁银嘎	（红色的花）

以表达感情和希望取名：

伊嘎布	（思念）
莫日根	（将来成为打猎能手）

以某种物件取名：

绰恩楚毛	（酒杯）
空改	（桦皮篓）

以亲热的称呼取名：

诺诺	（鄂伦春人对小孩的爱称）

还有一些名字可以说没有什么具体的含义，如"山本""新吉布""宽布拴"等。

鄂伦春族起名时，前面不加父亲或祖父的名，而是在回答时讲自己出自哪一个氏族，弟兄、姐妹之间的名字排列也没有什么规律。对于长辈一般都有尊称，而长辈对小辈则常常称呼"诺诺""乌娜吉汗""乌克汗"等。

定居以后，随着鄂伦春族社会的发展，通用的鄂伦春语逐渐被汉语取代。同时，由于鄂伦春族与汉族的通婚即民族融合的发展，在鄂伦春族原有的十大姓氏基础上又涌现出了一系列的汉族姓氏。另外，生活在内蒙古自治区境内的鄂伦春族也有起蒙古名和达斡尔名字的；居住在黑龙江边境的鄂伦春族也有起俄罗斯名字的。

有关鄂伦春族姓氏最新研究成果可参见孙晓晨撰写的论文《20 世纪50 年代以来鄂伦春族姓名研究综述》，发表在《文化学刊》2018 年第 9 期。

五　丧葬习俗

庄重严肃的丧葬礼仪

1949 年之前,鄂伦春人按照传统习俗送死者并安葬尸体。其丧葬比较复杂,有风葬、火葬、水葬、土葬等多种葬法。

风葬又叫树葬或天葬,是一种最为原始古老的丧葬方法的遗留。在早年,猎人如果在狩猎途中死于外地,而尸体又因交通不便而不能运回住地,即在原地风葬。风葬的棺材多是用柳条编的或用桦树皮制的。先在树林中找对角正方形的树,距地 2 米高锯倒,在锯倒的树的顶端搭上横木,铺上树枝,然后把棺材放到上边,任其风吹雨淋不再管它。有的过 2~3 年再进行出殡,名曰"捡骨尸",最后用棺材埋葬。对于因患怪病而死去的青年人或因难产而死去的孕妇,一般都要实行火葬,以防止他(她)们埋葬后转生为鬼,危害家人或邻里。尸体焚烧以后,把骨灰装入盒内,深埋地下。对于溺水而亡者,实行水葬。将尸体装入棺材,然后将棺材慢慢地推入河水中,让其随水漂走,直至看不见为止。对于正常死去的人实行土葬,土葬的棺材和埋葬法基本和汉族相同,但棺材有用原木垛起来的。土葬是定居以前鄂伦春人丧葬习俗中的主要葬式。

鄂伦春人有一整套的丧葬礼仪。人死后换好不带毛的殓衣,按照头北足南的方向停放在"撮罗子"中,尸体旁摆着烟、烧酒、面食或燎了毛的家禽或飞禽等。死者亲友在灵前陪同家属一同哭祭、烧纸、奠酒、守灵。随同死者一同装入棺材的还有内装少许米面的口袋以及死者生前用过的餐具、马具及吊锅等。如果死者为男性,还要随葬猎刀、弓箭和烟具;如果死者为女性,要随葬针线盒和熟皮工具。入殓后必须马上出殡,赶在日出之前完成下葬,鄂伦春人认为棺材不被阳光照见才能使死者的灵魂平安地到达阴间。下葬以后,在坟墓前设供,由一位老年人烧纸敬酒,祈祷死者顺利地到达阴间,保佑子女及亲友生活平安,然后大家返回住地。

在过去,鄂伦春人还保留着为死者穿孝和定期举行祭礼的习惯。死者所在氏族或家族中的晚辈亲属要戴孝 3 个月,子女要戴孝 3 年。配偶死亡也要戴孝,妻死丈夫戴孝 7 天至 3 个月,夫死妻子戴孝 1—3 年。在死者埋葬后的第七天、一周年纪念日和三周年纪念日,其亲属都要为之上供和祭祖,有的还要请萨满跳神。每当路过坟地或逢年过节,其亲属也要携带烟、酒、烧纸或食品去上坟,以示悼念。

鄂伦春族丧葬棺木种种

过去,鄂伦春族由于过着游猎的生活,他们的葬俗也离不开森林特色。

鄂伦春族由于生活在深山密林之中,当时还没有锛、凿、锯等木工用具,加之,其他民族的葬俗还没有传入森林,他们只能在原始的形态下因地制宜地制作棺木,其种类也不一样。

桦皮棺:这是用桦树皮制作的棺木,把剥下的整张桦树皮用热水浸后压平,做成长方形,上盖为圆顶形,它是用树筋或树皮绳缝合绑制的,有轻便、不漏雨、防腐等特点,为风葬所用。

木杆棺:先在地上挖一个长方形的坑,再把松木杆、桦木杆整齐排列在四壁,这种棺木一般为土葬所用。

柳条棺:用树条像编筐一样,编成一个长方形的棺材,它虽比较轻便,但容易腐烂,在风葬时往往用此棺木。

树筒棺:把粗大的松木中间的烂芯掏去,两头塞以硬木,这种棺木体重、耐腐,既适用于土葬,也可用于风葬。

满族棺:这是现在普遍使用的棺木,用薄板钉成长方形,上盖为人字形,这是满族人过去所用的棺木。现在,鄂伦春人丧葬时多用此棺。

随着时代的变迁,鄂伦春人的葬俗发生了深刻的变化,有很多地方已实行火葬,有的用汉式棺木,过去的棺木现在已不多见了。

六 节日文化

春节

在鄂伦春人的传统观念中特别重视过春节,同时也过正月十五和十六。

春节是辞旧迎新的好日子,为了过好春节,鄂伦春人在一个月之前就开始筹备过年的东西。猎人打到猎物要把好肉留下来,准备过年包饺子、炒菜用。到年末,猎人们要驮着猎物到汉族和满族村镇交换米面、衣物、烟酒、糖果、鞭炮等年货。年前所有上山打猎和外出办事的人,都要赶回家里过年。过年前几天是最繁忙的日子,家家户户都忙着加工各种美味食品,包冻饺子、冻包子,炸麻花,炖野猪头肉等。大人小孩都要做一套新衣服,屋里屋外要进行大扫除。除夕夜晚各户开始过团圆年,不准到别人家去串门。太阳一落山,各户门前都要燃起一堆篝火,表示以后的日子会像火一样红火,同时,篝火能驱鬼驱邪,使马匹更加兴旺。

饭前,老人们把各种神龛打开,要全家老少给神偶烧香上供,以祈祷神灵保平安,然后再到十字路口为死去的前辈烧纸祷告,之后才能坐下来吃饭。大年三十的晚饭都要吃得饱饱的,连猎狗猎马都要尽情地吃,直到吃饱为止。鄂伦春人在除夕之夜有守岁的习惯,即一夜不能睡,认为只有这样才会在新的一年里精神饱满。

除夕之夜不许吵架,更忌讳哭泣,再大的事情也要压下来,和和气气地商量解决。认为除夕夜吵架、摔东西,一年都不会平安。这一夜忌动刀、锹、枪等物,忌往外倒垃圾和泼脏水,忌说"死""输""翻"之类的词,否则一年不顺利。半夜12点要燃放鞭炮,以驱鬼避邪,迎接新的一年的到来。

初一早晨天刚刚放亮,各家各户都要煮新包的饺子,晚辈要给长辈磕头,然后再坐下来吃饺子。太阳出来后,人们便穿上新衣服,开始挨家拜年。拜年时先敬酒、敬烟,然后再磕头,并祝老人们健康长寿。小孩给老人拜年,老人要给他们压岁钱或糖果,祝孩子们快快长高,听父母的话。

从初二起,老年人互相拜年,或聚在一起饮酒作乐。各家各户互相宴请,青年人则自愿组织起来搞些文体活动,或唱歌、或跳舞、或下棋玩牌等,直到初四为止。初五这天是"破五",鄂伦春人认为是"鬼日",因而这天忌讳出门,不许串门也不许去打猎,更不准大吵大闹。初六,六六大顺,是个好日子,可以外出狩猎或互相串门。鄂伦春人对正月十五也很重视,各家要吃团圆饭,还要放鞭炮、唱歌跳舞等。

随着生活水平的逐渐提高和受汉族的影响,篝火晚会式的活动开始减少,供奉神偶、神像,上供叩拜的活动已不多见,甚至销声匿迹了。除夕之夜,鄂伦春人都爱收看中央电视台的春节文艺晚会。

抹黑日

正月十六那天,鄂伦春人有抹黑脸的习俗,据说抹上黑脸就能赶鬼驱邪,保证这一年里平平安安,不会生病。这一天,天刚蒙蒙亮,人们就开始起床,不管男女老少,两手抹上锅底灰,或干脆拿着大马勺,走家串户互相抹黑脸。因而这天早晨到处可以听到欢快的嬉笑声,或看到互相追逐的热闹场面。人们认为,太阳出来之前抹最灵,被抹灰者都是幸运的。抹黑脸时,除了儿童可以给老人抹之外,儿子、姑娘不能给父亲抹,大伯子与弟媳间不能互相抹,其他人之间都可以随便,但给长辈抹黑脸之前要先磕头,然后再抹。这种习俗至今仍保留着,但已不仅仅是为了驱鬼避邪了,而是成了一种健康的游戏。

篝火节

鄂伦春人世世代代生息繁衍在茫茫林海中,以狩猎为生,与火结下了不解之缘。火可以取暖、照明、煮食,也可以抵御野兽的侵袭,鄂伦春人认为火神是不可触犯的。每年正月初一,家家都要祭祀火神,一般向火塘跪拜往里扔点肉、倒些酒以示供奉。对火神的崇敬,还表现在禁止向火上倒水,用刀棍捅火,也不能烧蹦火星的木柴,以防触怒火神。

1991 年,鄂伦春自治旗政府根据鄂伦春族的传统习俗及意愿,确定每年 6 月 8 日为篝火节。考虑 6 月 8 日是春季防火戒严期,野外用火不安全,经旗委常委会研究决定,将篝火节改在每年的 6 月 18 日。一年一度的篝火节,成为鄂伦春族唯一的民族传统节日。

篝火节活动自 1991 年开始举办,其活动分为开幕式、鄂伦春族传统体育比赛、篝火娱乐晚会三部分。体育比赛竞争激烈,有赛马、射击射箭、摔跤、拉钩、颈力绳、划桦皮船赛、采集赛等。篝火晚会上,大家尽情地唱歌跳舞。欣赏鄂伦春旗乌兰牧骑表演的传统歌舞,倾听猎民群众即兴演唱的民歌。在鄂伦春自治旗,篝火节已经成为加强民族团结,增强鄂伦春民族凝聚力,展现新时代鄂伦春族风采的盛会。

图 13-6　节日里的鄂伦春人　图片提供:冷志民

七　宗教信仰与风俗禁忌

（一）宗教信仰

春祭

往昔，每当冰雪消融，天鹅、大雁、鸭子飞来时节，鄂伦春人都要举行一次隆重的春祭大典，一方面是请萨满跳神保佑；另一方面是度过了漫长的冬季，庆贺新的一年的开始。

春祭时，要通知居住在各地的族人准时赶来参加，携带新鲜的天鹅、大雁、野鸭肉等祭品，同时，要请有威望的 3 个以上的萨满来。场地选在河边的沙滩或经常跳神的地方，并搭起一个很大的"斜仁柱"。在"斜仁柱"的中央要直立两根杆子，鄂伦春语叫"土如"，即神架，是神降临的地方。在两根杆子顶端，分别系一块红布条和一块黄布条，以示吉祥。在两杆之间距离地面一尺多高处，要横绑一根小杆。这个横木，意为神椅，是萨满接神、迎神的圣位。

在"土如"的两边，分别有一个门卫神偶，鄂伦春语叫"倒摇灭"，是用柳（杨）木刻制而成，约有 6～8 寸高。据说，当神降临时，它就会倒向一边，以示神已降临。每位参加祭典者的位置事先都安排好，男的在上，女的在下，或在篝火的右侧为男座，左侧为女座，儿童则自由选座。祭典仪式很严肃，严禁嬉笑打闹，在场内只能听到跳神及伴唱者的声音。

萨满跳神时，先把场地扫干净，摆上供品，摆上神像并点燃装有爬山松的勺子。萨满跳神，起初很慢，后来随着鼓声的加快，萨满的身子越抖越厉害，歌声也越发激扬，整个气氛有种神秘感。唱的神歌，根据祭祖的内容而确定，大多是即兴演唱。

春祭结束前，族人们要围聚野餐，吃鲜美的天鹅、大雁、野鸭肉，喝鲜美的都柿酒，直到翌日黎明。

萨满的继承或收徒弟的仪式也在春祭期间进行。萨满继承仪式是在老萨满的带领下,小萨满跟着学跳,模仿老萨满的言行举动,一般3年后才能独立跳神看病。仪式举行时相当隆重、庄严,除了所有的族人参加外,还要让所有的族人知道新萨满是全族的保佑者,他有什么困难大家要给予帮助和支持,以使萨满保佑全族人畜两旺。

图腾崇拜

鄂伦春人在狩猎生活中,遇到一些猛兽,使他们把这些动物同一般动物区别对待。尤其是有些动物的形状与人相似,便使他们联想到人和动物存在着某种特殊关系,这样就产生了图腾观念。

熊就是鄂伦春人崇拜的图腾之一,他们认为熊与自己有着一种血缘亲族的关系。在称谓上把熊尊称为"太贴"(祖母)"雅亚"(祖父)或"阿玛哈",而不能直呼其名。

鄂伦春人在很早以前是不猎熊的,而且想方设法保护它,在遇到熊的脚印或熊吃东西的地方,要跪下磕头,以示崇敬。但随着社会的发展、观念的日益变化及生产工具的不断翻新,也逐渐开始猎熊了,只是猎到熊以后要举行"古落衣仁",即葬熊仪式。人们首先把熊头煮熟,然后围坐分享,剩下的熊头骨,用柳树条或草包好,选择河边、半山腰或树林,挂在三棵树交叉点上,进行风葬,并祷告"阿玛哈""嗯聂嘿"保佑主人,不要回头吓唬人们,让世间的人们平安、幸福地生活。葬熊歌的唱词古朴、简单,曲调也很优美、动听,唱词中充满着人们对熊的无限恐惧和虔诚,如泣如诉地请罪。熊皮褥子总是放在"斜仁柱"的正中位置上,妇女是不能乱踩、乱坐的,以保持它的"圣洁"。

虎也是鄂伦春人图腾崇拜的一种。他们称虎为"乌塔其",是太爷的意思;也有的称它为"博如坎",是神或老大的意思。打猎时听到老虎的叫声要立即磕头祈求,并避而远之,表示敬畏之意。

自然崇拜

继图腾崇拜之后,随着社会经济和认识的进一步发展,人们开始把自然分成有利和有害两部分。对于有害者的祈求和对有利者的敬畏结合起来,便产生对自然的崇拜。鄂伦春人对自然的崇拜是对一个个具体的自然神祇的崇拜。

火神（透欧博如坎）

对火的崇拜，在自然崇拜中占有重要地位。鄂伦春民间故事《火神》中说，有个妇女由于火星蹦到她的身上，烧穿了她的衣服，烫疼了她的皮肉，她一生气拔出猎刀，对火堆乱刺了一阵，直到将火熄灭，并把家搬走。到新的地方后，想生篝火，却怎么也点不着，只好又回到原来的住地。回去一看，住地正熊熊燃烧着一堆篝火，篝火旁坐着一位慈祥的老人，满脸都是血。这时她才恍然大悟，原来是她刺伤了火神，便赶快跪下向火神求饶，得到火神的宽恕后她才重新生起了火。最早的火神是女性形象，她慈祥善良，有如为人类谋幸福的母亲形象。

鄂伦春人对火有许多禁忌，禁忌从火上跨过，禁忌乱捣篝火，禁忌在火上倒水或倒入不洁之物。为了表示对火神的崇敬，每到过年过节进餐时，第一口必须先敬火神，还要向火中投入少许酒、肉、菜等，并进行祈祷。客人来拜年，进门后要先向火神磕头，然后给主人拜年。

太阳神（低拉恰）

在长期的游猎生活中，鄂伦春人认识到太阳给人光明和温暖，因此十分崇拜太阳，每年正月初一都要拜太阳。如两人发生争吵，或有什么委屈的事，要向太阳发誓叙说。人们遇到困难时，也要向太阳祷告，以求保佑。

月亮神（别亚）

传说，月亮是位慈祥、善良的女神，人们特别尊敬和爱戴她，每年的5月15日和16日是拜月、赏月的日子，人们有什么心愿和要求，就对月亮诉说。人们在神像上画太阳的同时，也画月亮，在制作太阳神偶时，也制作弯弯的月亮神偶。

在狩猎中，如果数日打不到野兽也要向月亮磕头，进行"加龙那"祈求仪式，向月亮神祈求猎物。

奥伦神(北斗星)

鄂伦春人认为它是为猎人指示方向的神灵,也有人把北斗星视作寿星神或是掌管和保护人间仓库的神。传说,古时候有一对夫妇,男的打猎,女的管家务。男的除打猎以外什么活都不干,而那女的晒肉干、熟皮子、采野菜、做饭、放马,什么活都干,而且还受气。有一次媳妇挨了打,一怒之下骑上马领着猎犬逃走了。路过"奥伦"(高脚仓库),想上去拿点吃、穿、用的。谁想她上了"奥伦"之后,她的丈夫追上来了,媳妇一狠心就往下跳。这一跳,不但没有掉在地上摔死,反而连"奥伦"也随着飘起来升上天了,马和猎犬也随着上了天。这时,她的丈夫气急了,就朝飞上天空的"奥伦"射了一箭,射到了"奥伦"的柱子上。传说,"奥伦"的四根柱子就是北斗星的四个角,其中有一条腿歪了,就是被她丈夫射的,另外三颗星是"奥伦"的梯子。所以,鄂伦春人又叫北斗星为"奥伦",称住在北斗七星上的媳妇为"奥伦博如坎",把她视为保护仓库的女神。

"白那恰"山神

"白那恰"是鄂伦春族、鄂温克族及达斡尔族通用的狩猎词汇。鄂伦春语"白那恰"为"山神"之意,可以理解为主宰万物之神,狭义上是指掌管狩猎的神。达斡尔语为"白那查",意为"富裕的父亲"。

在鄂伦春人的精神世界里,山神"白那恰"有着绝对的权威。大自然里的飞禽走兽、山峦河流、花草树木等,皆在他的掌控之下。鄂伦春人对山神"白那恰"非常崇拜。凡是高山峻岭,悬崖绝壁或洞窟等地,都被认为是山神所在的地方。

如果鄂伦春猎人很久也打不到猎物,便会求助于"白那恰"。每逢猎人打猎途中,经过刻有"山神像"之树木时,都会顶礼膜拜,从不绕道而行,在祭拜过程中,不准吵闹和喧哗,否则山神会不满,对狩猎不利。

鄂伦春人供奉的"白那恰"神像,一般是在狩猎过程中随时制作。猎人来到较僻静处,选一棵较粗的大树,在树根下约离地面5~10厘米朝阴面,一边祈祷,一边用斧子轻轻地削去树皮,然后用黑炭画上眼睛、鼻子、嘴巴,类似人脸的形象。神像画好后,在附近捡一些柳树条,摆在"白那恰"前,再用点燃的爬山松熏一熏,然后磕头祷告,祈求山神保佑。如果猎人打到了猎物,猎人一定会拿点肉、油、血涂抹在神像的嘴部,以示感谢"白那恰"的赏赐。同时,猎人还要把左邻右舍都请来,共同分享"白那恰"赐予的猎物。

山林里每一尊"白那恰"形象,都栩栩如生,威严中透出慈悲,尊贵中充满灵性。山林、大地、人与兽、河流与沼泽,都在他的统领之下。供奉山神"白那恰",是决定氏族狩猎丰厚、避免野兽伤害的重要保证。一切行为和目的,都是建立在万物有灵的虔诚信仰中。

如今,每年的篝火节或其他节日庆典,鄂伦春人依然保持着祭拜山神的风俗和礼仪,祈祷白那恰的保佑和祝福。在大自然诸神的赐予中,鄂伦春人一直驰骋于山林之中,并为国家义务护林、义务戍边数十载,成为坚如磐石的森林之子。

此外,鄂伦春人认为,风雨雷电和彩虹也是神秘莫测的,因此产生了"库列贴"(风神)"阿路迪达力"(雷神)等诸神崇拜。鄂伦春人还崇拜"穆都里罕"(河神)"圈尔盼"(启明星)等。

图 13-7　鄂伦春山神　摄影:张林刚

祖先崇拜

鄂伦春人称祖先神为"阿娇儒博如坎"。在过去,鄂伦春人几乎每家每户都供奉过祖先神,而且有偶像或画像。这些偶像由老年人精心保管,平时放在桦皮口袋里并挂在"斜仁柱"内,供奉时取出挂在"玛路"(斜仁柱内的正铺)席上,迁徙时驮在专为驮神准备的马背上。

鄂伦春人对灵魂不死观念深信不疑,他们认为祖先的灵魂不仅能保佑家族平安和子孙繁衍,而且能保佑狩猎的顺利。因此,鄂伦春人对祖先神的崇拜是十分虔诚的。每当年节或婚庆,都要向"阿娇儒博如坎"烧香磕头,以示敬神。尤其是在每三年召开一次的氏族大会上,人们首先要举行祭祖仪式,鄂伦春人称这种仪式为"乌门那特恩"。

鄂伦春人的祭祖仪式庄严隆重,全氏族的成员都必须参加。仪式由"穆昆达"(氏族长)亲自主持,他将族谱打开,依次念诵各代祖先的名字,称颂他们的业绩和高贵品德。此时,参加氏族会议的人们都要跪下来认真倾听,而且还要请来各路萨满举行跳神仪式。祭祖时还要杀牲献祭,祭品用黑毛野猪或犴,在杀牲时一定要见血。此外,每个氏族成员都备有许多祭品用来供祖。这种祭祖仪式往往要延续几天甚至十几天,其场面是非常壮观的。

鄂伦春人认为,如有氏族成员因冒犯"阿娇儒博如坎"而患病,亦须举行祭祖仪式并请萨满跳神,以祛病除灾。

招魂

招魂,鄂伦春语称"波别咧",是针对孩子受惊吓而采取的一种治疗方法。

儿童轻度惊吓,只口头"叨咕"几声即可。而对重度惊吓者,要请年纪较大的妇女来招魂。要准备一根红布条,系上铃铛,或用小孩的衣服、帽子,一边在孩子眼前摇来摇去,一边哼唱"波别咧"歌。

"波别咧"的曲调温柔、动听,歌词即兴发挥。唱时歌声由小变大,由悲伤到兴奋。唱"波别咧"时,一般是一至二人,一人主唱,另一人伴唱。

为了防止再受惊吓,大人们用桦树皮缝成"咔它"(指皮盒),把红布条与小铃铛装在"咔它"里,缝在孩子衣服后背。当孩子跑起时,铃铛就会发出"叮当""叮当"的响声,一直伴随着孩子。

"玛路"神灵的位置

鄂伦春人每家每户在"斜仁柱"里几乎都有"玛路"神位。人们对"玛路"神位特别虔诚,相信它的威力,人们尽心尽力保护好神位,保持它的圣洁。

"玛路"神位上的神像、神偶都是不能随便摆放的,有一定的规矩和要求。大体分上、中、下三层(天、地、人间)摆放神像、神偶。首先要用二三根柳条揻成一个凹形,然后在中间坚插 9 根柳条,做成神架,鄂伦春语称之为"白它拉替"。神架搭好后,即可以放神像和神偶,摆放的位置和程序是:

神架的最上面是日、月、星。在正位上首先放太阳神偶,再放月亮神偶和星星神偶,然后再摆放鹰神、龙神、雷神等神偶。

在太阳神、月亮神下面的空间,是专门摆放神像的。神像是画在纸上或布上的,如"初哈布堪"(草神)等。

在神位下面,把神偶直接摆放在地上,依次放"乌六浅"神偶、"黑暗"神像、"库力斤"神偶、"卡稳"神偶等。

神像、神偶摆放完了之后,人们还要在神位下面摆放供品,如兽肉、野果等,并燃起爬山松。

平时,神像、神偶每家都自己保管,装在用桦树皮制成的桦皮神盒内,挂在"玛路"神位上。如果搬迁,把神盒驮在马背上即可。

占卜

占卜,鄂伦春语叫"阿嘎坦"。当病人久治不愈、猎人外出不归、猎马丢失或打不到猎物时,鄂伦春人为知吉凶便进行占卜,并祈求神灵保佑。

占卜者多为老年人,方法主要有以下几种:一是用猎枪或大斧子占卜。占卜者首先将枪或大斧子用烟火熏一熏,驱邪净污,然后放在枕头上,用一只手握住枪托或斧柄低头祷告问卜,并向上举。据说问对了就能把枪或斧子轻轻举起来,如当问到病人是否由某一位神灵作祟时能将枪或斧子举起,说明问对了,于是占卜者就给那位神灵上供磕头,祈求病人早日康复;如果没有举起来,还要继续问,直到能举起来为止。占卜猎人外出是否归来也是如此,当问到猎人能否于某日回来时将枪或斧头举起,说明猎人还健在,家里人也就放心了。二是用烧野兽肩胛骨的方法占卜。如占卜外出打猎或办某件事是否顺利,就将已啃光肉的肩胛骨放到火里去烧,烧一会儿拿出来看被火烧裂了的骨缝儿,如果骨缝是顺茬并且很清晰,就认为一定很顺利,出现横纹则不顺,从烧裂的骨缝中还能看出能打到大动物还是小动物。看完纹路后,把肩胛骨抛向空中,看其落地的方向,顺茬的方向就是有猎物的方向。第三种占卜法是水盆占卜法。当猎人几日打不到猎物时,就将一干净的水盆放在月光下,并向月亮磕头祷告,祈求月亮神多赏猎物。第二天如果看到盆内有野兽毛,就认为以后一定能打到野兽,盆内有什么野兽的毛,就可以打到什么野兽。第四种是用立筷子的方法占卜。做法是将一支平头的筷子边祷告边轻轻地立在盛满水的碗内,据说祷告对了就能立住,立不住就说明祷告错了,就再祷告,这种占卜方法是妇女们最常用的。第五种是用扔“嘎拉哈”(狍子前腿膝关节上的股骨)的方法占卜。“嘎拉哈”有四个不同的面,每个面都有固定的形状,分别叫作“背”“坑”“轮”“珍”。占卜时抓一把“嘎拉哈”扔散在平地上,如果“背”多就意味着将来生男孩,如果“坑”多就意味着要生女孩。这种游戏占卜方法多为女孩子的专利。此外,还有用镜子照水的占卜形式。多数是用镜子照井水,有的也用盆装水,然后用镜子照水,如果镜子里的水很清说明是好的预兆,如果水很混浊则不吉利。

萨满

鄂伦春族信奉的萨满教是万物有灵、灵魂不灭和多神崇拜的宗教。在鄂伦春人当中,从事宗教活动的巫师被称作“萨满”,萨满教正是因此得名。

萨满,是沟通人和神之间的使者。它代表人向神祈福、消灾祛病、消除妖孽,是人与鬼神交往的中间人。因此,萨满备受鄂伦春人尊敬和爱戴。

相传,鄂伦春族最早的萨满是女性,叫尼产。她体健而聪慧,箭法神妙,威力无比,她集狩猎、采集、熟皮、缝纫等多种超人的劳动技能于一身。尼产对人宽厚仁慈,不辞劳苦,呕心沥血,为族人排忧解难,经常为他人看病,甚至从地狱中将死去的人救出。然而,她的善行惹怒了天神,"死去的人怎么能让他再复生!"天神开始惩罚尼产,把她扔入河水中淹死。尼产萨满虽然被杀死,却给后世留下了萨满教。这位具有上天入地、起死回生本领的女萨满,已成为英雄形象,并世代流传下来。

由于萨满被看作是沟通人类与神灵的使者,因此,并不是任何人都可以成为萨满。而有些人之所以成为萨满,据说完全是由于神的旨意。在鄂伦春人当中,有三种人可以当萨满:一是出生时胎胞不破,这样的人长大后将会成为萨满;二是患精神病或其他病症且久治不愈,后来因许愿当萨满而痊愈者,也可能成为萨满;三是老萨满死后,他的神灵会找另一个人去附体,这个人如果能说出老萨满的情况,那么他就可以当萨满。

鄂伦春人的萨满主要有"阿娇儒"萨满和"德勒库"萨满两种。"阿娇儒"萨满又称作"穆昆"萨满,是氏族萨满,被看作是自己的"阿娇儒"神的代表。因此,这种萨满在从事宗教活动的时候,首先要请自己的"阿娇儒"神来附体。鄂伦春人认为氏族萨满都是"恩都利"萨满(万能萨满),他们神通广大,既能医治各种疾病和驱走死人的灵魂,又能祈祷狩猎生产的丰收,人们都愿意请这种萨满跳神。"德勒库"萨满(流浪萨满)不属于哪一个氏族,他们可以去任何一个氏族跳神,但其威信不如氏族萨满高。

萨满的主要活动是为人跳神,跳神常表现出精神恍惚,在此状态中据说他的灵魂已离开肉体,升入了上界或降入了下界。跳神活动一般是在下述几种情况下进行:一是应病人家属的请求去给病人治病;二是教授新萨满学习跳神;三是举行祭神仪式。萨满在跳神时,身穿神衣,头戴神帽,胸佩铜镜,腰饰铜铃,手持手鼓,边击鼓,边跳跃,边吟唱。

萨满为人跳神治病一般不需要任何报酬,他们和其他人一样靠生产劳动来维持生活，也没有特权。因此，尽管萨满的活动带有一定的专业性，但在鄂伦春人当中，从无职业萨满。

图 13-8 萨满神服 摄影：张林刚

神衣

萨满的神衣，一般是用鹿、犴皮制成。它是一件无领的对襟长袍，全长 1.3 米左右，由许多物件构成。神衣平日放在"玛路"神位上保管，不得弄脏，更不得让他人踩踏。神衣上的各种物件的名称及作用分别是：

"家哈屯"，即披肩，是用蓝布或其他色布缝制而成，上面绣有美丽的图案。前排系风纪扣，是神衣上面必备的装饰，美观大方。

"米勒雾"，即肩上的小铁钩，两肩各有一个，是用小铁片制成的。

铁片的一头缝进肩上的神衣里，一头露在外边，它是作挂布条之用的。

"比突各"，即神衣的对襟，有贴边，绣有美丽的图案。一边缝有纽扣，另一边锁有扣眼。

"克路踏"，即领花，是装饰物。

"恩克"，即项链，据说是萨满请神、跳神必备的法器，是用玛瑙、玉石或骨头制作而成。

"屋克吞"，即铜镜。神衣前片左右共6个，而且竖着各缝3个，形成八字形，在中间缝3个"布基兰"，形成三角形。"屋克吞"在神衣上即乳房之意。当萨满请神起舞时，铜镜相互撞击，叮当作响，震耳欲聋。

"布基兰"，是用小铁片制成的小喇叭状物，它的位置在神衣的前片两侧和前片铜镜两边的中间，它是招神求神的法器。它能和铜镜、铜铃发出和谐的声响，悦耳动听。

"嗯聂吞"，即小布兜，方块形，神衣前片左右各缝3块，都绣有美丽的图案。在每一块"嗯聂吞"，安有"布基兰"和铜铃，它是神衣上的装饰物件。

"夸昂特"，即小铜铃，缝缀在每一块"恩聂吞"的下沿。它一方面起装饰作用；另一方面能发出动听的响声。

"伦都哈"，把穗子缝缀在神衣下端，或直接用剪刀把皮子剪成条形而成，主要用以装饰神衣。当萨满跳神跳到高潮时，彩带等一起飘动，很是壮观。

"龙抓"，是缝制在神衣两侧的一种装饰物，形似龙爪，是用彩色线绣制而成。

"穆都"，即龙，是用彩色线绣制的龙的图案。是吉祥物，缝制在神衣两侧。

"上儿达"，是用小铁片制成的方形小锹柄，缝制在神衣两侧的"穆都"下面，象征着武器。

"塔卡"，由红、黄、蓝、绿等彩色布块组成，缝缀在神衣两侧，它既是装饰品，又是萨满的法器之一。

"乌色"，即袖子，马蹄形，整个袖子被三道绣有花纹的黑色布条横着分开，分为上、中、下三个部分，即肩、肘和腕三部分。

"阿卡吞",是神衣后边的大铜锣镜,形似大锣,其下面围有 3 个小铜镜,据说,"阿卡吞"是萨满的护身法宝,也叫护身镜。

"尼如特",即缝在神衣后背上的大布块,上面绣有美丽的图案。以中心大图案为主线,四周绣有许多小花作陪衬。也有的在"尼如特"上绣动物的头像,如老虎头、鹿头等。在其下端,一般缝有几个"布基兰"来装饰。

"音古兰",即神衣飘带,9 个长的,9 个短的,在每个飘带上,均绣有狗、马等各种动物的图案和美丽的花纹。"音古兰"缝缀在"尼如特"的下沿。当萨满舞动起来,这飘带就会随之飘动,十分漂亮。

"得古刻",即布飘带,是用红、蓝、粉、黄、绿各种彩布条配成,系于神衣两侧。"得古刻"主要是为萨满跳神时擦汗用的。"得古刻"是被治好病的患者系的,治好一位就系上一条彩布,以示酬谢。所以,彩布条的多少,也是萨满神通大小的标志。

神帽

"布播黑",即神帽。它是以铁片为骨架,帽口系一铁圈而成,上面是十字形半圆顶。在十字半圆顶上安有两只三杈或六杈的铁鹿角。"布播黑"起支撑骨架作用。

"依克",即帽角,一般有 3～9 个角,用以挂铃铛和彩布条。"依克"可随着萨满品级的增长而增加,越是老萨满,帽角就越多。

"夸昂特",即铃铛。一组一般由 6 个以上组成,挂缀在帽沿等部位。

"托哈特",即小镜子,有的用亮铁片代替,安缀在帽前脸正中。一方面美观;另一方面据说可当照妖镜。传说,过去的萨满神帽上没有"托哈特",结果萨满被鬼神打败了。后来,在神帽上安上"托哈特",萨满就神通广大了,很快战胜了妖魔鬼怪。

"伦都哈",即穗子,由五颜六色的彩布构成,缝缀在神帽的边沿处,起装饰作用。

"初烈特",即遮眼。是以串珠或黑丝线缝在帽子前,用以遮挡萨满的眼睛。

帽子的周围及帽顶，要用布包好，并缝住，便构成了完整的神帽。

平日萨满很注意神帽的保管，而且备有专放神帽的桦树皮盒子。人们也格外尊重，从不拿神帽开玩笑。若把神帽乱放或踩在脚下，是对萨满的最大侮辱。

神鼓与神鞭

神鼓，鄂伦春语叫"乌吐文"，是圆形扁平单面鼓，直径约50厘米，是用公狍皮或老狍皮制成的。做神鼓用的皮子需先泡在水盆中，泡到狍子毛自然脱离为止。神鼓的框架，是用落叶松木制成的。制作人到山中采来很直且没有节疤的松木，用刀斧砍削成板条，然后弯成圆形的框架。衔接处要用哲罗鱼皮熬成的胶固定好，再缠上些绳子，在阴凉处晾干。然后再包好狍皮，形成鼓面。鼓的背面，把4根狍皮条拴在鼓框上，然后用直径4～5厘米的钢圈或铁圈把4根皮条连接起来作抓手。在鼓框边缘，挂以小铃或铁环，敲鼓时，会与鼓声形成和谐的音响。

神鼓是萨满最重要的器物，如果萨满没有神鼓便不称其为萨满，鼓是萨满的必备神具。

神鞭为四楞棒，长约50厘米，每面宽约2厘米，小棒外面用狍皮爪子包上，神鞭与神鼓配套，主要用来敲打神鼓。

神鞋

神鞋的鞋底是用狍皮做的，鞋徽是用布缝制而成的，上面绣有美丽的花纹。神鞋平时不穿，只有进行跳神仪式时才穿用。

萨满的神鞋、神衣多由妇女们缝制，而神鼓、神鞭、神帽则由男人制作。

萨满的服饰、用具等，平时由萨满保管，不用时保存在桦树皮制作的箱子里，放在"斜仁柱"内"玛路"席位上，其他人不得随便翻动，尤其是妇女不得触摸，更不能用脚踩。

神偶

鄂伦春族的神偶崇拜，是萨满教的重要组成部分。鄂伦春族的神偶可分为五类：一类是木制的，采用天然的木料精心雕刻；一类是画在布上和纸上的，画得栩栩如生，并涂上颜色；一类是绣在布上或皮子上的，其形象更为逼真；一类是刻在桦树皮上的，用雕刻工具刻出各种图案、花纹；还有一类是用草等编扎成的。木刻的神多为祖先、自然等图腾崇拜的神灵；画像神多为野外的神，即古老的神灵；刺绣的神则是管马、牧草的神。

祖先神神偶

"阿尼冉神"，是木刻神偶，以 9 个小人连在一起。传说，这 9 个人生前一起生活，一起劳动，是共同战胜艰难险阻的共患难的朋友。他们 9 人生死不离，故受鄂伦春人敬重，供奉为神。9 个小木刻神偶依次排在一起，有木底座，意为地，上面用薄木片撅成半圆形意为天。9 个小人的头部是菱形，刻有眼、鼻、嘴等。

"乌六浅"神，相传是一条腿的神。他神通广大，能腾云驾雾。他蹦跳的速度惊人，能从这座山跳到那座山，并有顺风耳、千里眼，所以，被鄂伦春人供奉为神。"乌六浅"神偶的形状是头部宽，上身略比头部窄，它的下身又细又长，而且是单腿的，直立于一横木上。

"得勒波恩"，即"黑暗神"，相传他们是夫妻俩，专在夜间活动，保护鄂伦春人夜间不被鬼神妖魔伤害、恐吓。黑暗神的全身漆黑，只有眼睛、鼻子、嘴唇呈白色。头部呈菱形，上身长，两腿叉开，呈站立状。

"卡稳"神，相传"卡稳"是佐领的副官，是久经沙场的常胜将军。他智勇双全，对敌斗争无比英勇，用鲜血和生命保护本氏族人不受敌人的侵犯。人们非常敬仰他，成为人们崇拜的神。"卡稳"神像头大，画有眼睛、鼻子和双耳；胡须较长，身上穿有盔甲，呈威武状。

"库力斤"神，是用野草编织而成的带有长尾巴的人形神偶。传说，"库力斤"原是一个长着 3 丈长尾巴的美女，她聪明、贤惠，嫁给了一个心地善良的瘸子。瘸子丈夫心眼儿太实，将她长尾巴的秘密告诉了别人。消息传出去，"库力斤"受不了流言的压力，便自杀身亡。其丈夫十分愧疚，也投河自尽。"库力斤"死后，人们常听见她在山林中唱着悲歌。人们哀其不幸，便开始祭奠她。这样，就不再听见她唱歌了。制作

"库力斤"神偶,要用长在河边的叫"须烈"的草,先扎成身子,然后做成长尾巴,先绕脖子一圈,再缠住身子,只留点尾巴露在外面。

自然神神偶

太阳神,鄂伦春语称"滴拉洽布堪"。在鄂伦春人看来,太阳是给人间以温暖和光明的恩神,因此鄂伦春人非常崇拜此神。在所供奉神像画面的上角,一般都画有光芒四射的太阳,祈求太阳给予温暖和阳光。太阳神的神偶为圆形,在它的一边有个小孔,用来串线挂在神位上。

月亮神,鄂伦春语称"别亚布堪"。在鄂伦春人的心目中,月亮是夜里当空照明的神,注视着百兽在夜间活动的状况。所以,若出猎数日打不着野兽,就要祈求月亮神多赐猎物。月亮神的神偶形状为半圆形,如弯弯的新月。

星星神,鄂伦春语称"圈儿盼",专指启明星。鄂伦春人在大自然中狩猎,对天上星星的方位都了如指掌,在夜间行走也会准确地辨明方向而不迷路,因而人们对星星也很崇拜。星星神的神偶,要刻成儿童玩具哑铃状,两头是尖四菱形,中间四处系着小绳,与太阳神、月亮神连在一起,悬挂在神位上供奉。

雷神,鄂伦春语称"昂弟博阿"。相传,在远古时候,天很低很低,每当下雨打雷,都有人被雷击死的情况。因此,为了不被雷击,人们便开始信奉雷神并向雷神上供、磕头,祈求雷神不再给人们带来灾难和不幸。雷神的偶像为扁形,满身刻有鱼鳞,尾部是圆柄,有小孔,鱼鳞较密,头部刻有眼睛和锋利的牙齿,十分威武。

鸟禽、动物神神偶

鹰神,鄂伦春语称"得义"。鄂伦春人敬奉鹰神,据说是因为它是保护神。鹰的双翅可以保护主人,鹰的双眼能识破妖魔鬼怪,利爪能捉鬼神、祛灾驱魔。在鹰神神偶上,人们画有美丽的羽毛状的"花纹",翅膀张开,似在飞翔。鹰尾突出,似把握方向。腹部有利爪,背部钻个小孔用来拴小绳,以便挂在神位上。

龙神,鄂伦春语称"穆都"。传说,龙是神奇的动物,身体庞大,很长,有鳞、角和爪,而且能飞、会游水。鄂伦春人视为风雨的象征,供奉为神。龙神偶是用薄木片刻制成的,在头部画上眼睛,上下嘴唇间有锋利的牙齿,周身画出细细的鱼鳞等。鄂伦春人对龙特别虔诚,每当生活遇逆境,打猎欠丰,或者有自然灾害时,总要供奉龙神,向它祈祷,以求保佑。

其他神偶

"蟒猊神"。据萨满讲,"蟒猊"是吃人的恶神,能走会飞,经常兴风作浪,祸害人类,所以人们特别憎恨蟒猊。蟒猊神是用薄桦木片刻成的,头部较扁,头顶边缘呈锯齿状,面部画有眼、鼻、嘴、胡子等,模样十分可憎。

倒木仙,鄂伦春语称"塔罕",是用叫"须烈"的草编扎成的圆柱形的神偶。传说,一个猎人在林中打猎,他要取火做饭,便拿起斧子去砍树枝。结果,没有找到干柴,却看到一棵倒在地上的朽木。猎人便举斧砍倒木。可是斧头刚落到倒木上,便被牢牢地粘住,怎么也拿不下来。猎人就用手拽,拿脚踹,结果猎人的双手、双脚也都被吸在倒木上。这时,这棵倒木开始蠕动飞起来了,载着这位猎人穿过森林,越过高山,在大海中遨游。后来,倒木成仙了。于是,人们开始敬奉倒木——"塔罕"。"塔罕"的制作方法简单,抓一把"须烈草",两头剪齐,外边用柳树皮缠紧呈圆柱形即可。另外,用小柳树刻个小斧头,扎进"塔罕"里。人们平时将其与其他神偶一起摆放、供奉,但一般很少用它请神、跳神等。

神像

"初哈布堪",即草神,是人们为使自己的畜群繁殖兴旺起来而供奉的神。"初哈布堪"在人们心目中的地位较高,像对天神一样供奉,是因怕受到惩罚而使畜群死掉。

"初哈布堪"像,是画在纸上的,其形象是一位老者,有两双手:一双手高举着一只铜铃,呼唤着马群;另一双手捧着供马匹食用的野果。老者的前面有摆着酒肉的供桌。在老者的左右各有一名侍从站立,在两旁还各有一棵树和一匹马。"初哈布堪"供奉在"斜仁柱"的玛路神位上,是在太阳神、鹰神的下边,也就是中间的位置。

"昂难卡坦"神,是獾子神。相传,峡谷是獾子从岩石上蹦出来之后形成的,两侧则成为大山。"昂难卡坦"神像,是画在纸上的,形象威武庄重。在大山的下面,有 3 个"昂难"神,它们的帽顶上面有个百合果子,额头上有鲜花,在神像前面的供桌上摆有祭品,如都柿、黑加仑、山丁子等,都是獾子最爱吃的野果。在"昂难卡坦"的左下方,画有蜘蛛网、飞蛾、獾子,右下方画有两只蝴蝶、两个獾子,旁边还画有獾子的洞穴。

(二) 风俗禁忌

狩猎禁忌

鄂伦春人的禁忌很多,出猎前不许说这次狩猎中能猎取到几只什么野兽,认为这样说会什么也猎取不到;打猎时,走在路上不能把木棍横放,否则不顺利,要放也只能顺着路的方向放,这样才能顺利;架火时一定要用短桦子,这样才能早点打到猎物早回家;猎取到鹿、犴等大动物时,开膛过程中舌头、食道和心脏必须连在一起,直到煮熟后食用时才能割断,认为只有这样才能不断猎取到野兽;出猎中猎取到第一只野兽,要祭祖"白那恰"(山神),否则在这次狩猎中再也打不到野兽;用狍哨引来的狍子不能割下脖子,否则以后再也引不来狍子了;在狩猎期间还不能唱歌跳舞,因为这样会冒犯山神。除此以外,猎人还不能射击正在交配的动物,这样做动物会越来越少;不准打死天鹅和鸳鸯,因为天鹅、鸳鸯总是雌雄成双成对生活在一起,如果打死一只,另一只就会孤独死去,如果谁打死了它们,谁的家庭就不会幸福;鄂伦春人认为狐狸和黄鼠狼身上带有仙气,所以一般不打它们。对猫头鹰也是能不打则不打,认为惹怒了它们将会有不幸发生;打猎时不能咒骂野兽,如说"一定把它的头割下来"或"把它的腿打断"等此类的话,他们认为这样会遭到报应;不准捕打正在孵卵或哺乳的雌性禽兽,如果谁打了,以后会打不到猎物;钓鱼时不准往河里撒尿或吐唾沫,否则会激怒河神而钓不到鱼。

对妇女的禁忌

鄂伦春人认为妇女的月经是很脏的，所以妇女在经期不能食用狍子、鹿的内脏和头肉，否则子弹会穿不透野兽；经期不能到河里洗澡，否则要降大雨，河里要涨大水，也不能跨过泉水，否则泉水要干涸；孕妇不能去办丧事的人家，不能走抬过死人的路，否则生下的孩子会死去；孕妇不能进产房，进了产房产妇会难产；产妇不能在"斜仁柱"内分娩，必须临时搭盖一个产房，否则会冲犯神灵；产妇在产房居住期间，不许吃新鲜的野兽肉，否则猎人会打不到野兽；妇女不能使用男人的狩猎工具，不能跨越男人的衣帽，否则男人要倒霉；妇女不能骑驮神像盒的马，不准坐在"斜仁柱"的"玛路"（正对着门的铺位）上，就是在"斜仁柱"外面也不许她们靠近"神位"，所以在儿童犯了错误以后，常常躲藏到"斜仁柱"后面，因为那里有"神像"，妇女不敢去；孕妇死后不能风葬，必须火葬，否则胎儿会转世人间危害活着的人；熊是鄂伦春人的图腾，妇女吃熊肉时不是哪个部位都可以吃的，只能吃熊的下半身，不能吃熊的五脏，也不能铺熊皮褥子；不许孕妇骑马，否则马匹会生病和死掉；妇女怀孕后不准看见死人，包括亲生父母在内也不能看，否则会使死人有罪而终，在地狱不能托生人世；女人不准将私生子弄死，否则到阴间要受到死小孩的报应；忌讳女人多嘴多舌说别人的坏话，人们认为多嘴的女人死后，阎王爷会在她的舌头上拴个铁圈，由两个小鬼来回拽，折磨她；忌讳女人将吃的食物乱扔，否则死后将得不到可吃的食物等。

鄂伦春人定居以后，随着生产、生活环境和居住条件的改变，对妇女的禁忌已逐渐减少，甚至基本解除。

生活禁忌

鄂伦春人见到比自己年纪大和辈分高的人都要行礼、请安、问好，晚辈不许直呼长辈的名字，也不许把长辈的名字告诉别人，否则生下的孩子会没有骨头节；戴孝期间不许剪头，不许参加娱乐活动，不许和别人吵架斗殴，不许去拜年；给神上供的牲畜，只能用偶蹄类动物，不能用带爪类动物，否则神会抓坏人的躯体；不论什么场合，要让长辈坐在正位,饮酒由老人开杯,吃肉吃饭要等老人动刀、举筷后方能吃;盛饭时要顺着盛,不能反着盛,在鄂伦春人眼里,只有给死人盛饭才反着盛;在山上喝酒时首先要敬"白那恰"(山神),否则将受到山神的惩罚;大年三十晚上不能泼脏水,否则会浇到"土地爷",来年遭报应;小孩不能吃狍子的舌头,吃了长大会招惹是非;不能在坟地里采花,否则会招引鬼魂,生病遭灾;用手指指彩虹,手指会烂掉;农历正月,小孩不能剪头发,这个月里剪发,舅舅和姥姥将会生病;禁止从火上跨过去,禁止用雷击木烧火,禁止用枪乱射奇山怪树;在山上走路时,忌讳说"我不会迷路"之类的话,否则,山神就会给你一个眼罩,惩罚你,让你迷路;在树林里不能随随便便地坐在自然倒下的柏树上,人们认为这些横倒了的树木常常是神变的,它正躺在那儿歇气,如果谁骑到它们身上,神就会让你闹病;忌讳给死人穿带毛的衣服,否则死人将来就不能转世成人,而要变成鬼等。

梦兆

凶梦 梦见穿漂亮衣服,尤其是色彩鲜艳的衣服,预兆要患病或死亡;梦见夕阳西下,预兆父母要去世;梦见房屋被火烧或刮大风,预兆全家人要患病;梦见河水很浅,预兆要发生坏事;梦见穿绸缎,预兆要给双亲戴孝;梦见向日落方向走或顺水行舟,预兆灵魂在向阴间走去,是死亡的征兆;梦见和已死的人见面,预兆自己离死亡不远了;梦见吃野果,预兆自己将生病;梦见树开白花,预兆要有家人离去;梦见狼进门,家中要有不幸的事发生;梦见大树突然倒了,家里要死人;梦中理发,预兆要患重病;梦见找不到猎马,预兆打猎不顺利。

吉梦 梦见马死、受伤流血或梦见屎尿,预兆狩猎运气好;病人梦见向日出方向走去,预兆病快痊愈了;梦里游泳,预兆病情要减轻;梦见深水,预兆有好事发生;梦见星星、月亮、蛇或拾得短枪,预兆要生男孩;梦见太阳起飞,预兆要升官和当萨满;梦见吵架、悲痛,预兆有高兴的事发生;梦中饮酒,预示要猎获到肥实的野猪;梦见枪打到人,预兆要打到熊和其他大动物;梦见结婚,预兆要猎取到贵重野兽;老人梦见有人死了,预兆自己还能活几年。

凶兆

乌鸦是森林中常见的鸟类,鄂伦春人相信乌鸦有预知的本领。当发生什么不幸的事情时,乌鸦就会发出奇怪的叫声。所以一旦有乌鸦在自己的头顶上或落在自己的房顶上哀鸣,鄂伦春人就认为很不吉利,会有灾难临头。每逢这种情况,人们都要对着乌鸦破口大骂,并将其赶走;若赶不走就用枪打死。

鄂伦春人忌讳猫头鹰叫,听到它的叫声便觉得不吉祥,不是人病,就是畜死。鸟是天上飞的,若突然落在头上,必是凶兆无疑;若落在老人头上,老人会感到死期来临。鸟屎落在身上也是不祥之兆。

猎狗是鄂伦春人不可缺少的"助手"和"伙伴",在与野兽搏斗中,猎狗经常救主人的性命。所以鄂伦春人禁忌杀狗、食狗肉、戴狗皮帽子。如果谁杀了狗,谁就不会再有狗了。但是,狗有很强的预知性,鄂伦春人非常忌讳狗哭,若狗像狼一样嚎叫认为必有灾难发生。有时狗挖洞(用前爪使劲刨出又大又深的坑),预示主人将有死伤事发生。如果谁家的狗一夜一夜地叫,人们就会认为狗看见了鬼,很可能要有灾祸发生。猎人养猎狗忌讳养白尾巴狗,白属丧相,唯恐有不祥。鄂伦春人对猫不感兴趣,所以也很忌讳猫进家门,若遇猫来,马上把它赶跑,否则家运衰败,必有丧事。

猎人出猎和妇女采集时最忌讳看见大树突然倒下,这意味着将要死人。烧火时若有火星飞溅,认为是打不到野兽的征兆。

鄂伦春人对死后的看法

鄂伦春人一般认为人死后灵魂是不灭的,其灵魂要到阎王爷那里去。他们把阎王爷叫阎门坎,他住的地方叫布尼,他那里有生死簿子,每个人活着时做的好坏事都有记录。活着时做好事最多的人死后马上就能托生做官发财,一般的人要经过一定时期可托生成普通的人;前生做了一些坏事的人,就叫他变成人间的牛、马或狗等动物,最坏的人要入无底的地狱。

人在阳间虐待父母,如吹胡子瞪眼睛的,到阴间后,阎门坎就要把他的眼睛用钩子吊起来。不听父母的话则把耳朵吊起来,打父母的要把手钉起来。

两个人在阳间有债权债务,死后到阎门坎那里,会让欠债的还债。债主托生为人时,欠债者就要托生到他家当牛马还欠下的债务。

夫妇两个,妇先死去,夫再娶个女人,等他俩死后,先前死的老婆和后娶的老婆就要在阎门坎面前争这一个男人,阎门坎就要把这个男人分成两半,两个老婆各分一半。妇女找两个夫,死后,同样被两个男人各分一半。

做母亲的在阳间时多倒脏水或多撒粮食等,到阴间后,阎门坎会让她把脏水一口一口喝净,把粮食一粒粒捡净。因此,母亲死的时候应杀一只鸡,最好宰一头牛,以便让它们帮助喝净脏水,吃净米粒。

人在阳间时如经常在河水里小便,到阴间后,阎门坎就会把水和尿分开。因此,在阳间时最好在干地上小便。

小孩子把山上的石头随便扔到山下,到阴间后,阎门坎就会让他用舌头把石头舔到山上去。

鄂伦春人祭祖的由来

祭祖始于原始社会。当时,某些特定的事物甚至某些词句被视为神圣,或被看作不洁,人们不能接触或使用,一旦违反这种禁令,则认为要招致超自然力的惩罚。

各民族祭祖的由来各不相同,鄂伦春人祭祖的来历也是很奇特的。

传说在很久很久以前,有一个鄂伦春部落生活在一片深山野林之中。首领有个美丽漂亮的女儿。一天,首领女儿的生日来到了,为了庆贺女儿的生日,首领准备到河边多打些鱼,为生日宴会添些美味。当时捕鱼的工具主要是用柳条编成的"亮子"。

首领在去取"亮子"的路上幻想着"亮子"里一定有一条30多斤的大哲罗鱼。想到这些,心里美滋滋的,走得也越发快起来。当他快走到"亮子"那儿时,他被"亮子"里射出的金光刺得睁不开眼睛。这时,首领有说不出的激动,三步并作两步,顾不得石头绊脚,直奔到"亮子"前,定睛一看,原来里面有个漂亮的小桦树皮盒。他很扫兴,连一条鱼都没有,拿什么给女儿过生日呢?可他转念一想,这个桦皮盒拿回去给女儿做生日礼物不也挺好吗?首领顾不得打开盒子看看,抱起漂亮的小桦皮盒就往回走。

家里人一切准备就绪,就等着首领打鱼归来。家人知道首领没打着鱼,但看到他抱着一个漂亮的小桦皮盒子,也十分高兴,女儿更是欢喜得手舞足蹈。可是当姑娘打开盒子一看,里面却是用木头雕刻的蛇身人像、马身人像,还有个九头的妖精像等怪物。家人看了看,认为没有什么用,也就把它们扔掉了。姑娘只把漂亮的盒子留了下来。

没过多久,家族的人相继死去,首领的宝贝女儿也病了,这使他感到极其恐惧。最后,他想起那个桦皮盒子,是不是这个东西作怪的缘故呢?于是,首领把扔掉的木偶像找了回来,放在奥伦里,每天向它们祈祷。说也真灵,几天后,姑娘的病就好了。从此,首领认定这木刻像是万物的神像。

每年的春天,各家的家长都要为自己的家族雕刻木偶像。时间长了,神像的数量也就多了。猎人们把这些天神、地神、山神、树神、动物神等偶像都放在桦皮盒中,用以供奉天地,祭祀万物神灵,祈禳灾邪,驱恶避瘟。这一习俗一直流传至今。

鄂伦春族的习惯法

鄂伦春族的习惯法,是在氏族内通行的,因此也叫"氏族法"。这个族法规定的内容,也是约定俗成的。

故意杀人者:原则以命抵命,但双方如有亲戚关系,经双方"木昆达"调解(或官方同意后),可用马匹偿命或者被害人的双亲由犯人或其家属抚养到死为止。

误杀人者:如果不是故意杀死人者,一般不抵命,也不报官处理,只是由杀人者负责支付死者的丧葬费。

偷盗者:主要是指偷马贼,如被抓住,一般不处以重罚,只是把马追回后,对当事人教育一番了事。假如把马盗卖了,也要追回卖马钱,其余则不另罚。

一女嫁两家时:如果一家已过足彩礼,而另一家只是磕头认亲,由

"木昆达"出面劝认亲者放弃这桩婚事，并给一匹马作为磕头认亲的代价，将姑娘判给过足彩礼的一方。

在婚姻关系上：如果男方一时没有交够彩礼便娶了姑娘，待备齐时再补交给女方家。如有（主要是马）不交者，女方的兄弟可把马拉走，族内是允许的。

在族内违反族规者：如不听老人规劝，要被痛打至悔改为止。

族内吵架：儿子在族内惹是生非，当父亲处罚儿子的时候，任何人不能说情，只有舅舅出面说话，才能得以宽恕。因为，在长辈中，舅舅的权威是至高无上的。

定居以前，鄂伦春人就是靠这样一些习惯法，管理社会生活，维护社会秩序和调整社会成员之间的关系，把族内事务管理得井井有序。

十四　鄂伦春族的
艺术体育医药

一 民间音乐

鄂伦春人的歌谣

鄂伦春人在漫长的历史发展过程中,创造了具有独特风格的精神文化财富,这些作品大都靠口头传讲。

歌谣是鄂伦春人口头文学中的重要组成部分。过去,由于反动统治阶级的压迫和民族歧视,鄂伦春人接受不到教育,处于文化落后状态。但他们的智慧和才能并没有因此而被泯灭,他们创造了许多具有广泛社会内容的口头文学。其中较突出的是歌谣,鄂伦春人的歌谣歌颂美好的大自然,歌颂生活,歌颂爱情,痛斥一切丑恶。

鄂伦春人的家园是松涛起伏的林海,獐狍熊鹿满山遍野,河中的肥鱼掬手可得,是资源丰富的宝库。鄂伦春人在歌谣中表达了他们对优美自然的由衷热爱,如:

> 机警的梅花鹿,
> 喜欢高山的林木;
> 力大的犴达罕,
> 喜欢幽静的山洞;
> 自由的哲罗鱼,
> 喜欢深涧的水流;
> 勇敢的鄂伦春,
> 喜欢富饶的兴安岭。

鄂伦春人虽然生活在资源丰富、风景如画的地方,但中华人民共和国成立前这里却没有一村一镇,过的是漂泊不定的苦难生活。他们常年翻山越岭,酷暑严寒都在野外游猎,生活苦不堪言。有一首歌谣中唱道:

> 住了一辈子斜仁柱,
> 不知受了多少痛苦。
> 霜来了,
> 草荒了,
> 我呀,
> 也已经衰老。
> 好像坐在河岸的岩石上,
> 很快就要滑下水。

在日本侵略者的铁蹄践踏下,生活在大小兴安岭的鄂伦春人更是雪上加霜。有首《苦歌》唱道:

> 日本鬼子烧了我的房屋,
> 把我们赶进了密林深处。
> 瘟疫害死了年老的父母,
> 斜仁柱挡不住大雪风暴。
> 吊锅子早就空无一物,
> 叫我怎能啊怎能活下去。

另一首歌谣中唱道:

> 望远处,
> 望不见心爱的人,
> 望见的只是一片刺玫果。
> 望远处,
> 望不见想念的人,

望见的只是岭上的树椿子。

好不容易望到我的亲人来到，

却被一条又深又急的河水隔住了。

　　长期的狩猎生活使得鄂伦春人深深懂得了狩猎与人们生活的关系，猎获得多，生活就好得多，从事生产的劲头就会更足。有首歌谣中唱道：

吃上了小米饭，

小米饭，

使我小心又谨慎。

吃上了大米饭，

大米饭，

使我坚强又果断。

吃上了可口的饭，

可口的饭，

各样兽迹看得清。

马背上驮满猎物，

驮满猎物，

乘着轻风把家还。

还有那些歌颂纯洁爱情的歌谣，如：

（女）：河水清清流不尽，

　　　　那依哟，

　　　　提水来到河边，那依哟！

（男）：对岸姑娘人品好，

　　　　那依哟，

　　　　猎人想和你把心交，

　　　　那依哟！

（女）：要想真心和我好，

那依哟，

大河源头把我找，

那依哟！

（男）：只要真心和我好，

那依哟，

生死也要把你找，

那依哟！

这一段渡口对唱，把男女青年恋爱时的心情用对歌的形式表达了出来。

赞达仁

"赞达仁"是鄂伦春族民间歌曲的统称。它曲调高亢明亮，悠扬动听，有着强烈的艺术魅力和浓郁的鄂伦春族风格。

鄂伦春族民歌题材十分广泛，既有反映狩猎生产和社会生活的，又有赞美自然风光，歌唱男女之间爱情幸福的。歌曲的曲调一般较为固定，而歌词则是即兴添加，见什么唱什么，想什么唱什么，随编随唱。歌曲的形式有独唱、合唱、对唱等，非常活泼，尤其是婚礼上男女亲家的对唱尤为诙谐、风趣。演唱"赞达仁"时还经常用"那依耶""希那耶""介微，介乎微""鄂乎兰，德乎兰"等为衬词，使歌唱者的情绪热烈，音韵节律雄壮有力。

"赞达仁"的曲调虽然大多较为固定，但不同地区不同人歌唱时，又有许多变化。曲调当中，绝大多数音阶以5声为主，也有6声或7声音阶的；以羽调式居多，宫调式、徵调式为次，商调式较少。节拍以3/8或6/8拍为多，也有2/4或3/4拍。曲调的结构一般都是单乐般形式的分节歌，反复唱述。曲调辽阔、高亢，节奏较自由，演唱者常用很多延长音和装饰音，显得十分优美和抒情；另一些曲调的节奏则整齐而鲜明，唱法的特点则高亢、响亮而圆润，滑音和颤音结合使用，使歌声传送得很远。

鄂伦春族民歌内容丰富，其中尤以狩猎歌最多，此外还有情歌、仪式歌、叙事歌、苦歌、儿歌及新民歌等。

猎歌

猎歌是鄂伦春民歌中数量最多的，其内容多反映了猎人在整个狩猎生活中的感受，以及出猎前后猎手的不同心情。猎歌多形成于出猎途中或狩猎归来。猎手行进在崇山峻岭中，周围的自然景观加上猎手的心情，使得猎歌往往具有字少腔长，节奏自由，旋律优美等特色。猎手们大多掌握一些"赞达仁"的曲调，于是常根据自己的感受，即兴编出一些歌词来。由于是即兴，曲调往往单调，多次反复，歌词不加修饰，每一段都有较长的衬词。如《游猎人的歌》这样唱道：

> 我骑着土灰色的骏马，
> 迎着蒙蒙光亮出发，
> 看见太阳刚刚升腾。
> 哪耶哪耶哪依斯耶。
>
> 我骑着白鼻梁子黑骏马，
> 登上最高的山峰，
> 就看见了无数的山群。
> 哪耶哪耶哪依斯耶。
>
> 我们猎人有很多乐趣，
> 有心爱的猎马猎枪和猎犬，
> 人们都说我越活越年轻。
> 哪耶哪耶哪依斯耶。

许多猎歌还真实记录了猎获归来的人们的心情和感受，这些感情是那样的真实细腻，使人很容易深入鄂伦春猎民的内心世界。如《撵鹿归来》唱道：

> 我们捕捉到了，
> 多么俊美的鹿啊，
> 这些心爱的猎马，
> 也累得四蹄发麻。
> 真令人心疼啊，
> 疼在主人的心坎儿上啊，
> 咱们的猎马出了大力啦。
> 捕捉到美丽的鹿，
> 有多么的畅快啊。

鄂伦春人无比热爱自己的家乡。大量的传统猎歌中都展现出他们对兴安岭的挚爱之情。如《鄂乎兰·德乎兰》《喜欢》《高高的兴安岭》《养育我的呼玛河》《我走遍了山山岭岭》等。通过这些赞美家乡的民歌，我们看到鄂伦春人对兴安岭的特殊感情。

情歌

情歌在鄂伦春族民歌中，也占有相当多的数量。其特点是歌曲内容坦率、质朴、淳厚、自然，有一种不加雕琢的美和纯真的爱。相恋的男女感情大胆而炽烈，带有浓郁的山野风味。如《你快说愿意》这首情歌这样唱道：

> 我有一块狍子肉，真想送给你，
> 我想认识你，你是否愿意？
> 我有一块乌鸡肉，请你吃下去，
> 我想和你在一起，你可愿意？
> 我有一块小鹿肉，咱俩分着吃，
> 我要和你结伴侣，你可愿意？
> 我有一块树鸡肉，咱俩一块儿吃，
> 我要和你来欢配，你快说愿意。

女子对爱情的态度也是同样得大胆、奔放、热情。她们在许多质朴而简短的歌中,清楚明确地指出了自己所爱的人,应该具有什么样的标准。情歌《白桦树》中唱道:

> 喜鹊落在美丽的白桦林,
> 了解的人我才嫁给他;
> 蚂蚁安身在高大的松树上,
> 勇敢的猎人我才嫁给他。

而在另一首《愿嫁英俊善良的知心人》的情歌中则直截了当地表示:

> 我不愿嫁给那黑熊般的丑小伙,
> 我只愿嫁给那英俊善良的知心人。

然而热情奔放和大胆直露也并非情歌的唯一风格。在鄂伦春情歌中,也有细腻含蓄的风格。例如《乌涤河的姑娘》就是这种特色的代表:

> 有别人在场的时候,
> 用眼睛说话就满足了;
> 没有别人看见的时候,
> 用歌声传话就满足了。
> 在小河边约会哟,
> 桦皮桶打遮掩;
> 在桦树林相会哟,
> 桦皮篓打遮掩。
> 现在就等你点头了,
> 咱俩把婚日定妥吧。

　　歌词把一个羞怯、聪慧而有主见的姑娘用短短的几句歌词勾勒得栩栩如生。她会用眼睛说话，用歌声传情，用桦皮桶到河边以提水为掩护，以背起桦皮篓进林采集为借口，找机会同心上人约会。

　　鄂伦春族青年男女的爱，在情歌中得到了有力的表现，那是一种热烈、忠贞、坚定、美好的感情。《深山定情歌》就是这样一首歌。有些情歌还表现了男女双方强烈的思念之情，这种思念之情，在约会的等待中变得尤为强烈。《等啊等啊》这首情歌就以夸张的手法，表现出一个青年男子对爱情的执着追求：

　　　　等啊等啊，哪耶哪依耶，
　　　　加里秋阿我在耐心地等待。
　　　　从清晨一直等到傍晚，
　　　　等得乌云散去明月爬上山崖。
　　　　对对鱼儿在水中漫游，
　　　　双双鸟儿在树上多么恩爱。
　　　　可我那心上人啊，
　　　　乌娜杰你为什么还不来？

　　　　等啊等啊，哪耶哪依耶，
　　　　等得我加里秋阿焦急难挨。
　　　　为了等你我踏倒了绿草，
　　　　等啊等啊等青草又重新长起来。
　　　　为了等你我靠倒了几棵小松树，
　　　　等啊等啊小松树重新又长起来。
　　　　亲爱的乌娜杰为什么还不来？
　　　　真叫我加里秋阿挂在心怀！

　　在追求爱情的过程中，许多男女青年为了争取婚姻自由，大胆唱出了"达子香花不怕春寒""雪下得再大也不算大"的歌句，相互鼓励，相互支持。

鄂伦春族的情歌,情调热烈、欢快、勇敢、积极,充分体现出鄂伦春族粗犷豪迈的个性。鄂伦春族情歌以其平直、朴素、简练的表达方法,热情奔放的性格特征,受到了更多人的喜爱与赞美。

坚珠恩

"坚珠恩"是鄂伦春语,意为叙事歌。鄂伦春族的叙事歌篇幅都较长,它主要以叙事为主,情节动人,结构复杂,人物形象鲜明。其旋律为说唱式,语调比较平淡并从头至尾反复使用,但说唱者在讲述时,往往随着情节和人物情绪的变化对叙事歌的语速,以及感情色彩加以调整。

鄂伦春族目前发表的长篇叙事歌有 4 首。其中《薇丽彦和英沙布》是一部古老的神幻英雄故事;《库列巴》是一部反映氏族之间掳妻仇杀的悲剧故事;《婕兰和库善》则是一部反映普遍存在于鄂伦春族社会的逃婚现象的婚姻故事;《罂粟花》表现了妻妹与姐夫之间具有浓郁浪漫色彩的爱情传奇故事。在鄂伦春族叙事歌中所讲述的故事,皆出现在远古的时代,也有个别叙事歌呈现出近代色彩。

婚礼曲

鄂伦春族民歌中还保留了相当一部分反映婚姻习俗的民歌。过去,鄂伦春族的婚姻要经过求婚、订婚、认亲、过彩礼、结婚等一系列仪式,在每一个仪式举行过程中都有许多与之相联系的民歌。在求婚、订婚仪式上,男女双方都要请能言善辩的唱歌能手用歌声表达各自的心情。尤其是在举行婚礼时,亲家对唱更是风趣诙谐,令人捧腹大笑。

求婚曲中最为有代表性的有:《威拉参和韦丽艳》《探心》及《求婚歌》等。《威拉参和韦丽艳》这首歌是这样唱的:

> 威拉参哥哥,我有点树鸡肉,
> 给你做点树鸡肉吃,那依耶!

> 韦丽艳姐姐，我来不是为吃你的树鸡肉，
> 而是向你求婚来的，那依耶！
>
> 威拉参哥哥，我有点飞龙肉，
> 给你做点飞龙肉吃，那依耶！
>
> 韦丽艳姐姐，我不是为吃你的飞龙肉，
> 而是和你过幸福生活来的，那依耶！

而《探心》中也这样唱道：

> 我不是来找你吃顿小米饭，那依耶，
> 我是来试试你有没有小心眼，那依耶。
> 我不是来找你吃那黄米饭，那依耶，
> 我是来试试你的心诚不诚，那依耶。
> ……

在举行结婚仪式时，亲家双方都要请歌手来对唱，用诙谐风趣的歌声把婚礼推向高潮。如流行在逊克县的《婚礼歌》就是其代表之一。女方的歌手在送亲路上唱道：

> 山路弯弯不好走，
> 高条细柳的姑娘你们求。
> 我们养育她这么久，
> 不怕路远亲自送上门。
> 还是让我们这些亲骨肉，
> 送她去见公婆吧。

而迎亲的歌手们也不让步，坚持要迎娶新娘，他们的回答是：

白桦要有青松配，
心灵手巧的姑娘要有好猎手娶。
从今后我们也是她的亲骨肉，
请你们让他们夫妻早些团聚！

当迎亲、送亲的队伍到了男方的"乌力楞"后，女方的歌手开始挑剔，唱着风趣的《亲家歌》：

酒盅里有蛤蟆，
这样的酒怎能喝下去？
男方的歌手马上对答：
蛤蟆跳出吐清水，
清水里头有真情。
迎来新娘进新房，
喝好喜酒来祝福。

女方的歌手又唱道：
我们的姑娘很娇气，
你家的儿子要懂礼。
媳妇待公婆如父母，
女婿对岳父母该如何？

男方的歌手答道：
说得好啊问得好，
贤惠媳妇娶来不易。
磨平了一指高的马蹬，
说薄了一寸厚的嘴皮。
媳妇就是我们的亲生女，
亲家请喝一杯放心酒。

流传在民间的亲家歌,亲家对唱数量也颇多,如《亲家》《会亲家》《神仙般的亲家》《呼玛河的亲家》《会亲家母》《亲家对唱》《我从远道来会亲家》等。

萨满祭祀歌

过去,鄂伦春人普遍信仰萨满教。萨满作为智者,沟通神与人的使者,要在各种场合举行祭祀祖先、请神、娱神、求神、送神等活动。萨满跳神的仪式十分隆重,每个仪式中皆有神歌相伴,有时二神"扎列"还在一旁相助,或随声附和,或一问一答。

萨满在举行跳神活动时首先要请神,黑龙江省塔河县十八站乡孟金福所唱的"请神歌"内容是这样的:

> 我要请很多的神下凡,
> 清晨我叫醒那些神。
> 请来所有的天神们,
> 用鲜红的血涂满全身。
> 备好世间最好的鹿,
> 备好了肉汤敬天神。
> 神啊,快来喝肉汤吧!
> 快快请来所有神。

流行在原毕拉尔路的《请神歌》则是二人对唱的形式:

> 萨满:天门地门雅戈呀全打开,
> 　　　敬神供神雅戈呀请神来。
> 　　　平平安安雅戈呀没落灾,
> 　　　天神地神雅戈呀不理睬。

> 扎列:天门地门雅戈呀全打开,
> 　　　信神拜神雅戈呀请神来。

没病没灾雅戈呀也请神，
本年本月雅戈呀把神拜。

萨满：空敲神鼓手磨破雅戈呀，
空跳神舞脚蹩折雅戈呀。
空打瘟婆拧胳膊雅戈呀，
空对神歌嘴皮破雅戈呀。

扎列：真采黄花针对针雅戈呀，
真拉亲家门对门雅戈呀。
真鞣狍皮软对软雅戈呀，
真心敬神心对心雅戈呀。

萨满：天上没见黑云过雅戈呀，
满天星星当雨落雅戈呀。
地上没见鬼影过雅戈呀，
眼前火光当妖魔雅戈呀。

扎列：小河涨水变大河雅戈呀，
南山起火上北坡雅戈呀，
先供神灵人口多雅戈呀，
后请神灵引灾祸雅戈呀。

鄂伦春族萨满分氏族萨满和流浪萨满。氏族萨满请神多请本氏族的祖先神，他们认为祖先神可以保佑氏族平安，生活幸福。孟金福萨满唱的祖神歌，其歌词是这样的：

哈代亢吉哈代亢吉亢吉哲，
我是葛氏姓中的祖先神，
在这里虔诚地修炼，亢吉哲。

> 我像旋风一样地跳神，
> 高兴得和孩子们打闹翻滚，亢吉哲。
> 再好好地敬我一杯酒，
> 我把鹿血一口喝干，亢吉哲。
> 我保佑你们多打野兽，
> 还要庇护你们永久平安，亢古哲。
> 哈代亢吉哈代亢吉克吉哲。

鄂伦春族萨满主持的春祭仪式十分隆重。这时萨满要唱许多吉祥如意的请神歌，为人们向神灵祈求幸福。流行在大兴安岭地区的《春风神歌》这样唱道：

> 我用四平头的鹿茸做我的梯子，
> 登上天空进入我的神位，
> 我叫谢恩，是人间的祖神。
> 我又变成一个谢恩神，
> 我说声：可爱的人间！
> 我要用双手向人间撒满金子，
> 用双手向人间撒满银子，
> 用双手把成群的犴赶到主人旁边，
> 用双手把成群的鹿撵到主人附近，
> 用双手把成群的紫貂送到主人手中，
> 让我的主人得到春天般的温暖、幸福。

唱完请神歌，萨满还要唱显神歌，意思是经过祭神之后，神将在各地显灵，保佑人丁兴旺，幸福平安。最后，萨满还唱几句送神歌，祝福神灵顺利归天。

二　文学艺术

神话

鄂伦春族的口头文学艺术十分丰富,而神话是其民间口头文学中最早的表现形式。它不仅保存在一系列内容生动的神话故事中,而且还保存在其诸多的风俗、礼仪、禁忌活动中。

鄂伦春族的神话内容丰富,包罗万象。有反映天地万物的自然神话,有反映人类、民族的起源神话。如《达公射日》《北斗星的来历》《男人和女人》等。鄂伦春族由于世世代代以狩猎为生,因此,在神话中保存了大量反映动物同人类之间超自然的关系。如《古落一仁》《熊的传说》及《白那恰的传说》等。过去,鄂伦春族普遍信仰萨满教,先民们认为萨满是沟通人神之间的使者。因此,在其大量的神话故事中多讲述了萨满的超常能力。如《万能的恩都力萨满》就是这类神话的代表作。

长期以来,神话不仅是鄂伦春族的历史百科全书,还规范着一代又一代鄂伦春人的行为道德。

民间传说

鄂伦春族的民间传说是其口头文学中的又一表现形式。它数量较多,内容也丰富多彩。一般可分为族源传说、民族迁徙传说。古代英雄传说、历史传说、地方风物传说、动物传说及民族风俗传说等。

鄂伦春语称民间传说为"乌印",含义为"说古""古话",还有些地区称民间传说为"乌依嫩",含义为"对子子孙孙传授古代的事儿"。鄂伦春人把民间传说视为精神生活的重要部分,常把它作为教育后代的重要内容。鄂伦春族经常讲的一则谚语是:"老人不说古,后人离了谱。"由此可见,鄂伦春先民已把讲述民间传说作为延续民族传统,规范后代行为的重要手段。

鄂伦春族的民间传说,其内容生动,情节曲折。反映族源传说的有《五姓兄弟的传说》《九姓人的来历》《空改达浅传说》。《库玛人是怎么来的《柯尔特依尔氏族的传说》等。反映英雄传说的有《阿雅莫日根》《毛考代汗的传说》《魏加格达汗和孟沙雅拉汗》等。这些关于英雄的传说几乎是家喻户晓,具有浓郁的狩猎民族特色。传说中的英雄人物技艺超群,智慧过人,有正义感,勇敢剽悍。地方风物传说的代表作品有《嘎仙洞和奇奇岭的传说》《马鞍山的传说》《白嘎拉山的传说》《多布库尔河的传说》及《山河形成的传说》等。反映动物的传说故事有《鹿的传说》《飞龙鸟的传说》《雪兔的传说》等。

鄂伦春族的民间传说中所记录的民族历史、社会生活及英雄人物,有着质朴、粗犷的叙事艺术特点,生动曲折的故事情节,鲜明的人物个性,浪漫的英雄主义情调,充分体现了鄂伦春人高度的艺术鉴赏力和审美观。

民间故事

民间故事是鄂伦春族口头文学中流传最广,数量最多,影响最大的一种体裁。它的蕴藏极为丰富,情节曲折动人,结构完整,人物形象鲜明,内容涉及各个方面,是鄂伦春族惊人的创造力和独特的审美理想的产物。

民间故事,鄂伦春语称之为"内目那罕",还有的地方称之为"尼目罕"。讲述民间故事的人称之为"内目那罕嫩"或"尼目罕嫩"。民间故事是鄂伦春人民精神生活中极为重要的内容,每当夜幕降临,整个乌力楞的人就会围坐在篝火旁,听长辈讲述优美动听的民间故事。每逢打猎休息期间,猎人们总是围坐在一起,听老猎人的讲述。无论外出露营,逢年过节,还是探亲访友,讲故事总是少不了的内容。人们借这样的机会互相交流,有趣的故事很快就传播开来,成为全民族的精神财富。在这样的场合儿童及年轻人从故事中获得了社会历史、民族生活、狩猎经验、风俗习惯等各方面的知识,受到了民族传统文化的教育。而老年人也趁这样的机会,把民族的传统礼仪、经验教训一代一代传下去。因此,民族民间故事在鄂伦春族生活中起着巨大的教育作用和娱乐作用。

鄂伦春族民间故事内容广泛,有神幻传奇故事,如《吴达内的故事》

《喜勒特根》《阿拉塔聂》《阿拉布坦托的故事》《欧新波的故事》等,皆是神幻传奇故事的代表作。其特点为神幻色彩浓郁,想象力丰富,主人公皆具有英雄主义色彩。婚姻爱情故事也是鄂伦春族民间故事中的主要内容。如《空改乌娜吉》《文赫》《攸来》《蛇王的女儿》《伦吉善和阿依吉伦》《蒲妹》《坦托鸟》等爱情故事,皆歌颂了坚贞不渝、生死相依的爱情。狩猎故事在鄂伦春族民间故事中也占有着重要的地位。这类故事紧张、风趣、幽默,引人入胜,塑造了许多机智勇敢的猎手和英雄人物形象。如《毛考代汗猎犴》《神箭手绰伦布库》《毛义打猎》《小猎手》等,皆是这类故事的上乘之作。此外,在鄂伦春族民间故事中还保留了大量的社会生活故事、儿童故事、动物故事及鬼怪故事等。这些故事皆具有浓郁的山林狩猎文化特色和浪漫主义气息。它们是鄂伦春人创造力的真实体现,从一个侧面反映出鄂伦春人的思想道德情操以及崇高的审美观。

谚语

谚语是鄂伦春族民间口头文学的重要组成部分。它是鄂伦春人民社会历史经验和生产生活经验的总结,长期以来在鄂伦春族的社会生活中起到了规范人们的价值观念、传授狩猎经验、丰富民族语言等作用。

鄂伦春族的谚语短小明了,语言简练,便于记忆,深受人们的喜爱。谚语中有的直接和狩猎生活有关。如"树叶绿在枝头上,狍子躲在背阴冈""夏天寻踪看泥窝,冬天追踪看雪迹""橡籽落满地,野猪凑上去"。这些谚语可以说是鄂伦春人狩猎经验的总结。山林狩猎生活同天气的变化有密切的联系。鄂伦春人通过世代积累,产生出许多反映气候气象的谚语。如"松鼠上树尖,准有大晴天""有雨山戴帽,无雨露山腰""蚂蚁迁窝,洪水必多"等。鄂伦春族谚语中还有许多推崇勤劳、勇敢、忠实等品质的谚语。如"不怕事难,就怕人懒""办事要靠智慧,狩猎要靠勇敢""不进深山老林,找不到美味猎物""樟树笔直,朋友心实"等。狩猎活动使团结互助精神具有重要地位。鄂伦春人在长期的狩猎生活中对这个问题有了充分的认识,反映在谚语中诸如"好汉一人打猎少,众人围猎收获多""星多天空亮,人多智慧高""柴多篝火旺,人多力量大""一根马尾打不成绳,一根杆子搭不成仙人柱""篝火能把严寒驱散,齐心能把困难赶跑"等。在鄂伦春族谚语中还有一些具有深刻生活哲理的谚语。如"青草只是一夏之盛,苍松可是四季常青""骑马要端正,办事要公平""男人不怕山高,女人不怕细活""猎刀不磨不快,猎人不学不灵""猎马好骑骑着看,朋友好坏处处看"。鄂伦春族的谚语不仅富有趣味性,而且对传播传统文化、教育后人起到了重要作用。

狩猎谚语十九条

老虎扑死雄鹰,靠的是凶猛;
猎人射死黑熊,靠的是胆量。

再好的羽箭,射不散云;
再快的野兽,跑不过箭。

飞快的骏马,好猎手有资格骑用;
硬木的弓子,好箭手有资格使唤。

好马,遛一圈就知道;
好猎手,出去一趟就知道。

勇士闯山不能半途回来,
猎手出围不能空手回来。

大雁的翅膀结实,
猎人的武艺高强。

千只飞鸟喜爱蓝天,
千个猎手喜爱弓箭。

草甸子再大,怕荒火;
野兽再凶,怕猎手。

山林高,路又险,
枪法高,胆子大。

弓箭不离我们手,
我们不离兴安岭。

狍子从身边打来,
野鸡落到吊锅里。

犴骨筷子桦皮碗,
飞龙清汤里面盛。

狐狸能缠野鸭不放松,
猎狗帮猎人追猎物拿手。

养马为打猎骑用驮脚;
养狗为追捕拦截猎物。

亲手驯养的猎马通人性,
自家喂养的猎狗最忠心。

群雁飞翔有领先的,
猎马奔驰也是有后有前的。

马上不如马下,
长刀不如地箭。

人高架不住深坑，
胳膊长爬不出鹿窨。

山林是猎人的母亲，
猎人走到哪儿都是家。

谜语

谜语是鄂伦春族人民，尤其是青少年们特别喜爱的一种口头文学形式。谜语中所隐藏的事物均来自他们生活中常见的具体事物，尤其与传统的狩猎生活保持着紧密联系，因此极富民族特点，听起来形象、幽默，又符合实际。如"小马行千里，不留其踪迹——桦皮船""一条绳子动不得——蛇""地上扣着四个碗——马蹄""一个老头愁又愁，两只耳朵让人揪——吊锅""一只鸟嘴尖又尖，一口咬死犴达罕——箭""桦皮船下没有水，桦皮船中彩云飘——摇篮""一丛大树长得怪，根朝上来枝朝下——马尾巴""一个家伙多新鲜，前头后头都有脸——马鞍子"等。通过猜谜语活动，使青少年增强了推理、判断及观察能力。

朋奴化

"朋奴化"是鄂伦春语，意为口弦琴。它用铁制成，形状类似镊子，呈椭圆形，其口上伸出一小截，在口的中间夹有薄钢片。演奏时左手握口琴尾端，然后放在唇齿之间，右手弹拨钢片，震动后发出鸣声。其音量不大，音域较窄。但它能吹奏出各种曲调，并能模仿各种鸟鸣声。口弦琴既可独奏，亦可合奏。鄂伦春族青年男女谈恋爱时，多喜欢奏口弦琴，用以互相吸引，倾诉感情。

摩苏昆

"摩苏昆"是鄂伦春语，意为说唱故事，是黑龙江省民间文学工作者孟淑珍经过多年的努力挖掘出来的一种说唱体口头文学。这种口头文学广泛流传在原毕拉尔路鄂伦春族聚居区。

"摩苏昆"是边说边唱、说唱结合的一种表演艺术形式。每当闲暇时间或狩猎休息的间隙,喜欢听"摩苏昆"的人们便聚在一起,围坐一圈听"摩苏昆"说唱者们的精彩表演,说唱者多是业余说唱能手,年龄也较大。他们中间有狩猎能手"莫日根",有能歌善舞的民间艺人,还有法力无边的氏族萨满等。这些人既是"摩苏昆"文化的创造者,又是"摩苏昆"艺术的传承者,他们深受人们的尊敬与爱戴。由于"摩苏昆"篇幅很长,所以一篇故事要讲十几天,甚至几十天时间。现存"摩苏昆"中有代表性的作品约10余篇,如《英雄格帕欠》《娃都堪和雅都堪》《波尔卡内莫日根》《布提哈莫日根》《双飞鸟的传说》《鹿的传说》《雅林觉罕和额勒黑汗》《特尔根吐求亲记》《诺努兰》及《阿尔旦滚滚碟》等,皆是有代表性的作品。"摩苏昆"中既包括了悲壮的英雄故事,忠贞的爱情故事,还包括了受尽苦难的生活故事,不甘屈辱的反抗斗争故事。其情节生动曲折,感染力极强。

"摩苏昆"的语言流畅、押韵、精炼、朴实,同时在故事的描述中还运用了比喻、比拟、夸张、排比等修辞手段,使故事情节显得异常曲折,人物形象十分鲜明。使听者有如身临其境,如见其人,如闻其声之感。"摩苏昆"的音乐,基本上保留了原始、单纯、叙事性强的特点。"摩苏昆"的曲调有固定和不固定两种,在说唱时二者可以交替使用。"摩苏昆"的音乐旋律一般以五声音节或不足五声音节构成。旋律起伏变化不太大,但仍悦耳动听,并表现出浓郁的游猎文化特点。

三　民间舞蹈

依和纳仁舞

"依和纳仁"是一种祭祀舞蹈。鄂伦春族每三年举行一次传授族谱和排辈分的氏族会议,这时就要跳"依和纳仁"舞。跳这个舞时,多由11个人参加,其中10个人手拉手围成一圈,另一人站在中央。如果外圈是少年,中间则是70岁以上的老人;如果外圈是青壮年,中间那人则须是同辈人或年龄稍大的人。舞蹈一开始,大家都蹲着做小蹦跳动作,然后站起来,外圈人则手拉手向一个方向跳跃、旋转,中间的人边舞边唱,外围的人则随其声附和。跳这种舞时,男女老幼都可参加,并且要穿上宽袖的节日盛装,有的还戴上假面具。"依和纳仁"舞蹈的场面一般很大,围的圈少则五六个,多则十几个。歌声、哈喝声此起彼伏,十分庄重激昂。

依哈嫩舞

"依哈嫩"是一种庆祝猎业丰收的舞蹈。舞时为男女各排两行,跳时,男女两人手拉手跳,先朝一个方向转,两圈翻身,表示捕到野兽后往马背上驮,来回转动翻身,象征在马旁来回转动向马背上驮载猎物。用这样几个简单的动作,把猎人猎到野兽的喜悦之情生动细腻地表现出来。

妇女们还喜欢跳"红普嫩舞"。这是一种采集红果的舞蹈。跳时两个妇女面对面转圈,一个往前走,一个往后退,转一圈,拍一下手,做出摘红果的姿势,动作轻盈优美。

黑熊搏斗舞

鄂伦春族不仅酷爱音乐,而且也非常喜欢舞蹈。每当喜庆之日或劳动之余,只要听到歌声,不管男女老幼便会随着节奏翩翩起舞。黑熊搏斗舞是其传统舞蹈中一种表演形式,是模仿黑熊搏斗的一种舞蹈。此舞多由 3 个人跳,一般不分年龄和性别。跳时,双膝半蹲,上身稍向前倾,双手扶膝,双腿连续跳蹲,头部和双肩摇摆,嘴里不时发出"哼莫""哼莫"的声音。当其中两位搏斗者侧身互换位置时,还要以肩互撞,或擦肩而过,并用力呼号,表示搏斗。而另一个舞者则以相同的动作穿插在两个人中间,以示劝解。旁边观望的人这时还要唱:

> 扎嘿扎,
> 扎嘿扎,
> 啊,扎嘿扎,
> 每一块肌肉都隆起来,

每一根神经都绷紧了，

这是生死存亡的决战。

扎嘿扎，

我们在斗熊。

扎嘿扎，

啊，扎嘿扎，

勇气就是力量，

力量就是胜利，

力量就是光明。

　　整个舞蹈动作刚劲有力，气氛紧张严肃，显示出鄂伦春人慓悍、刚强的个性与气质。模仿飞禽走兽动作的舞蹈，除了黑熊搏斗舞，还有野猪搏斗舞及树鸡舞。

四　民族工艺美术

鄂伦春族妇女与桦树皮文化

　　桦树皮文化历史悠久，是北半球一种古老的物质文化。它是以从事渔猎经济，经常移动的民族为主体的文化。桦树皮制品轻巧耐用，美观大方，材料来源丰富，且便于携带，充分反映了自然环境和狩猎生活的特色。鄂伦春族世居我国东北边疆，一直到今天他们仍在使用桦树皮制品，为研究桦树皮文化提供了丰富的资料。鄂伦春族生活中的桦皮制品多出自妇女之手，制品上雕刻的花纹古朴大方，给人以美的享受。

　　桦树皮质地柔软轻巧，富油脂，不易透水和腐烂。每年初夏时节，桦树灌浆水分充足。这时，鄂伦春族妇女纷纷上山剥取。一般多选择树干笔直、节疤少的桦树进行剥取。剥取方法是，在桦树 2 米左右高处用猎刀沿树干直线划开，然后从剥开处向下 1 米处再划开，最后在再划开的两道之间纵划，用刀尖轻轻一掀，整张桦皮就脱落下来。妇女们将剥取的桦皮背回家后,将外层硬皮及面上的表皮刮去,放在平坦的地方,用木头压上 3 天,使其平坦挺直。

　　鄂伦春族妇女心灵手巧,她们制作的桦皮用品种类繁多,古朴大方。有传统住房"仙人柱"的覆盖物"铁克河",有实用的桶、箱、篓、盆,有小巧玲珑的针线盒,还有造型别致的儿童摇篮以及狩猎用的狍哨等。桦树制品的式样丰富多彩,形状各异,扁、方、圆、长应有尽有,令人叹为观止。鄂伦春族妇女想象力丰富,雕刻在桦皮制品上的花纹色彩鲜艳,美观大方。既有象征吉祥喜庆的回纹、云纹,又有象征爱情幸福的南绰罗花。它们充分体现了鄂伦春族独特的狩猎文化特点。

图 14-1　鄂伦春族手工艺人张玉霞和她的桦树皮工艺品　摄影：张林刚

鄂伦春人的烟斗

谈起烟斗，各民族都有其不同的样式，也可以说是风格各异。而这些烟斗都与他们的生活、居住条件密切相关。鄂伦春人的烟斗与他们在山林的游猎生活是分不开的。

鄂伦春人的烟斗，开始时是以柞树或梨树的根部疙瘩部分为烟斗，以弯曲的根须为烟斗杆。在形状上，有的采取天然的疙疙瘩瘩状；有的似熊头、狮子头或猞猁头，很有艺术感；有的把木疙瘩磨光，像一个梨果。鄂伦春族中独具匠心者大有人在，烟斗做得也越来越精致了。采用桦树或山丁子、稠李子、水冬瓜等树的树杈，用刀刻刻削削，做成烟斗，再在烟斗上镶以兽骨，磨擦光亮。这种烟斗，看上去木纹环环绕绕，有的像流云，有的似瀑布，有的如霞，有的如雾，透出一种朦胧、自然的魅力。加上各种形态的兽骨镶在上面，有的如鱼眼圈，有的如星斗，有的宛若光环，真是妙不可言。

随着物质文化的传播，开始传入了铜烟袋锅、玛瑙水晶石烟袋嘴、藤烟袋杆等。但用铜烟袋锅装的旱烟较少，人们往往喜欢用木烟斗。烟荷包大都是用鹿或犴皮缝制而成，上面绣有各种花纹，再用熊膝盖骨做成烟缀，别在腰间，和烟斗配套成龙，乃是吸烟者的一大乐趣。猎人中喜欢吸烟的总要凑到一起，各自掏出自己的烟斗和烟荷包，心照不宣地比试比试，看谁的烟斗做得精，看谁的烟荷包做得美，看谁的烟最绵软、最有劲。

在现代，他们又变了花样，用有机玻璃或硬塑料做成烟斗。这种烟斗晶莹、光亮、透明，把古老意识与现代思维融为一体，闪烁着艺术的光彩。

如果把鄂伦春人各式各样的烟斗搜集起来，那不仅仅是民族文化艺术的展示，也是民族传统智慧的结晶。

刺绣艺术

刺绣是鄂伦春族妇女的手工艺术。在她们缝制的衣服、鞋、帽、手套、烟荷包等物品上，都要绣上精美的图案。尤其在自己穿戴的衣服、鞋子和帽子上，更要下一番功夫，进行精心刺绣。如妇女穿的皮袍，不仅要镶上绣有云字花纹的黑皮边，而且在脖领、大襟、开衩等处，要绣上各种花纹。刺绣团花纹、波浪形花纹、角偶花纹及单独花鸟纹，是鄂伦春族妇女刺绣的绝技。

团花纹大多以十字为骨架，向四面八方扩展，十分规整，其外部形状呈圆形、方形、椭圆形及菱形。波浪形花纹多绣在皮被沿口，帽子边，皮靴及手套口的边沿，其形多采用斜线、回纹线等。角偶花纹是独立存在的一种图案，多绣制在皮包或皮袍的四个角及大襟角处，其结构是对称的。单独花鸟纹，一般不固定，可随着用品的外形而变化，多绣制在烟荷包、皮袍的开襟处。一朵花、一只飞鸟都可以成为一幅图案，十分美观。

鄂伦春族妇女的刺绣方法主要有两种：一是用各色花线直接在皮制品或布制品上刺绣；二是把皮子或布料剪成各种花纹，然后缝在皮制品或布制品上。花纹图案多由妇女随意创造，充分体现了鄂伦春族妇女的审美观。

儿童摇篮的装饰

鄂伦春族的儿童摇篮叫"阿木克"，一般是用白桦或柳木做的，非常轻便，适用于3岁以前的儿童。它不仅能摇起来，还能背着走。过去鄂伦春族游猎时，妇女就背着摇篮骑在马上。

鄂伦春族的儿童摇篮非常注重装饰。平面的图案和立体的"骨器"构成了一个有趣的整体。图案的内容多以象征吉利的"寿"字和几何图形以及花草、植物、蝴蝶纹为主。常用黑色，辅以红或蓝色，给人沉稳的感觉。下面的成串"骨器"是为了在摇晃时发出"唰拉""唰拉"的响声以便哄孩子入睡。"骨器"一般是用乌鸦骨或动物的蹄壳做的。有的还在摇篮上挂着小布人，意思是有灵的"神"在保护着孩子的安全，能让孩子很好地入睡也不会得病。

犴骨筷子

鄂伦春族男子是加工骨制品的巧匠，他们制作加工出来的骨制品虽然不多，但风格独特，美观耐用。他们用鹿、犴、野猪的腿骨加工骨针、指环、纽扣及"卡皮兰"。"卡皮兰"是挂在儿童摇篮上的骨坠子，摇篮一动就发出有节奏的拍打声。

犴骨筷子是骨制品中的杰作。它是将犴的大腿骨劈成条，然后磨光，制成圆筷子或上半截为方形、下半截为圆形的筷子。其色彩呈乳白色，表面十分光滑，美观程度不亚于象牙筷子。因此，直到现在许多猎民仍然喜欢加工这种骨筷子，并插在刀鞘里随身携带。

雕刻艺术

独特的山林狩猎生活，培育了鄂伦春人独特的雕刻艺术。其雕刻主要有桦皮雕、木雕及骨雕三种。其中尤以桦皮雕刻更为独特。他们制作的桦皮制品，造型别致，雕刻上的花纹古朴大方，主要有云字纹、回纹和各种花朵图案。桦皮制品上的图案，有些是直接用骨针画在桦皮上的，有些是用薄的桦皮剪好图形贴在上面，然后进行雕刻压花。过去，鄂伦春人雕刻花纹的工具叫"托克托文"，它是用鹿、犴或狍子的腿骨制成的。长约 10 厘米，带齿的一头宽约 0.5 厘米。这种工具又分为 2 齿、3 齿及 4 齿。2 齿工具是用来雕刻花朵的，3 齿及 4 齿工具是用来刻压花边的。使用方法：左手拿"托克托文"的中间，把带齿的一头对准花纹图案的位置，右手用猎刀的背面轻轻地敲一下"托克托文"的上头，即可压出一个凹纹，经过反复刻压，花纹及图案会突出来。直到今天，一些鄂伦春族老人仍然保存着这种桦皮工艺的雕刻艺术及技巧。

木雕，即刻在木制品上的图案，如马鞍、刀鞘、鹿哨等。一般马鞍、鹿哨上多刻云字花纹；木碗、木盆上多刻花卉；刀鞘上多刻回字图案。同时，鄂伦春人的雕刻艺术还表现在木雕的各种神偶，如"毛木贴""阿尼冉"等神偶皆是由木头雕刻而成。木雕神偶雕刻精细，体态生动，使人望之肃然起敬。

骨雕，多是用兽骨刻制的纽扣、指环及筷子等。

阿达玛勒

"阿达玛勒"是鄂伦春语，意为"桦皮箱"，多为长方形，亦有椭圆形。

其长度约 60 厘米,宽约 40 厘米,高约 20 厘米。"阿达玛勒"是姑娘的嫁妆,主要用来装贵重首饰、腰带及头饰等物品。"阿达玛勒"的盖上及四周多刻有精美花纹,且花纹皆富有浓郁的艺术色彩。若盒盖及边沿刻有"奎热格音"花纹,则象征夫妻白头偕老,永不变心。若盒盖及边沿刻有"珠勒都很"花纹,则象征夫妻恩恩爱爱,永远团圆。有些"阿达玛勒"的盒盖上还刻有"南绰罗花"。它是一种绿色淡雅的小花,芬芳醉人,深受鄂伦春人的喜爱。在鄂伦春人心中,"南绰罗花"象征年轻人之间的爱情。他们还认为青年男子有了"南绰罗花"在身旁,心就不会孤独了。"阿达玛勒"上的花纹经常染上红、黄、黑三种颜色,红色象征姑娘之喜,黄色象征男子之喜,黑色为调配色无意义。

五 传统体育竞赛

赛马

鄂伦春人称赛马为"衣如滴冉"。马匹是鄂伦春族的主要交通工具,打猎、驮运和搬迁都用马匹,同时还在节日、氏族集会或举行婚礼时开展赛马活动。赛马是鄂伦春人非常普及的一项重要体育活动,分长途赛马和短途赛马。

射击、射箭

鄂伦春语称"拍兰地然"。是鄂伦春族儿童、青少年以至中老年人都很喜爱的一项竞技活动。过去,在节日里和氏族集会上都要进行射箭比赛。他们用松木做弓背,用筋做弓弦,用桦木做箭竿,射技很高。在使用火枪后,也开始用枪支进行射击比赛。

摔跤

鄂伦春语称"涓滴任",也是一项重要的比赛项目。比赛时,两个人抱在一起,谁先把对方摔倒谁为胜。

扛人

鄂伦春语称"括唠挖喔娜冉"。鄂伦春人长期居住在"斜仁柱"里，烧的柴禾往往要去山里或河边拾拾。为了不使火熄灭，要天天扛，扛木头叫"括唠挖喔娜冉"，扛人的比赛活动就是由此发展而来。方法是：一个人躺在地上，另一个人将其扛起来，绕着"斜仁柱"或篝火跑，谁跑的时间长，谁为胜。

打球

打球是鄂伦春人又一古老的体育比赛项目。有一种球称"播那天波汗"，是把长在柳树上的软蘑（学名叫"蹄形菌"，俗话称"老牛肝"）采下来，削成小巧玲珑的圆球。打法为两人在相距几十米的地方，相互扔球，接过来，再扔给对方，能准确地投打对方者为胜。

拽棍

鄂伦春语称"潭滴任"。鄂伦春族当中有许多膀大腰圆的壮汉，为了确认谁是真正的大力士，他们便以"潭滴任"的比赛方法确定。两个大汉坐在地上，双手紧握长一尺半左右的木棍，双腿直蹬住对方的双脚，用力往自己方向拽，把对方拽起者为胜。

划桦皮船比赛

鄂伦春语称"木沫沁"。桦皮船是鄂伦春族重要的水上交通工具，也是重要的体育竞赛器械。在夏季，青壮年猎手经常三五成群地进行划船比赛，从而锻炼高超的划船技术。

跳绳和投石

鄂伦春族传统的体育竞赛项目。跳绳，两人摇动皮绳，使跳绳的人从不同的角度跳过，这是一种全身运动，对游猎民族来说是非常必要的。投石有三种：第一种是用手投掷；第二种是将扁圆的小石子横撒在河面上，石子在水面上荡开涟漪，打出连串的水圈，打出的水圈多者为胜;第三种是用桦皮条将石子夹住甩出去。

滑雪

滑雪源于狩猎生活。鄂伦春族长期生活在兴安岭地区,在大雪封山的季节,猎人乘驯鹿或马匹狩猎十分困难,便在狩猎实践中发明了滑雪板。滑雪板用松木制成,长5尺,宽5寸,厚1.5寸,中间拴有鹿皮套子,把脚伸进向前蹬即可挂牢。穿上滑雪板后,双手各撑一杆,将杆头插地向后推,即可行走如飞。

野猪皮雪橇

鄂伦春语叫"特更色帕然汉"。

在大雪封山的季节,大人为孩子们准备一块未加熟制的野猪皮当滑雪工具。孩子们坐在上面,2人或3人一组,前者用脚当舵,后者搂腰或抱肩,从山顶上顺着雪道飞速下滑。尽管常常有人翻进雪堆,但玩者周而复始,尽享其乐。

抓嘎拉哈

鄂伦春语称"阿尤汗"。"阿尤汗"是狍子前腿膝关节上的膑骨,去掉下面的筋肉,干燥磨搓后,就变成了小巧玲珑、凹凸有致的可爱玩物。每个"阿尤汗"都有四个不同的面,每个面的固定形状分别叫作"木切"(背儿)"初克"(坑儿)"它阿"(轮儿)"贰卷"(珍儿)。

"阿尤汗"有三种玩法:第一种是猜测,含有祝愿和祝福之意。抓一把"阿尤汗",然后撒在平地上,同时快速猜测"木切"多还是"初克"多。"初克"多就意味着将来生女孩子多;"木切"多,就意味着将来生男孩多;如果两者相同,那么将来生男孩、女孩也一样多。这种玩法女孩子较为喜欢。

第二种玩法叫互弹,即逐个"消灭"的玩法。把20多个"阿尤汗"扔撒在一定范围内的圆圈中,玩者每人手中持一枚母子,向圈内投掷,分出"木切"和"初克"后,便形成了甲乙对峙阵势,然后把母子放在圆圈的任意一点上,用中指或拇指弹击对方,被击中者,就算"死子"。最后以击中多少决胜负。有时扔撒后的"阿尤汗"会出现"贰卷",这时可拿起

"它阿"和母子任意进行击打,打成"木切"和"初克"后再继续进行弹击。母子原地弹击和拿起击打,都不准跑出圈,否则,就算"烧死"(犯规),这样就要聚起"阿尤汗"重新扔撒比赛。

第三种玩法叫抓"阿尤汗"。这种游戏是二人以上玩,各算各的。把"阿尤汗"撒开,抛起小布口袋(沙包),未等小布口袋落地,迅速用一只手抓起两个或两个以上相同面的"阿尤汗",并接住小布口袋。抓到2个为1个数,3个以上为10个数,4个以上为40个数。当抓满100个数时,就开始搬"珍儿",搬"珍儿"难度较高,要求也严。其顺序是:"阿尤汗"扔撒后,抛起母子,在瞬间用手指把"阿尤汗"翻成两个以上的"木切"。把"木切"抓完后,再按"初克""它阿""贰卷"翻跃,其过程中如有一次母子失落就算失败。玩者必须眼疾手快,才能同时完成抛接小布口袋和翻"阿尤汗"不同面的双重动作。这种游戏集智力与技能于一体,动作优美,扣人心弦。

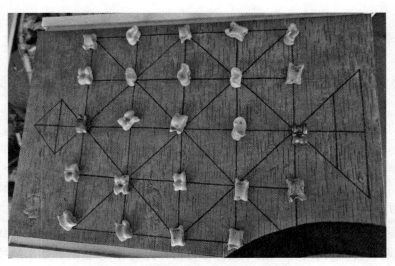

图 14-2　嘎拉哈游戏　摄影:刘晓春

章跟班弟

"章跟",鄂伦春语意为"佐领"。"章跟班弟"是鄂伦春人所喜爱的一项古老的棋类娱乐活动,意为佐领与士兵对战,能锻炼对抗、作战技能。

"章跟班弟"的棋子是用柳树条制成的,一头是平底,一头是尖形,有 22 个小棋子代表士兵,有 2 个是大点的棋子,代表两个"章跟"(佐领)。棋盘由两部分组成,两头是三角形,各有 7 个交叉点,即佐领指挥部;棋盘正中是四字形,即士兵营,有 25 个交叉点。代表士兵的一方取 22 个小木棋中的 12 个,摆放在棋盘正中的 12 个交叉点上,表示先派出 12 个士兵;代表佐领的一方将 2 个大棋子摆在"佐领指挥部"的顶端,表示佐领各把守阵地。比赛规则:22 个士兵围佐领,不让它前进一步,或把佐领围得水泄不通,而两个佐领则想方设法吃掉小士兵。对弈中,以士兵围住佐领或是被佐领吃掉决胜负。

"章跟班弟"不仅反映了鄂伦春人游猎生活的鲜明民族特点,而且也为在山林中游猎的鄂伦春人增加了无穷的乐趣。

六　鄂伦春族传统医药

(一) 常用的中草药

在鄂伦春人定居前,其游猎地带普遍流行肺结核病,麻疹、天花、伤寒等病也时有发生。在病魔面前,除了接受萨满跳神外,别无其他任何医疗卫生设施。疾病夺去了无数鄂伦春人的生命,人口急剧下降。在同大自然的长期斗争中,疾病使鄂伦春人的生活不得安宁,但也使他们逐渐学会和积累了一些简单的医疗方法和经验,依靠自然界草木的枝、叶、干、根及禽兽的某些器官等来治疗轻伤和小病。在艰苦而漫长的游猎时代,这些中草药和动物类中药不仅减轻了鄂伦春人的病痛,而且还挽救了不少鄂伦春人的生命。

常用的中草药主要有以下几种:

老鸹眼　鄂伦春人称之为"嘎嘿默",意为"乌鸦树"。老鸹眼是木本植物,一般生长在河套边,树干高大,枝叶繁茂,树皮呈浅黑色并有许多褐色的斑点。药用部位是树皮,人们用斧头把树砍成小段或者直接剥下树皮晾干备用。老鸹眼可以医治扭伤、骨折等疾患,服用方法是:把树皮剥下来煎水喝,同时用此水搓洗患处,一日数次。人们还常常用老鸹眼熬的水搓洗背上的伤口。另外,有腰腿痛、关节酸胀等毛病的老年人也常用它熬水喝,也能减轻病痛。

暴马子树　鄂伦春人称之为"依涅厄殿",是生长在河套边的木草植物。树干约有小碗口粗。树皮呈褐色有光泽。"依涅厄殿"翻译成汉语的意思是"会笑的树",这个名字是有一定来由的。据老人们说,用"依涅厄殿"烧火会发出"噼噼啪啪"的声响,有点像一大帮人在哈哈大笑,所以就给它起了一个生动形象的名字——"会笑的树"。"依涅厄殿"具有消炎、镇咳之功效。对老年性气管炎、急慢性气管炎、感冒咳嗽都有一定的功效。服用方法是:用刀刮下树皮和木屑熬水喝,一日数次,酌量饮用。听老人们说,鄂伦春人之所以用它治病,是有人无意中把熬树枝的水倒在痰罐里,痰液居然逐渐消失了,所以他们相信"依涅厄殿"具有止咳的功效。

火柴花　"取灯依拉嘎"翻译成汉语即"火柴花"。它是草本植物,长在小山坡上或草甸子上,茎高约一尺,叶细小,花朵呈浅粉色,形如火柴头。这种药材可治疗淋巴腺肿大。其用法是:把花根刨出洗净,熬成汁后内服,并把花茎和叶子一起捣碎涂在肿大部位处。

百合花　是多年生草本植物,百合根,鄂伦春语叫"昂达哈"。每当春季来临,各种花草破土生长,鄂伦春人就到野外来采集百合,挖出的百合根像蒜头一样大,洗净生吃,又甜又脆,小孩们最爱吃。百合根不仅可以熬汤、煮粥,而且还可以当药用,它有消炎、止咳、化痰的功能,是清热润肺的良药。

达紫香　鄂伦春语称"拿宁哭热",多生长在平缓的山坡上。株高约3~4尺,枝发脆,花呈紫红色。每当春季来临,红色的达紫香花常常在一夜之间就开遍了山野。达紫香的枝和花具有止咳祛痰的功效,因而人们经常用其治疗慢性支气管炎以及咳嗽等疾病。用法是将其熬成汤后服用。

"马粪包" 鄂伦春语叫"克库泥坦嘎尼"。在野外常看到这种大小不均的球状物,幼时为白色,成熟后外皮变褐色,内呈海绵状。用手一捏会有许多灰状物飞出。鄂伦春人在实践中发现,"马粪包"有清热解毒、滋润咽喉的作用。如果咳嗽、扁桃体发炎,用"马粪包"的粉状物敷患处,病便会好起来。如果有外伤出血,把其粉末敷在伤口处就会立即止血。

马尿骚 是草本植物,一般生长在草甸子里。茎约半人高,叶片如开屏的孔雀尾巴,枝繁叶茂。秋季枝端开一串串白色小花,用其枝叶洗患处,可治疗骨折、挫伤、扭伤以及风湿关节炎等疾病。

黄岑 鄂伦春语叫"卡达白他",是多年生草本植物,丛生,根部肥大,外皮暗褐色。叶对生、无柄,花紫蓝色,生于茎上端。鄂伦春人春秋都采挖,去掉老皮后晒干。黄芩有清热祛湿的作用,并有凉血之功效,对高血压、头痛、吐血、便血、月经多等症状都有疗效。

刺玫花 为多年生落叶小灌木,枝上有弯钩刺,单数羽状复叶,花紫红色,香气浓郁,花落后结球状红色果实。鄂伦春人夏季采花蕾,秋季摘果。刺玫花主治消化不良和胃痛、腹胀等症。用法是以水煎服。

五味子 鄂伦春语称"乌拉音乌丘克"。五味子属多年生木质藤本植物,多缠绕于灌木中,皮有花椒味,叶互生,花淡黄色,浆果球形,成熟后呈红色,嚼之酸甜。把成熟的果实采下晒干,用水煎服或者泡酒服用,可治疗肺虚咳嗽、盗汗、神经衰弱、肾虚腰痛等症。

鹿食草 为止血药。鄂伦春人对止血药物的认识和掌握,是在狩猎生产实践过程中逐渐总结出来的。据说从前有一猎人打伤了一只鹿,但没命中要害,受伤的鹿一边逃命,一边吃草,后面追鹿的猎人争分夺秒地追,发现鹿的血迹一点点消失了。猎人从而悟出,这不是一般的草,而是一种止血药。猎人虽然没有猎获到鹿,可带回来的却是无价之宝——鹿食草。鹿食草的用途极广,它不仅可止血,而且还有补血、养血的功能。可治疗低血压、坏血症等病。不过,这种草一般都生长在陡峭的石崖上,采到它非常不容易。

车前子草 治疗肾盂肾炎、膀胱炎、尿道炎最理想的药物就是车前子草。车前子草茎高约半尺,下有须状根,花穗状,种子细小,棕黑色,多生于田边路旁。鄂伦春人夏季采全草晒干,秋季采种子晒干备用。这种草主治尿路感染、肾结石、腹泻、水肿、小便不畅等病症。

鄂伦春人使用的中草药除以上 12 种以外,还有很多很多。比如桦树皮膜具有止血止痛的作用;糖烟面能提神、解乏;稠李子果治疗腹泻;都柿果能助消化并降低血压;耗子花治疗秃疮;节节草主治结膜炎、角膜炎;狼舌头草治疗腹痛、痢疾等病;风草熬水主治皮肤病;婆婆丁能清热解毒,凉血散结;烟袋锅花主治风寒引起的头痛、偏头痛等症;党参可治脾胃虚弱、消化不良等。

（二）动物类中药的妙用

鄂伦春族世世代代居住在大小兴安岭的密林深处,兴安岭是一个藏满珍宝的地方。山林中的飞禽走兽不仅是鄂伦春族赖以生存的食物来源,而且也为他们提供了许多治病的药材。这些药物的发现,是在狩猎生活的实际中逐渐认识并加以应用的。

鹿的全身都是宝　鹿茸可以入药,其作用是消炎以及对外伤有特殊疗效。鹿茸是雄鹿头顶初生之角,在尚未骨化前为珍贵补药之一。鹿茸含有硫酸钙、碳酸钙和胶质软骨,可生精补髓,养血益阳,强筋健骨。在医药上可作兴奋剂、镇静剂,可治疗心脏病、神经衰弱等症。鹿茸有包治百病的美称,其用法是泡酒喝或冲水喝等;鹿眼部专门治疗抽筋、抽风等病,鹿眼珠能治疗和预防各种眼病;鹿鞭主要治疗男性阳症及性功能减退症,对腰腿痛也有疗效。其用法有多种,一般是泡酒喝,也可蒸熟后吃或炖汤喝;鹿心血备受猎人的喜爱,它能治疗各种心脏病,一般是现打现喝,或用温水泡着喝,切忌用酒泡;鹿膝盖骨可用来治疗关节炎、风湿病等;鹿尾有滋补、强壮、活血之功能;鹿胎主要治疗妇女不育症和月经不调等症;鹿肝主治夜盲症,并增强视力;鹿肺主要治疗咳嗽,用法是:将晒干的鹿肺研成粉末,加入少许温开水冲服。

熊胆　熊胆是一种清热健胃的良药,有镇惊、镇痛、解毒、清肝的功能,能治疗眼疾、黄疸、胆囊炎及小儿惊风等症,对急性肾炎和高血压也有疗效。胆汁配水可当眼药水用。

熊油　主要治疗肺结核、肺气肿。用法是,将熊的脂肪放入锅中炼油,等油稍凉以后直接饮用即可。

熊骨 人体哪个部位病痛就吃熊体哪个部位上的骨头。用法是把熊骨研成粉末用水煮沸喝其汤。熊骨起壮筋强骨的作用,有风湿病和关节炎的患者喝熊骨汤亦有明显疗效。

熊胎 主治月经不调、不育等妇科症,是理想的妇科良药。

肝脏 鄂伦春人在打猎时生吃狍肝,冬天冻硬后切片生吃,它的作用是明目,还有祛火滋补等作用。

肾脏 猎人打到狍子时,第一口要吃的就是热乎乎的肾脏。肾脏对人体具有补肾、健脾的作用,一般肾不好的病人吃上几次狍肾,身体会很快好起来。

兔子血 被人们称之为"万能血",主治急慢性支气管炎、哮喘、咳嗽、肺气肿等症,此外还起补血作用,一般是捕到兔子后趁热喝血。

獾子油、獾子血 獾子穴居在山野,昼伏夜出,其脂肪可炼油。獾子油是治疗烫伤、烧伤的极佳药物。用法是将炼出的油直接涂于患处即可。獾子血主治肺结核病,一般是生喝。

灰鼠子皮 如果患有皮肤病,可用新鲜的灰鼠子皮直接贴在患部,就能使皮肤长好。灰鼠子皮具有祛毒的功能。

大马哈鱼骨和鱼籽 大马哈鱼骨头可治小儿软骨、缺钙、佝偻病等症。用法是将鱼骨在炉子上焙干,研成面冲水喝或用水煎服。大马哈鱼籽不仅是高蛋白食品,而且还能治疗各种眼疾,用法是生吃或煮七八成熟后食用。

狗心、狗毛、狗尿 狗心有消炎、止痛等功效,主治扭伤、挫伤等症。如果被马踢伤,用狗心敷在患处即可。但鄂伦春人从不杀狗,狗心只能在狗被野猪、狼挑死的情况下取用。狗毛治疗狗咬伤,把咬伤人的狗抓住,从它身上剪下一撮毛烧成灰,把灰撒在伤口处即可消炎。小公狗的尿治疗"瘊子",把小公狗尿湿的沙土涂在瘊子上,两三天以后瘊子就可消除。

乌鸦蛋 乌鸦蛋能治疗肺结核病,一般是生喝蛋汁,煮熟吃也可以。

除以上之外,狼舌头能治疗烫伤;水獭的胆汁主治牙痛;啄木鸟的舌头治疗牙虫病等。有关动物类中药名目繁多,这里就不再一一列举。

定居以来,党和政府十分关心鄂伦春民族的卫生医疗事业,采取了许多措施,对各种疾病进行了有效地预防和治疗,依靠民间医药治病的人越来越少,人们的健康水平得到不断提高。

(三) 温泉洗浴

鄂伦春人除了使用中草药和动物类中药外,还懂得用温泉洗浴的办法来治疗疾病。如黑龙江省逊克县的都鲁河温泉以及黑河市的五大连池等地,在很早以前就有许多鄂伦春人来此洗浴,或喝矿泉水,以治疗皮肤病、胃肠病、肺结核病、妇女病、眼病等症。直至现在,每年夏季仍有许多猎民到都鲁河温泉去,除了狩猎、游玩外,主要是去喝矿泉水或洗浴治病。都鲁河温泉当地的鄂伦春语叫"卡辛",是在半山腰的峭壁上形成的两个泉眼。使用时男性只能到上泉眼,妇女也只能到下泉眼,不能混淆,据说男女混用泉水就会失去功能或干枯。到这里的人先是喝,然后再洗浴,洗浴可以洗全身,也可洗局部的患处。老人们说,以前患病的猎人经常来此洗浴,有的还带着家属,住上十几天、几十天,甚至整个夏季都在此居住,入秋才返回。洗浴前还要举行仪式,首先要给温泉上供,祷告温泉神保佑他们能早日康复,然后再洗浴。而且每来一次每人还要在其周围垒起一堆石头,表示对温泉的敬意,鄂伦春语叫"敖包"。因而在温泉周围方圆几公里,有无数大大小小的石堆。

(四) 非药物治疗方法

鄂伦春人在长期的生活实践中,还掌握了用非药物治疗常见病的一些方法。如患头痛、腰背疼痛、风湿等病,使用拔火罐、按摩、手搓等方法治疗。因伤风感冒而引起的头痛、嗓子痛等,就用手掐皮肤的方法治疗,或掐前额,或掐脖子等。还有的用喝热汤、热水、蒙头发出汗等方法治疗。有一种叫"克山病"的地方病,其症状是心跳加快,胸闷、呕吐等,如不及时治疗就会有生命危险。针对这种病,鄂伦春人掌握了用针扎放血的治疗方法,即在前胸扎七针、后背扎八针,即前七后八,挤出紫红色的血来,病情就会好转。"克山病"还有一种症状,即在肛门周围长出许多紫红色的血泡来,当出现这种症状后,就用针挑或用刀割的方法治疗,只要把血泡挑破,病情就会好转。当患沙眼后把眼皮翻过来,然后用一种草叶刮掉长在眼皮上的疙瘩,就可缓解病痛。

参考文献

一 书目：

[俄]史禄国著，吴有刚、赵复兴、孟克译：《北方通古斯的社会组织》，内蒙古人民出版社 1984 年版。

[苏]玛尔果林：《苏联远东》，吉林人民出版社 1981 年版。

[苏]伊·卡巴诺夫著：《黑龙江问题》，黑龙江人民出版社 1983 年版。

吕光天：《北方民族原始社会形态研究》，宁夏人民出版社 1981 年版。

刘晓春主编：《中国民族地区经济社会发展报告·鄂伦春自治旗卷》，中国社会科学出版社 2018 年版。

白兰：《鄂伦春族文化研究》，内蒙古教育出版社 2007 年版。

刘晓春：《鄂伦春人文经济》，知识产权出版社 2010 年版。

吴雅芝：《最后的传说：鄂伦春族文化研究》，中央民族大学出版社 2006 年版。

赵复兴：《鄂伦春族游猎文化》，内蒙古人民出版社 1991 年版。

鄂伦春族简史编写组：《鄂伦春族简史》（修订本），民族出版社 2008 年版。

何群：《环境与小民族生存》，社会科学文献出版社 2006 年版。

秋浦：《鄂伦春社会的发展》，上海人民出版社 1978 年版。

黑龙江省政协文史资料委员会：《山岭上的鄂伦春人》，黑龙江人民出版社 1989 年版。

白兰：《鄂伦春族》，民族出版社 1991 年版。

何文柱：《鄂伦春族生存发展问题研究》，作家出版社 2001 年版。

刘晓春：《鄂伦春历史的自白》，远方出版社 2003 年版。

韩有峰：《鄂伦春族风俗志》，中央民族学院出版社 1991 年版。

韩有峰：《黑龙江鄂伦春族》，哈尔滨出版社 2003 年版。

韩有峰主编：《中国民族村寨调查丛书——鄂伦春族》，云南大学出版社 2004
　　年版。

刘晓春：《鄂伦春乡村笔记》，中国社会出版社 2007 年版。

费孝通：《费孝通民族研究文集》，民族出版社 1988 年版。

关小云、王宏刚：《鄂伦春族萨满文化遗存调查》，民族出版社 2010 年版。

周勇：《少数人权的法理》，社会科学文献出版社 2002 年版。

乐峰：《俄国宗教史》，社会科学文献出版社 2008 年版。

色音：《东北亚的萨满教：韩中日俄蒙萨满教比较研究》，中国社会科学出版社
　　1998 年版。

二　论文

王铁志：《人口较少民族研究的意义》，《黑龙江民族丛刊》2005 年第 5 期。

刘庚岑：《关于苏联、俄罗斯联邦扶持其北方小民族的问题》，《俄罗斯研究》1997
　　年第 1 期。

刘翠兰、张林刚：《从鄂伦春族民间文学看其信仰习俗》，《内蒙古社会科学》1991
　　年第 4 期。

赵志忠：《萨满教研究评述》，《满族研究》2001 年第 3 期。

色音：中国萨满教现状与发展态势，《西部民族研究》2015 年第 1 期。

张嘉宾：《赫哲人与埃文基人的原始宗教信仰》，《黑龙江民族丛刊》1998 年第
　　3 期。

刘晓春：《人口较少民族的特殊需要与发展对策》，《黑龙江民族丛刊》2017 第
　　2 期。

刘晓春：《试论"弃猎归农"政策对鄂伦春社会发展的进步作用》，《内蒙古社会科
　　学》1988 年第 1 期。

三　硕士论文

侯儒：《俄罗斯埃文基人萨满教研究——兼与中国鄂温克族萨满教比较》，中央民
　　族大学硕士学位论文，2012 年。

唐楠：《小民族大生态——俄罗斯远东埃文基村落文化振兴考察》，中央民族大学
　　硕士学位论文，2016 年。

陈壮：《鄂伦春族经济史》，中央民族大学硕士学位论文，2015 年。

M. C. 马克思：《中俄当代萨满教发展的比较研究——以中国内蒙古布里亚特蒙古

族和俄罗斯的布里亚特人为例》，中央民族大学硕士学位论文，2011 年。

四 外文文献

Вкраю оленьих-Эвенкийскому селу ИЕНГРА 80лет ТРОП, Хабаровск Издательский дом Приамурские ведомсти. 2007.

Министерство культуры Хабаровского края Хабаровский краевой музей имени Н. И. Гродекова Районная общественная организация "Ассоциация коренных малочисленных народов Севера Ульчского района", УЛЬЧИ, Хабаровск, 2017.

Nikolai Ssorin-Chaikov, Evenki Shamanistic Practices in Soviet Present and Ethnographic Present Perfect, Anthropology of Consciousness. No. 12, 2001.

图书在版编目(CIP)数据

黑龙江沿岸人文历史研究/刘晓春著.—上海:上海三联书店,2022.8
(近北极民族研究丛书)
ISBN 978－7－5426－7772－3

Ⅰ.①黑⋯　Ⅱ.①刘⋯　Ⅲ.①文化史－研究－黑龙江省
Ⅳ.①K293.5

中国版本图书馆 CIP 数据核字(2022)第 134846 号

黑龙江沿岸人文历史研究

著　　者／刘晓春

责任编辑／郑秀艳
装帧设计／一本好书
监　　制／姚　军
责任校对／王凌霄

出版发行／上海三联书店
　　　　　(200030)中国上海市漕溪北路 331 号 A 座 6 楼
邮　　箱／sdxsanlian@sina.com
邮购电话／021－22895540
印　　刷／上海惠敦印务科技有限公司

版　　次／2022 年 8 月第 1 版
印　　次／2022 年 8 月第 1 次印刷
开　　本／640 mm×960 mm　1/16
字　　数／250 千字
印　　张／23.25
书　　号／ISBN 978－7－5426－7772－3/K・672
定　　价／78.00 元

敬启读者,如发现本书有印装质量问题,请与印刷厂联系 021－63779028